Understanding
Distribution Management

개정판

유통경영의 이해

이미영 저

도서출판 두남

개정판 머리말

향후에 유통산업은 모든 시장정보가 모이는 정보 집산지로서 생산자정보와 소비자정보를 풍부하게, 그리고 리얼타임으로 얻을 수 있는 유일한 분야이다. 리얼타임 분석뿐만 아니라 시계열적으로도 소비추세를 읽어낼 수 있는 입장에 있으며 다양한 지역, 다양한 고객, 다양한 상품, 다양한 공급자들에 관한 정보를 자유자재로 얻을 수가 있게 된다.

이미 대형화, 세계화된 유통업체에서 시장정보를 축적하고 가공하고 활용하기 시작한다면 생산자와 소비자의 어려움을 어렵지 않게 해결해 줄 수가 있게 될 것이다. 이제 유통산업은 구축된 정보를 바탕으로 생산자와 소비자를 위한 정보 대행자(information agent)로 발전해 갈 것이며, 결국 소비자들과 제조업체들은 유통업체에 대한 의존도가 커지게 될 것이다.

이렇게 되면 유통업체는 정보를 통해서 상품의 부가가치를 높이게 될 것이며, 제조업체들에 대한 또 다른 종류의 통제력을 갖게 될 것이다. 이렇게 유통업체들이 시장정보를 장악하고 정보를 이용해서 시장을 리드해 가게 되면 결국 유통산업은 이제까지의 종속적 역할과는 판이하게 경제를 선도하는 주도적 기능을 담당하게 될 것이다. 이런 점에서 유통산업은 21세기 경제 견인차가 될 것이며 유통을 지배하는 자가 경제를 지배하게 될 것이다.

본서의 연구는 동서대학교 학술연구 조성비로 진행되었으며, 본서가 이 세상에 나오기까지 도움을 주신 일본의 은사님과 선후배, 그리고, 동부산대학의 안진환 학장님, 동료 교수님들의 세심한 배려에 깊이 감사의 말씀을 드리고 싶다. 또한 항상 기도로써 함께해 준 아내와 수인이 수지에게 고마움과 사랑을 전하고 싶으며, 특히 이 책의 출판을 위해서 아낌없는 배려를 해주신 도서출판 두남 전두표 사장님 및 직원 여러분께 깊은 감사를 드린다.

아무쪼록, 본서가 유통을 배우고자 하는 학생의 강의교재로서, 기업인에게는 유통업무의 입문서로서, 연구자들에게는 기초참고서로서 도움이 되기를 기대하며, 유통의 학문적인 발전과 인재양성에 다소나마 일익을 담당하게 된다면 하나님께 그 영광을 돌려드리고 싶다.

2016년 2월
주님의 동산 엄광산 기슭
동서대 연구실에서
저자 씀

머리말

최근에 신문을 읽다보면 글로벌 유통기업의 국내시장 개척과 국내 대규모 소매점의 활약, 전자상거래 등 e-Market, 재래시장의 혁신 등 유통기업관련 기사를 자주 접할 수 있다. 이는 유통기업의 시장경쟁이 더욱 치열해지고 있음을 간접적으로 반증하는 것이다. 정부에서도 유통업에 대한 규제완화와 시장개방화를 추진하고 있어 유통시장이 새로운 국면을 맞고 있다. 이에 능동적으로 대처하지 못하는 유통기업은 도태할 수밖에 없을 것이다.

유통기업이 이러한 치열한 국내외 경쟁 속에서 살아남기 위해서는 세계적인 유통기업의 육성은 물론, 우수한 유통전문인재의 양성이 절대적으로 필요한 시대가 되었다. 이러한 시점에서 본서는 유통시장과 유통기업의 새로운 조류에 맞추어 유통기업을 성장시키는데 꼭 뒷받침이 될 수 있는 우수인재 양성에 일익을 담당할 수 있기를 기대하면서 다음과 같은 목적으로 구성하였다.

첫째, 유통에 관하여 처음으로 배우고자 하는 학생, 기업의 유통관련담당자 이외에 새롭게 업무를 배우고자 하는 직장인 등을 대상으로 유통에 관한 기본적인 원리와 그 응용, 실무기초, 관리운영에 관한 기초지식을 겸비하여 유통업무의 합리적인 추진방법을 이해하는데 중점을 두었다.

둘째, 유통의 의의와 영역, 발전과정 등 국내유통환경은 물론, 세계화 경제시대에 부합하는 선진외국의 유통발전과정과 산업구조 변화에 따른 유통실무 기초지식을 얻을 수 있다.

셋째, 세계시장을 대상으로 유통기업의 경쟁이 더욱 심화되고 있는 이때, 고객만족을 최우선으로 하기 위한 유통기능의 이해와 관련이론, 소유권이전, 물류관리와 고객서비스에 관한 이해를 도모하였다.

넷째, 상품과 서비스는 생산자로부터 소비자에 이르기까지 유통경로(channels of distribution)를 통하여 이동하게 된다. 이러한 유통경로는 시대의 흐름에 따라서 유통경로가 매우 복잡하고 다양화하고 있는 가운데 유통경로의 효용성과 종류, 설계와 관리에 관한 이해를 도모했다.

다섯째, 소매업과 도매업 등의 유통관련기업들이 소비자 지향적인 경영방침과 소비자를 감동시키기 위해 그들의 가치관과 라이프·스타일이 어떻게 변해 가고 있는지 필수적으로 알아야 하기 때문에 소비구조의 변화, 소비자의식의 변화에 따른 소매업태의 발전방향과 그 유형에 관한 내용을 제시하였다.

여섯째, 최근 우리나라의 유통시장 개방은 국내적인 조달과 분배의 문제범위에서 국제적인 조달과 분배를 요구하는 국제적인 도매기능의 중요성이 더욱 증가하고 있다. 따라서 도매업의 본질과 기능, 도매업의 의의, 도매업의 구조와 유형, 도매업의 전략 등을 이해할 수 있도록 했다.

일곱째, 소매상이 취해야 할 마케팅 전략이 유통시장의 경쟁이 심화되면서 매우 중요시되고 있다. 따라서 소매마케팅계획과 전략, 마케팅믹스, 머천다이징, 소매 마케팅 정책에 관한 이해를 돕고자 하였다.

여덟째, 소매유통기업의 목표를 달성하기 위해서는 개인의 능력으로는 한계가 있다. 이를 극복하기 위해한 점포조직과 상품관리를 위한 일반적인 이론과 실무기초의 이해를 할 수 있도록 하였다.

아홉째, 유통기업의 마케팅전략 핵심은 자사 상품을 알려서 사고 싶은 욕구가 생기도록 만들어 판매로 연결되게 하는 촉진활동이 중요하다. 따라서 판매촉진활동과 고객과의 커뮤니케이션 전략에 관한 내용을 이해할 수 있게 하였다.

열째, 결국 유통기업이 정보화를 이룩한다는 것은 고객이 필요로 하는 가치를 창조하기 위한 목적을 달성하는 전제가 되는 시대가 되었다. 따라서 인터넷을 활용한 상거래 시스템(virtual mall), 인터넷 스토어(virtual store) 등 유통정보의 발전, 유통기술의 혁신, 유통정보시스템, 운용체계에 관한 이해를 할 수 있다.

이상과 같이 본서는 유통업무가 세계화에 직면하게 되면서 나타나게 된 현상을 고려하여, 역량 있는 유통인재를 양성하기 위한 기초이론을 이해하는 데에 역점을 두었다.

차 례

1 유통이란 무엇인가?

2 유통기능의 이해

차 례

차 례

5 도매업의 기능과 구조변화

6 소매 마케팅전략과 머천다이징의 이해

차 례

차 례

9 유통과 정보서비스

제 1 장

유통이란 무엇인가?

학습목표 경제활동, 유통의 의의와 영역, 발전과정 등 국내유통환경은 물론, 세계화 경제시대에 부합하는 선진외국의 유통발전과정과 산업구조 변화에 따른 유통에 관한 기초이론과 지식을 얻을 수 있다.

제 1 절 | 경제활동과 유통

1. 경제순환과 유통

경제(economy)라는 단어는 원래 '살림하는 사람'이라는 그리스어에서 유래되었다고 한다. 그만큼 우리의 일상생활과 아주 밀접한 관계에 있는 것이 경제이다. 가정생활 그 자체가 경제적 의미를 많이 함축하고 있다. 경제는 인간생활에 필요한 재화를 획득하여 그것을 효율적으로 이용하는 것이다. 그러나 그 재화는 희소성을 가지고 있기 때문에 인간의 노동력과 시간, 자본에 의해서 새로운 가치를 창출해야 하며, 그 희소한 재화나 자원을 어떻게 생산, 관리, 분배해야 하는가를 연구하고, 그 의사결정을 어떻게 해야 하는가를 연구하는 분야가 크게 경제학이라고 할 수 있다.

경제활동에는 이러한 인간생활에 필요한 수단인 재화를 만들어 내기 위한 생산 활동이 있으며, 이를 수행하는 경제주체를 생산자라고 한다. 그리고 생산된 재화를 본래의 목적과 용도에 맞게 사용하는 활동을 소비라고 하며, 이를 수행하는 경제주체를 소비자라고 한다. 인간의 생활은 반복적이고 연속적이며, 물질적 욕망을 충족하기 위한 재화의 생산 활동을 계속적이고 반복적으로 이루어지고 있다.

따라서 경제순환은 인간의 경제생활이 재화 및 서비스를 대상으로 무한히 반복되는 재생산을 통해서 발전하게 되는 현상을 의미한다. 자본주의 경제하에서 나타나고 있는 경제순환 현상은 기업과 가계, 정부라는 경제주체를 중심으로 순환한다. 예를 들면, 가계는 자본, 토지, 용역, 노동력을 기업에 제공하고, 그 대가로서 이자, 이윤, 지대, 임금을 받아서 가계소득을 형성하게 된다. 또한 정부는 기업과 가계로부터 세금을 징수하여 기업과 가계에 편익을 제공하는 공공적인 사업을 추진하게 된다.

이와 같은 경제순환의 과정은 생산, 분배, 교환, 소비의 형태로 반복적으로 순환하게 된다. 분배과정에서는 가계로부터 자본, 토지, 용역 등의 생산요소가 기업으로 흐르고 있으면, 교환과정에서는 기업으로부터 생산된 제품이 가계 방향으로 흐르게 된다. 생산제품은 당연히 재화에 속하는 것이지만 자본,

토지, 용역, 노동력도 인간의 욕망을 직·간접적으로 채워 줄 수 있는 물자적인 성격을 지니고 있다. 그러므로 교환과정에서 생산물이 유통되는 것과 분배과정에서 생산요소가 유통되는 것을 모두 재화의 유통이라 할 수 있으며, 보다 넓은 의미에서 이러한 일련의 경제현상을 유통이라고 할 수 있다.

그런데, 여기서 생산자로부터 소비자에게로 유통하는 재화란 농업, 공업, 광업, 어업 등의 산업분야에서 만들어진 생산물과 같이 실제적인 유형재만을 의미하는 것이 아니라, 기업이 생산하는 무형의 서비스도 포함된다. 그러므로 유통이란 유형재와 무형재의 유통을 포괄하는 의미로 이해 할 필요가 있다.

2. 변화하는 유통

생산자와 소비자 사이의 중간상인의 활동이 본격화된 것은 고대 그리스의 아테네경제로부터였고, 그것이 로마시대로 옮겨져 번영했는데, 다시 영국으로 옮겨져 앵글로색슨시대후기에 이르러서 시장(market)과 정기적인 장(fair)이 발달했다. 중세 말에는 도매상 거래가 발달하게 되었고 수수료상과 중개상이 나타났다. 19세기 초 미국의 서해안 도시에 수입상품을 취급하는 이출상(移出商)이 나타났고, 대리상으로는 제조업자대리상·판매대리상·중개업자들이 나타났다. 19세기 후반 대규모 소매상인 백화점·연쇄점 등이 나타나 도매상의 존속·발전을 위협했으며, 제조업자들도 그들 자신의 도매기구를 설치하였다. 결국 일반 도매상은 대규모 소매상과 제조업자로부터 압력을 받게 되어 기능과 세력이 감퇴되었기 때문에 그 뒤 자구책으로 연쇄도매상·전문도매상 또는 전속도매상 등으로 경영개선과 기능강화를 하게 되었다. 대규모 제조업자의 세력팽창에 대항하기 위해서 백화점을 비롯한 소매업자들이 집단구매력을 형성하여 중앙집권적 연쇄화·협동화를 도모하고 소매기구 확대와 대규모적인 새로운 경영방식을 개발하는 등의 노력을 기울였다. 현대에는 대량생산에 의한 대량소비를 연결하는 대량유통이 요구되어 도매기구·소매기구가 대형화되는 경영기술이 등장하고 있어 유통 개선이 기대되고 있다.

진정한 유통현상이 이루어지기 위해서는 우선 재화와 용역의 흐름과 같은 교환이 당사자 쌍방에게 충분한 시간적, 공간적 효용을 제공해 줄 수 있어서야 하며, 교환하는 쌍방에게 만족할 만한 상품구색의 제공이 있어야 한다. 또한 어느 정도의 범위 내 에서는 교환을 통한 개인적인 욕구충족의 극대화가 가능해야 하며, 이러한 교환이 정기적, 일상적으로 이루어져야 비로소 유통이라 할 수 있다.

상업적인 성격의 유통이라면 그저 실천이나, 작은 하천정도의 흐름으로도 충분하다고 생각되나, 산업적인 성격을 지닌 유통이라면 적어도 어느 정도 강이나 대규모의 하천 정도의 흐름이 가능한 경우를 일컬을 수 있다.

경제적 · 사회적 환경변화에 의해서 유통이 변화하고 있다(그림 1-1). 마치 공업이 근대산업혁명을 거쳐 기계화 장치를 통한 대량생산을 실현함으로써 하나의 거대한 산업군으로 형성된 것과 같이 종래의 상업이 제도완화 등을 통해서 대량의 메커니즘으로 변화되어 대량유통이 가능해지게 되었다. 즉, 재

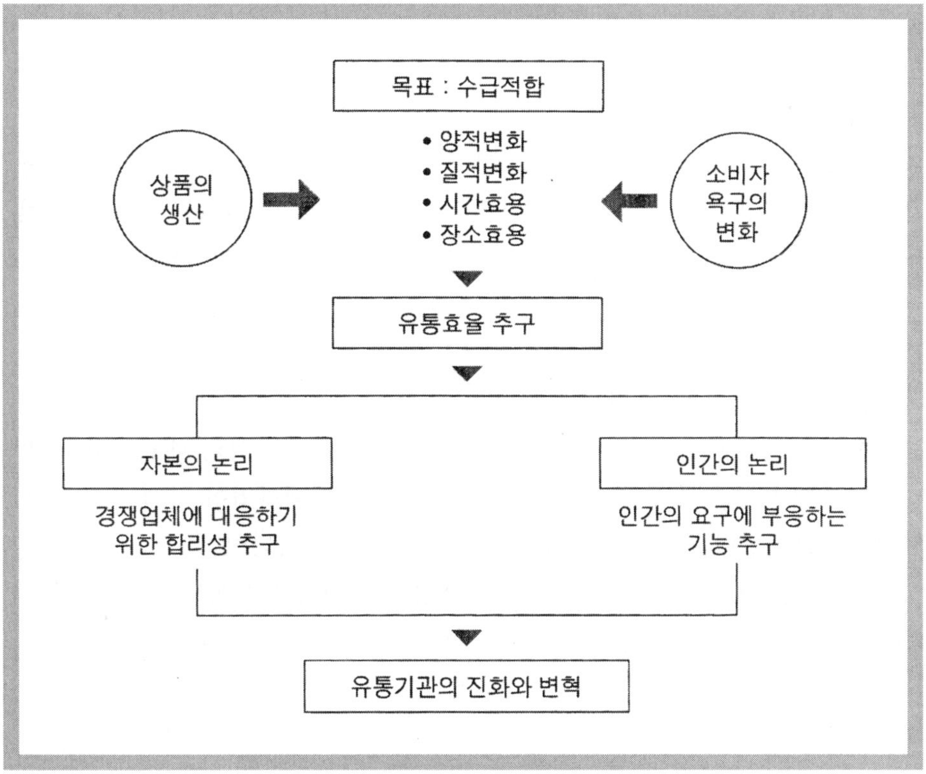

그림 1-1 경제적 · 사회적 환경변화와 유통의 변화

래식의 생계적 가업의 성격에서 벗어나 기업화함으로써 근대적 합리성을 바탕으로 한 충분한 수량으로 도도히 흐르는 대하(大河)와 같은 대량유통이 가능한 유통산업으로 발전되었다.

생산부문과 유통부문은 상호의존관계에 있다. 생산부문은 유통기구를 통해서 원재료를 구매하여, 유통기구를 활용하여 생산된 제품을 판매하기 위해, 생산부문의 성장과 유통부문의 발전을 위해서 상호간에 지대한 영향을 미친다. 그러나 상대적으로 유통부문은 생산부문에 비해서 기술혁신이 매우 어렵기 때문에 생산부문의 효율성을 유통부문에서 그 효율성을 상쇄하는 경향도 있다.

이제, 유통부문은 거대산업으로 발전했다. 그 효율화는 한국경제에 있어서 매우 중요한 위치를 차지하게 되었다. 소비지출의 약60%이상이 상품구입으로 충족되고 있으며, 그 대부분은 유통기구를 통해서 경유하기 때문에 유통활동의 효율화는 이른바, 내외가격차의 극복 등을 통해서 국민의 경제적 편익증진에 크게 기여하고 있다.

구미의 전문가들은 우리나라의 유통에 대해서 매우 폐쇄적이며 정체적으로 평가하고 있다. 경제적인 성장에도 불구하고, 유통만은 크게 변화가 없으며 재래식 유통구조가 그대로 존재하고 있다. 우리나라 경제의 고도성장에 비해서 유통의 변화가 전통적인 색채를 띠면서 성장해 온 것이 사실이다.

그러나 우리나라는 1980년대 이후 대기업체 그룹을 중심으로 백화점의 인수 및 확충 등 유통의 재편성이 이루어졌다. 한국화약이 한양유통을 매수 한 후 일약 유통업의 기반을 확립하는 등 대부분의 대기업체에서 백화점사업, 양판점사업 등 다점포 체인점 경영을 가속화 했다. 슈퍼마켓의 대규모화, 편의점의 본격적인 점포확충을 도모했다. 외국계의 편의점사업이 국내 진출을 꾀하여 외국의 편의점 경영노우하우가 본격적으로 도입되었다.

이상에서 살펴보았듯이, 유통업이 생계형 유통에서 유통산업으로 변화되어 대규모화, 다점포화, 경영의 다각화, 신업태의 등장이 가속화되고 있다.

제 2 절 | 유통의 개념

1. 유통의 의의

유통이란 단어가 우리나라에 상륙한 지는 50여년이 된다. 하지만, 학문적인 용어로서의 '유통'이란 반드시 새로운 것은 아니다. 마케팅, 시장론, 배급론, 시장조직론, 판매론, 매매론 등의 표현으로 다채롭게 호칭되어 왔으며, 오늘날 대부분의 사람들은 상업, 유통, 마케팅 등의 본질적인 면에서 크게 혼용하고 있는 것이 사실이다.

현대 경제사회는 상품 및 서비스가 생산자로부터 소비자에 이르기까지 소유적, 인격적인 개념으로 이동함으로써 이루어진다고 볼 수 있다. 이러한 상품의 생산과 소비 사이에는 소유적 · 장소적 · 시간적 격차가 있으며, 품질적 · 수량적으로도 차이가 존재한다.

따라서 생산자와 소비자 사이에는 시장구조 내의 유통경로를 통해서 상품과 서비스를 원활하게 이동시킬 수 있는 유통시스템이 필요하게 되며, 이 같은 유통시스템은 자본주의 시장구조를 형성하는 기본적인 유통산업으로 존재하게 된다. 시장구조 내에서 유통경로를 통해서 상품과 서비스의 흐름을 담당하는 유통업체들 도매업과 소매업 또는 유통기구라고 부르며, 이들은 국가경제의 중추적인 역할을 담당하게 된다.

'유통이란 무엇인가?' 이는 생산자로부터 소비자에게 재화와 서비스를 이전하는 장소 · 시간 · 소유권의 효용을 창조하는 활동으로써 상적인 유통(商流)과 물적인 유통(物流)으로 구분된다. 유통활동은 재화와 서비스의 물리적이고 사회적인 흐름에 대한 경제활동으로서 상품과 서비스를 이전하는 가운데 사회적으로 부가가치를 증대시키는 것으로써 그 범위는 운송, 보관, 하역, 포장, 정보 등의 물류활동과 금융, 보험, 상거래 등의 상업활동을 포함한다.

유통(distribution)이란 넓은 의미로 재화와 서비스의 상적 · 물적인 이전을 의미한다. 이 가운데 상적인 이전만을 좁은 의미의 유통이라고 말하기도 한다. 유통 가운데 상적유통은 좁은 의미에서 소유권의 이전기능, 매매계약기능, 거래기능을 의미하지만, 물류기능과 금융, 정보 등 유통지원 기능도 유통의 범주에 포함되기도 한다. 유통을 영문으로 'distribution'이라고 표시하는 것은 이웃나라 일본이나, 우리나라에서 자주 표현되는 용어이며, 미국에서는 'Marketing'과 'Distribution'을 유사용어로 표현하거나, 혼용하기도 한다.

이와 같이 유통에 대한 용어상의 정의가 유사성과 차이점이 공존하게 되는데 개념상 상호 밀접한 관계를 가지고 있다. 상업, 유통, 마케팅을 기업의 경영기법으로 상품과 서비스의 흐름을 촉진시켜 주는 개념 하에서 비교하여 살펴보면 다음과 같다.

상업(commerce)은 상품과 서비스가 생산자로부터 소비자에 이르기까지 이전되는 포괄적이고, 상업적인 경제활동으로써 그 과정에서 유통시스템과정이 존재하고 이를 뒷받침하는 전통적인 의미를 가진다.

유통(distribution)은 상품과 서비스가 생산자로부터 소비자에 이르기까지 이전되는 사회전체의 상적이고 물적인 흐름을 총칭하는 의미를 내포하는 거시적 관점의 유통이다.

마케팅(marketing)은 상품과 서비스가 생산자로부터 소비자에 이르기까지 이전되는 개별기업적인 경영기법으로서 미시적·동태적인 마케팅믹스, 유통경로관리상의 촉진기법 등 유통활성화를 위한 필요한 경영기법적인 의미의 성격이 강하다.

물론, 마케팅과 유통의 공동점은 인간의 경제활동 가운데 상업이란 기능을 이행하는데 기업의 경영과 상거래활동을 활성화시키기 위한 사회적·경제적인 경영기법이란 것이다.

따라서 마케팅의 특징은 개별기업의 미시적 경영기법으로 기업의 특성에 따라서 마케팅 믹스를 적절하게 투입하여 개별 기업의 자원관리를 극대화하는 것이며, 개별기업의 경영 능률의 제고, 합리화, 효율화를 통해 개별 기업의 비용절감과 수익률을 향상시키고, 시장점유율을 제고하기 위한 개별기업의 경영관리기법의 성격이 강하다.

유통의 개념적인 특징은 사회 전체의 시장 기구를 통해 수많은 도·소매상과 물류업체 그리고 기타 유통기구들이 혼합된 거시적인 유통산업으로서 국가경제활동의 중추적인 역할을 수행하는 거시적 관점에서 각종 유통제도와 유통법규를 통해서 유통산업을 통제하고 지원하는 기능을 수행하는 특징이 있으며, 한편, 미시적인 관점에서는 실질적인 재화와 서비스가 시장 기구를 통해서 메이커, 도매상, 소매상, 소비자로 이전되는 개별 점포의 상거래 활동과 점포운영 시스템, 즉, 점포운영과 상거래활동을 수행하는 유통활동 그 자체를 의미하기도 한다.

2. 유통의 개념

생산자가 생산한 재화(財貨)를 수요자가 구입하기까지의 여러 계기적(繼起的) 단계에서 실행되는 매매의 연쇄적 과정. 유통에는 상품경제의 고유한 유통, 즉 상품매매의 연쇄적 과정이라는 의미와 물적 유통, 즉 생산물의 물리적 이동 두 가지가 있는데, 양자는 분명하게 구별되어야 한다. 다만 상품의 매매가 이루어지려면, 그에 따라서 상품의 장소이동도 잦아지므로 양자는 매우 혼동되기 쉽다.

(1) 마르크스경제학적 유통

상품매매는 부동산매매처럼 물리적 이동이 전혀 따르지 않는 것과 물적 유통이 있다. 물적 유통은 주로 상품의 운수 · 보관 등과 관련되는 업무를 전문적으로 하면서 동시에 상품거래업무도 하는 전문적 업자, 즉 상업자본과 운수자본이 활동하는 무대이다. 그리고 상품유통은 모든 기업 · 소비자가 일상적으로 실행하고 있는 상품의 매매과정이므로 매우 광범위하다.

(2) 일반적인 상품유통

A가 B에게 실행한 상품판매는 동시에 B에 의한 상품의 구매이다. 상품을 W, 화폐를 G로 표시한다면 A로서의 $W-G$는 B로서는 $G-W$이다. 이와 같이 상품의 매매는 서로간에 얽혀 있다. 상품을 판매한 자는 취득한 화폐로 다른 상품을 구매한다. 이런 과정은 W_1-G-W_2로 표현되며, 이것은 화폐를 중개(仲介)로 하는 상품 상호간의 교환, 즉 상품유통을 나타내고 있다. 전반(前半)의 W_1-G가 다른 사람에게는 구매가 되고 또한 후반의 $G-W_2$는 다른 사람에게는 판매를 의미하는데, 이처럼 상품유통은 사회 곳곳에서 동시다발적으로 이어지고 있다. 이와 같은 상품유통은 자본주의사회의 표면에서나

자본주의 이전의 공동체 사이의 상품관계에서도 존재하지만 다음에 설명할 자본유통과는 구별되며 이런 측면에서 상품유통은 단순유통 또는 일반적 유통이라고 불린다.

(3) 자본유통

상품유통을 매개하는 화폐가 자기증식을 목적으로 상품을 팔고 사는 과정, 즉 $G-W-G'$(G'증식한 화폐를 나타냄)이 전개되면 그것은 이미 단순한 상품유통이 아니고 하나의 완결된 과정, 즉 운동체(運動體)가 된다. 이것이 자본이다. 이런 뜻에서 자본은 유통에서 발생한 가치의 운동체이다. 다시 이 자본 $G-W-G'$이 생산과정을 근거로 화폐를 증식하게 되면 그것은 산업자본이라 불린다. 산업자본은 상품유통이 발전한 형태의 자본이 자본운동 내부의 생산과정을 포섭한 것이다. 그래서 위 식의 G로부터 시작되어 G'로 돌아가는 순환운동 전체가 자본유통이라 불린다. 자본주의사회란 이와 같은 산업자본이 그 사회의 재생산을 지배하는 사회를 일컫는데, 거기에서는 산업자본은 사회적 생산과정을 근거로 잉여가치를 취득하고 그 생산 과정을 스스로 조정(調整)함으로써 상품경제의 변동에 대응하는 자립적 운동체가 되어 있다. 따라서 실질적으로는 사회의 표면에 있는 상품유통을 그 자립적 운동에 의해 규제할 수 있도록 되어 있다. 사회의 표면에 나타나는 상품유통에는 자본유통뿐 아니라 노동자 등의 소비자에 의한 단순한 상품구입 과정이나 비자본주의적인 상품의 매매과정 같은 일반적 유통도 포함되어 있으나, 자본유통은 일반적 유통과 끊임없이 상호작용하고 있을 뿐만 아니라 기본적으로 일반적 유통을 많건 적건 간에 규제할 수 있다. 이런 의미에서 자본유통은 일반적 유통보다 고차원적이다.

(4) 유통론적 유통의 개념

유통(상품유통)에는 상거래유통과 물적유통이 있고, 존재 · 활동 · 현상의 고유성에 착안하여 정의를 내린다면 <상품이 생산자로부터 소비자 쪽으로 이전되는 현상, 또는 이전시키기 위한 활동>이다. 그리고 이것을 대상으로 하는 연구분야를 유통론이라 한다. 또한 여기서 말하는 상품이란 판매를 전제로 하여 생산되는 재화를 지칭하며, 또한 소비자에는 가계소비자 외에 산업수요가(産業需要家)도 포함된다.

3. 유통의 발생과 발전과정

원시시대의 우리인간은 혈연공체를 중심으로 생활해 왔다. 그래서 우리 인간이 생활에 필요한 재화의 생산하거나 소비는 그 공동체 안에서 자급자족하던 시대가 있었다. 이러한 자급자족 경제체제 하에서는 생산과 소비라고 하는 두 가지의 경제활동이 동일한 경제주체에 의해 생산되고 소비되는 상황에서 생산과 소비간의 격차가 발생되지 않았기 때문에 유통을 문제로 삼을 필요가 없었다. 그러나 자급자족 경제 체제가 무너지고, 이른바 산업사회적인 분업이 성립 · 발전함에 따라서 생산과 소비사이에 격차가 점차적으로 확대되면서 유통이 필요성이 나타나게 되었다.

왜냐하면, 본래 생산은 소비를 전제로 하고, 소비는 생산을 전제로 하여 행해지는 경제활동이기 때문에 양자 사이에 시간적, 장소적인 격차가 해소되지 않으면 생산자는 자기 상품을 판매할 대상인 소비자를 찾지 못해 상품을 보유하고 있거나 폐기하지 않으면 안 되며, 소비자는 자기의 생활을 유지하는 데 필요한 상품을 손에 넣을 수가 없기 때문이다. 여기서 생산과 소비간의 격차 현상을 해소하고 생산자와 소비자 간을 연결하기 위한 경제활동이 필요하게 되는데, 이렇게 양자간의 파이프기능을 수행하는 유통이 발생하게 되었다.

예를 들면, 일단 생산되어진 식수나 생활용수가 각 가정으로 이어지는 수도관을 통해 언제든지 필요할 때 마다 수도꼭지를 통해서 필요한 때에 필요한 만큼 사용하듯이, 한 사회의 생산시스템을 통해서 생산된 각 종의 재화나 서비스가 소비자에게 가장 편리한 시간에 가장 편리한 장소에서, 그것도 가장 저렴한 가격으로 생산시점의 품질수준을 유지해 가면서 소비자에게 공급될 수 있어야 한다.

따라서 유통활동은 자연발생적으로 생성된 것으로 볼 수 있다. 인간이 생산활동을 함에 있어서 경제적인 분업을 통해서 개인을 가장 비교우위가 높은 분야로 특화시키고, 그 특화에 의해서 발생되는 개인적인 잉여생산물을 타인의 잉여생산물과 자연발생적으로 교환하기 시작하는 것이 유통활동의 근원이라고 볼 수 있다.

그러나 이와 같은 물물교환이나 또는 이것보다 조금 더 발전하여 어느 정도 진보된 교환시스템을 갖추었다고 해도 그것은 현대적인 의미에서의 유통이라고 볼 수 없다. 자연발생적으로 생성된 원시적이고 물물교환적인 성격의 유통활동이 생산과 소비를 연결시켜 주는 하나의 독자적인 부문으로 발전하기 시작한 시기는 이른바 초기 산업사회에서 후기 산업사회로 발전했던 시기라고 할 수 있다. 산업혁명에 의해서 야기된 초기 산업사회에서는 대량생산이 가능해짐에 따라 그렇게 대량으로 생산된 제품들이 소비자에게 제대로 전달되기 위해서는 유통활동의 발생이 이루어지게 되는데, 이때의 유통활동은 주로 생산된 제품의 집하(集荷)와 분배(分配)에만 치중되어 있는 실정이었다.

초기 산업사회에서 후기 산업사회로 진입하면서부터는 제조와 유통, 소비가 명백하게 분리되기 시작하였다. 초기 산업사회에서 동질적인 소비자들의 욕구가 후기 산업사회로 넘어가면서 고객의 욕구가 다양해지기 시작했고, 이에 따라서 제조업체들은 생산기능, 유통업체들은 유통기능을 강화하는 일련의 분업화를 통한 전문화의 양상으로 발전하였다. 이후에는 그 같은 기능의 분화가 보다 세부적으로 진행되어 제조부문에서는 연구개발과 기획, 생산 및 마케팅 등의 세부기능으로, 그리고, 유통부문에서는 도매와 소매, 물류, 정보처리 등의 세부기능으로 분화되었다.

국민경제적인 차원에서 생산과 소비를 연결시켜 주는 기능을 수행하는 유통을 기업측면에서 본다면, 생산된 제품에다 시간효용과 장소효용을 더하여 부가가치를 창출해 주는 역할을 기능한다. 따라서 유통기능의 원활한 역할이 없이는 국민경제적으로 생산과 소비를 이어주는 경제순환의 마비 또는 저해가 나타날 수 있으며, 기업측면에서도 수요의 자극과 소비욕구의 충족이라는 기업경영의 기본적인 기능이 달성되기도 어렵게 된다.

그러므로 유통문제를 생산과 소비의 연결 관계 입장에서 다루지 않고, 단순히 유통 그 자체만으로 다룬다거나 소비와 유통의 관계를 그저 소매기구상의 문제로만 국한시킨다면 유통기능의 원활한 수행에는 한계가 있게 된다. 통상적으로 일컬어지는 유통현상이 이루어지기 위해서는 우선 재화와 서비스의 흐름이 교환 당사자 쌍방에 충분한 시간적, 공간적 효용을 제공해 줄 수 있어야만 한며, 교환하는 쌍방에게 만족할 만한 상품구색의 제공이 있어야 한다.

기본적으로 재화나 서비스의 원활한 흐름과 관련이 깊은 유통은 자연히 경제, 사회, 문화시스템의 일부분도 되기 때문에 경제 및 사회, 문화 등의 발전과 변화에 따라서 변화하게 된다.

4. 유통산업개념과 그 범위

유통산업이란 단순한 상업의 영역을 초월하여 보다 전문적이고, 합리적인 의사결정과정을 거치게 되며, 상당한 정도의 생산성향상이 요구되는 하나의 산업으로 이해되어야 하는 것이다.

종래의 상업이 어떠한 제도화된 대량 메커니즘을 통해서 개별유통기관의 유통활동에 개입하여 상품공급자와 수요자들의 요구에 부응하는데 노력하고, 유통기능을 수행함에 있어서도 경쟁업체에 대응하여 경쟁적으로 합리성을 추구할 수 있는 규모의 산업이다. 또한 이러한 유통기관의 진화와 변혁을 보이고 있는 모든 유통기관들을 총칭하여 유통산업으로 칭할 수 있다.

진화와 변혁의 모든 유통기관들을 총칭하는 유통산업을 구성하는 유통기관이라고 해도 구매와 판매 즉, 흔히 소유권 이전 기능이라는 거래기능을 직접적으로 수행하는 「직접유통기관」과 「유통조성기관」으로 나눌 수 있다(그림 1-2).

이때의 직접유통기관으로는 제조업체와 중간상, 그리고, 최종고객 등이 포함될 수 있다. 반면, 유통조성기관이란 어떤 제한된 위험만을 부담하거나 위험이 따르지 않는 상태에서 유통과정을 간접적으로 지원해 주는 기관을 의미한다. 여기에는 생산된 제품이 소비자에게 이전되어가는 동안 소요되는 일단의 유통자금이나 신용 등을 지원해 줌으로써 유통활동을 간접적으로 지원해 주는 각종 금융기관을 비롯하여, 상품의 생산시점과 소비시점 사이의 시간적 분리를 조정하여 일말의 시간효용을 창조해 주는 보관 및 창고회사, 생산지점과 소비지점 사이의 장소적인 분리를 해소 해줌으로써 장소효용을 창조해 주는 운송기관, 상품의 이동이나 취급과정 등에서 발생하는 각종 위험을 부담해 주는 보험회사, 그리고 여러 가지 다양한 정보를 제공해 주는 광고대행사, 마케팅 조사기관, 그리고 이른바 표준화 기능을 수행하는 각종 기관과 단체 등

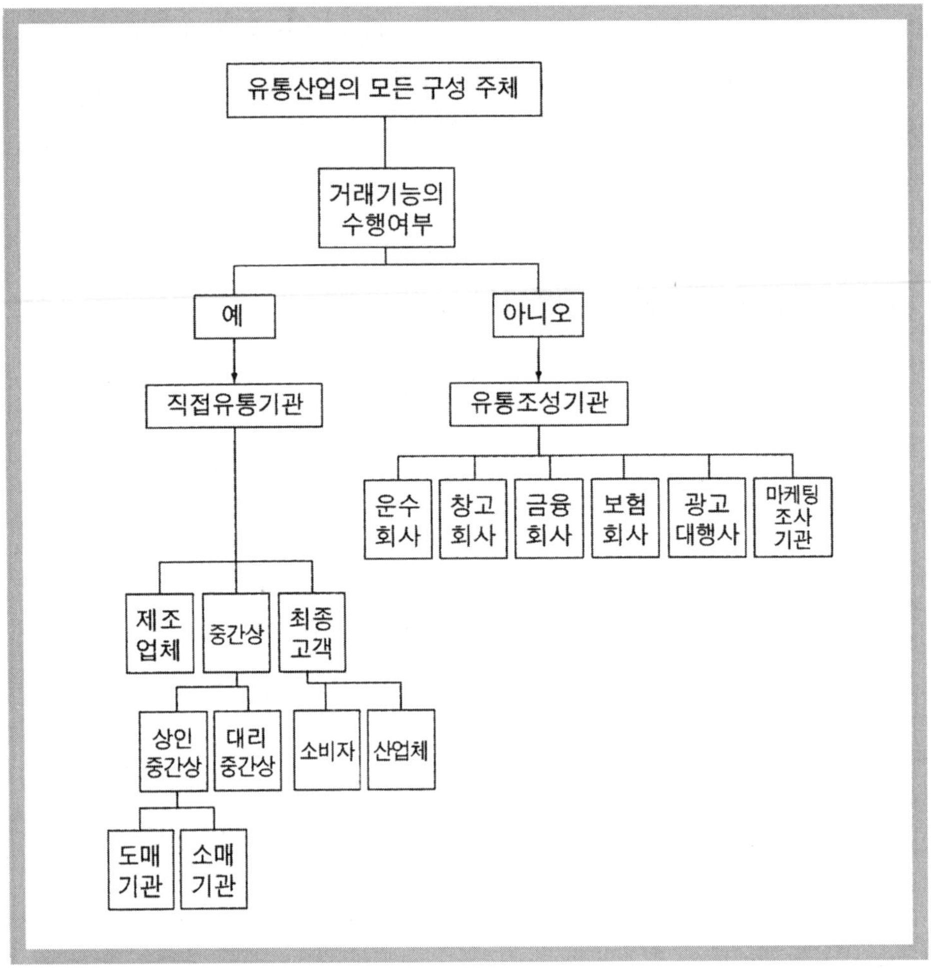

그림 1-2 유통산업의 구성주체 분류

이 모두 이에 해당된다.

한편, 협의의 의미에서 유통산업을 정의할 경우에는 도매기관이나, 소매기관 등과 같이 유통활동만을 직접적 내지는 주도적으로 수행하는 기관들을 의미하게 된다. 이는 다시 말해서 제조업체나 최종고객, 각종 유통조성기관과 같이 유통기능의 일부만을 수행하는 기관들은 대부분이 유통산업의 범주에 포함되지 않는다. 우리가 일반적으로 유통산업이라고 칭할 경우에 도매기관이나 소매기관 등과 같이 유통활동에만 전념하는 유통기관들을 유통산업이라고 보는 관점도 있다.

제 3 절 | 우리나라 유통산업의 발전과 변화

1. 우리나라 유통산업의 발전과정

대부분의 후발 산업 국가들이 산업화 초기에는 제조업을 중심으로 제조업을 중심으로 경제발전을 추구하게 되므로 일단 산업자본이 형성된 후에 상업자본이 형성되는 과정을 거치게 된다. 따라서 일단 산업화가 어느 정도 진전된 연후에야 비로소 유통업의 근대화 및 발전에 관심을 갖게 되는 것이 일반적이다.

우리나라의 경우에도 예외는 아니어서 정부가 제1차 경제개발 5개년 계획을 수립한 1962년 이후에 제조업 발전에 대한 본격적인 추진은 이루어져 왔지만 유통산업에 대해서는 1972년에 시작된 제3차 경제개발 5개년 계획에서 비로소 유통근대화 계획이 경제개발계획에 포함되었다.

1986년에는 기존의 시장법을 개정하여 도·소매업진흥법을 제정하고, 이 법에 따라 1987년부터 1991년에 이르기까지의 중장기적인 유통산업발전에 대한 계획과 정책개발이 추진되었다. 아울러 낙후되었던 유통망이 근대화 되면서 제조업체의 마케팅 수단으로써 유통기능 또한 크게 부각됨에 따라서 제조업체들의 유통부분에 대한 진출도 상당히 활발해졌다.

1990년대에 들어서는 소비패턴의 변화와 유통시장개방에 따라 유통업태의 다양화와 이업종의 유통업에의 진출 또한 눈에 띄게 증가하고 있다. 그러나 우리나라의 경우에 그 오랜 역사에도 불구하고 전통적인 농경문화와 유교의 영향에 의한 상업천시 사상 속에서 상업 자본의 축적도 제대로 이루어지지 못해 1960년대 이전까지 도·소매업은 그 존재조차 미미했다. 게다가 1960년대 이후의 비약적인 경제성장도 수출을 중심으로 한 제조업체의 위주의 성장이어서 정책적인 지원이나 관심의 대상이 되지 못한 채 낙후성을 면치 못하고 있었다.

결국 우리나라의 유통업이 발전되지 못한 원인은 첫째, 상업을 천시하던 농경사회의 역사적 배경과 둘째, 사농공상의 계급의식에 의한 건전한 상인문화 형성의 거부 셋째, 개항·일제 통치기에 침투한 일본 상업자본이 우리나라 상업계를 장악, 독점했던 것 넷째, 해방이후 6·25전쟁, 사회격변기의 과정에서 상업윤리의 기반구축 기회상실 다섯째, 1960년대 이후 생산제일주의에 입각한 산업자본형성 위주의 정책으로 상업자본의 영세성 고착 여섯째, 1970년대 이후 거대 재벌독점 산업자본의 부분적인 상업자본화로 인하여 건전한 경쟁적 상업자본의 발달을 저해한 것 등으로 설명할 수 있다. 하지만, 1980년대 이후 유통산업의 중요성이 크게 인식되면서 정부와 기업의 노력으로 이제 유통산업은 GDP 15% 이상을 차지하는 유통산업으로 급성장하고 있다.

다음은 이러한 우리나라 유통산업의 발전과정을 연대별로 6단계로 나누어 경제성장과 더불어 변화해온 우리나라 유통산업발전 상의 특징을 정리해 보자.

(1) 암흑기(1930~1945)

한일합병에 의한 일본상업자본의 침투로 조선의 식민지 과정에서 민족상업자본의 싹은 뿌리를 내리지 못하였으며, 일제하에 형성된 유통구조는 1930년대 이후의 전시경제체제하에 편입되어 위축되고 왜곡되었다. 상거래는 시장규칙 하에 온존된 5일장 등의 재리시장 중심으로 영위되었다.

근대적 의미의 백화점은 1930년 현재의 신세계백화점 자리에 세운 미쓰코시 경성지점이 최초였다. 당시의 미쓰코시 백화점은 국내에서 가장 큰 상가였으며, 판매하고 있는 상품도 다양했을 뿐만 아니라, 철저한 가격표시제 판매로 서유럽 백화점의 영업형태를 갖춘 근대적 의미의 백화점이었다.

우리민족계열의 백화점은 1931년에 지물업으로 자본을 축적한 박흥식씨에 의해서 종로네거리의 화신상회를 인수함으로써 충무로의 일본인 상권에 대응해 종로상권을 부흥시킨 계기가 되었다. 그는 종해의 화신이라는 상호를 유지한 채 점포의 외관을 개축하여 낡은 2층 목조건물을 3층 콘크리트 건물로 증축하고 쇼윈도를 설치했다. 규모가 작고 상품이 다양하지는 못했지만 경영방식은 미쓰코시에 비해서 손색이 없었다. 오히려 한국사람에게는 민족자본으로 일어난 최초의 백화점이라는 점에서 호소력이 있었다.

1932년에 화신 바로 옆 빌딩에 동아백화점이 등장하여 종로상권의 일대 전기를 맞이한다. 2개의 백화점은 서로 치열한 상권다툼을 하면서 고객유치에 열성을 다했지만, 동아의 주먹구구식 운영으로 6개월 만에 화신이 동아의 상호와 상품 및 경영권 일체를 양도 받았으며, 훗날 연쇄점 사업으로 진출하는 등 사업을 다각화 하였다.

(2) 혼란기(1946~1961)

이 시기는 해방과 6·25전쟁 등으로 이어지는 정치와 경제의 혼란기에 해당된다. 특히, 이때에는 밀수가 극성하고, 외국원조, 소비재의 대량유입 등으로 정상적인 유통산업이 형성될 수 없는 혼란기였다.

체계적인 유통정책수립이 어려웠으며, 외국원조에 의해서 제3차 산업이 비정상적으로 비대하였으나, 시장은 대량으로 발생한 실업자의 도피처로서 유통기관의 과성, 영세성, 저생산성 등이 고착된 시기이다.

6·25전쟁에 의해서 물류시설은 대부분 파괴되어 원상복구에 노력을 경주해야 했으며, 상업윤리는 물론, 정치, 사회적으로 혼란과 함께 우리나라의 백화점업계에도 극심한 혼돈 속에 빠졌다. 해방 후에 미쓰코시 백화점은 백화점 이름을 동화로 바꾸고 겨우 명맥만 유지하였으며, 해방 직후 조지아 백화점은 중앙백화점으로 바꾼 지금의 미도파 백화점으로 바뀌었으나, 미군 전용PX로 활용되었다.

(3) 여명기(1962~1973)

제1차와 2차 경제개발계획이 성공적으로 추진되면서 경제규모가 확대되고, 공급측면에서의 물량확대와 수요측면에서의 소비구조의 질적 수준 향상은 필연적으로 유통부문이 성장할 수 있는 여건이 필요했다.

우리나라의 정부가 유통정책을 종합적으로 다루기 시작한 것은 1966년 3월에 '유통구조개선에 관한 장단기 종합정책'을 마련하면서부터다. 상공부는 단기대책으로 중간상인의 개입방지, 도소매업의 기능분리를 표방하였으며, 장기적으로는 공정거래법, 창고업법, 백화점법을 제정하고, 도소매업의 등록제 실시를 검토하였다. 이후 정부는 유통경제를 종합적으로 검토할 방침을 세우고 미국 하버드대학교 부설 마케팅협회(IMI)를 통해서 우리나라의 유통문제를 다각적으로 검토하기에 이르렀으며, IMI는 우리나라에 유통근대화 5개년 계획의 수립과 시행을 권고했으며, 전문연구기관의 설립을 제안했다.

1969년에 경인고속도로의 건설, 1970년에는 경부고속도로의 건설 등 잇따라 전국의 고속도로가 건설되기 시작하면서 우리나라의 유통산업발전에 크게 기여하는 계기가 되었다. 따라서 백화점, 슈퍼체인, 연쇄점 등 근대적인 유통기구가 태동하기 시작했으며, 특허상품을 전문으로 취급하는 전문백화점이 등장하기도 하였다. 우리나라 최초의 슈퍼마켓은 뉴서울 슈퍼마켓으로 1968년에 개점하였다.

백화점은 1963년에 삼성그룹이 동방생명을 인수하면서 동방생명 소유였던 동화백화점도 삼성이 흡수하였다. 삼성은 1963년 11월에 상호를 동화에서 신세계로 바꾸면서 직영화를 시작하였다. 신세계백화점은 정찰제의 전면적인 실시, 경품제도의 개선, 크레디트카드의 도입 등 획기적인 경영방법을 도입하였다. 이를 계기로 미도파, 코스모스, 화신, 시대백화점 등이 직영체제로 전환하면서 유통근대화의 전기를 마련하였다.

(4) 인식기(1974~1979)

1970년대에 석유파동은 우리나라 전체의 경제에 위기감을 조성하면서 유통에 대한 인식을 새롭게 하는 계기가 되었던 시기이다. 특히, 오일쇼크 직후의 유례없는 고물가로 인해서 유통구조개선 및 대중 소비자들을 위한 유통기구 혁신을 1974년에 대통령의 특별조치로 추진하게 되었다.

따라서 근대적인 유통기관의 양적인 팽창이 이루어지고 대기업자본의 유통부문 진출이 현저해 늘어나게 되었으며, 수입자유화 조치 등으로 농작물 파동이 가속화 되었으나, 유통기본법규의 정비도 이루어지지 않았으며, 산업정책의 기조는 수출주도형산업, 중화학 공업의 육성에 치우쳐 정책적인 투자 지원에 유통부문은 여전히 소외되었다.

이시기에 유통업계는 직영백화점의 급성장과 임대백화점의 약화 현상이 나타났으며, 지방 정기시장의 퇴조가 두드러지기 시작했다. 대기업의 유통업진출과 상권의 핵분열이 일어나면서 주택정책이 강남을 중심으로 신흥도시개발이 본격화되기 시작했다. 주택업체를 중심으로 한 대형건설업체도 주택건설촉진법상 의무적으로 설치해야 하는 아파트단지 내의 상업시설을 만들어 유통업에 진출하기 시작하였다. (주) 한양유통, 뉴코아, 우성, 현대, 한신공영, 동아건설, 벽산건설 등이 건설업계의 유통업진출이 크게 늘어났다.

(5) 도입기(1980~1989)

1980년대에 접어들면서 제2차 오일쇼크와 정치변혁으로 우리나라 경제구조의 변신이 모색되었으며, 비로소 유통근대화에 관한 논의가 부분적으로 결실을 맺기 시작하였다. 시장법의 개정과 소비자보호법, 독점규제 및 공정거래법, 신용카드업법, 할부거래에 관한 법률, 방문판매 등에 관한 법률 등의 시행으로 유통관련 기본법규의 골격이 마련되었으며, 유통근대화 기본계획이 수립, 시행되어 유통산업에 대한 체계적인 지원체제가 구축되었다.

따라서 1980년대에 약 10년간 우리나라 백화점업계가 유통업계의 총아로 자리를 잡아 갈 정도로 발전을 하였다. 1980년에서 1983년에는 이른반 3대 백화점(신세계, 미도파, 롯데)이 백화점 시장을 점유했으나, 1984년 이후 수도권을 중심으로 부도심권의 한양쇼핑, 현대백화점, 그랜드 백화점, 뉴코아쇼핑 등이 등장하게 되었으며, 1988년 올림픽을 계기로 유통시설의 대형화, 다점포화, 업태의 다양화 현상이 나타나게 되었다.

슈퍼마켓은 체인점 경영의 노하우 부족과 점포의 소형화로 성장이 정체되었으며, 로손, 세븐일레븐 등 생활편의점(CVS)이 본격적으로 도입되면서 체인화가 확산되기 시작하였다. 핵가족화와 아파트 문화, 컬러TV, 통금해제 등으로 소비자의 개성화, 소비자 욕구의 다양화가 나타나기 시작된 시기이다.

(6) 성장기(1990년 이후 현재)

1990년 이후 우리경제가 안정 성장기로 접어들면서 대외적으로는 세계화가 급진전 되면서 1996년 1월에는 국내 유통시장의 전면 개방이 추진되었다. 특히 유통시설이 과거의 서울·수도권 중심에서 지방도시 및 신도시에 대형으로 출점함으로써 지방화, 다점포화, 대형화 추세가 뚜렷하게 나타나게 되었다.

신업태 할인점의 개발도 신세계의 E-Mart가 도입되면서, 회원제 창고형 도매업인 프라이스클럽, 킴스클럽, 아웃렛 등이 본격적으로 도입되어 발전하고 있다. 하이퍼마켓, 홈 센터, 복합상업시설 등 소매업태의 다양화가 시도되고 있다.

또한 정보화의 급속한 진전으로 국민생활과 산업전반에 걸쳐 광범위한 IT 및 인터넷 시장이 전개 되면서 홈쇼핑, 사이버쇼핑몰 등의 무점포 첨단 판매 수단이 등장하고 있다.

정부에서도 이러한 유통산업의 발전이 가속화 되면서 유통산업에 대한 각종 제도보완과 규제완화를 통해서 국내업체의 경쟁력 향상을 유도하는 한편, 21세기를 향한 획기적인 새로운 도전과 유통전략의 전개를 지향하고 있다.

2. 우리나라 유통산업의 역할과 과제

최근 우리나라의 유통산업은 소비자 욕구의 변화 함께 정보화, 지방화, 세계화라는 커더란 조류에 휩싸이면서 사상 최대의 변혁기를 맞고 있다. 다행히 우리의 경제가 선진국에 진입하기 위해서는 무엇보다도 '우리경제의 혈관'인 유통산업의 경쟁력을 강화해야 한다는 필요와 당위성을 정부 및 유통업체 모두 인식하고 현재 정부차원에서 다각도로 규제완화 및 지원제도를 수립하고 있다.

(1) 유통산업의 역할

유통산업이 발전해야만 생산자가 만든 좋은 품질의 상품을 소비자에게 값싸고 신속하게 전달할 수 있고, 생산 및 소비의 양과 질을 합리적으로 결정하며 정보와 재화의 흐름을 원활하게 할 수 있다. 이러한 유통산업의 역할은 다음과 같이 경제적인 역할과 사회적인 역할로 대별할 수 있다.

1) 유통산업의 경제적인 역할

가. 생산자와 소비자 간의 매개 역할

생산자와 소비자가 직접 거래를 할 경우에 발생하는 제반 비용을 감소시켜주고, 양자의 중간에서 각각의 정보를 상대방에게 제공함으로써 소비자의 욕구에 맞는 제품을 생산할 수 있다.

나. 고용창출

유통산업은 3차 산업 중 가장 비중이 높고, 향후에도 지속적으로 성장할 수 있는 고용창출 효과가 크게 기대되는 분야이다.

다. 물가조정

유통구조가 효율화되면 제품의 최종 소비자 가격은 낮아지고, 제조업의 유통경로에 대한 투자위험을 흡수할 수 있다. 또한 유통업체간, 제조업과 유통업체간 경쟁을 촉진함으로써 물가조정역할을 담당한다.

라. 산업발전의 촉매

유통부문이 신규시장을 활발히 개척하면서 제조업체에 대한 유통업의 거래교섭력이 증가하고 있다. 이는 제조업체간 경쟁을 촉발시키고 따라서 제조업 전체의 경쟁력이 제고될 수 있다.

2) 유통산업의 사회적 역할

가. 풍요로운 사회에 공헌

과거의 유통업은 일방적으로 제조업체의 제품을 전달만 하는 기능적 역할이 전부였으나, 오늘날의 유통업은 질 좋은 제품을 소비자에게 안정적으로 값싸게 공급함으로써 풍요로운 국민생활에 공헌함을 기본사명으로 하고 있다.

나. 소비문화의 창달

유통시설은 도심번화가의 상업시설이 핵심을 이루면서 도시발전의 지표와 심벌 역할을 하며, 소비자의 소비 · 쇼핑패턴의 변화는 사회전체의 소비문화를 결정짓는 중요한 요소가 된다.

이상에서 살펴보았듯이, 유통산업은 생산자와 소비자에게 거래의 장을 제공함으로써 불필요한 개별투자를 제거하고, 거래에 따르는 사회적 비용을 감축시키며, 거래를 촉진시켜 결과적으로 경제 전체를 활성화시키는 역할을 한다. 만약 생산자가 소비자를 일일이 찾아 나서거나 소비자가 생산자를 찾아 나서야 한다면 결국 규모의 경제를 갖추지 못한 생산자나 소비자는 생산과 소비를 포기하거나 최소한 비효율적이 될 수밖에 없다. 또한 유통산업은 복합적 만남의 장을 제공하여 one-stop shopping을 가능케 하는 등 효율적인 서비스를 제공함으로써 개별거래에 따르는 사회비용을 절감시켜줄 뿐만 아니라 생산과 소비를 촉진하는 매우 중요한 기능을 수행한다. 뿐만 아니라 유통산업은 정보집산지로서 시장정보(생산정보와 수요정보)를 쌍방에 제공함으로써 생산과 수요를 미리 조절할 수 있게 함으로써 생산자 및 소비자의 과잉재고를 줄여줄 뿐만 아니라 사회적으로 소중한 자원의 낭비를 방지하는 경제적 자원배분 기능을 한다. 더 나아가 직접적인 재고조절과 상권의 확대를 통해 수요와 공급의 균형을 유지하게 함으로써 가격변동 폭을 최소화하여 생산과 소비의 안정화를 가져오며, 소비자들에게는 다양한 상품을 접할 수 있게 함으로써 선택의 폭을 넓혀주고, 각자 원하는 생활수준과 생활양식의 실현과 유지를 가능하도록 돕는 역할을 한다.

그러므로 유통(산업)을 생산과 소비를 연결하는 단순 중계기능으로 이해하는 것은 대단히 잘 못된 것이다. 정말 단순 중개기능이라면 유통업체를 거치지 않는 모든 직거래는 다 선호되어야 한다. 그러나 현실적으로는 직거래의 통로를 열어 놓아도 이를 활용하는 생산자나 소비자는 극히 일부에 지나지 않는다. 이는 유통기능이 생략된 직거래가 이용자들에게 별로 실익이 되지 않음을 말해 주는 것이다. 거래와 경제가 원활하게 작동하기 위해서는 반드시 유통기능이 원활해야 하고, 유통업체가 배제된 상태에서 거래가 가능하기 위해서는 생산자나 소비자, 아니면 정부나 지자체 같은 제3자가 반드시 유통기능을 담당해야 한다. 그리고 누가 이 기능을 수행하든 유통비용은 발생한다. 그러므로 누가 이 기능을 담당하는 것이 보다 효율적인가의 문제만 남게 된다. 그래서 유통이 유통전문가의 몫이 되어야 하는가 아니면 생산전문가, 소비전문가, 비전문가인 정부나 지자체의 몫이 되어야 하는가 하는 질문에 대한 답은 언제나 명확하다.

그 동안 유통업체들이 단순 연결기능 밖에 수행하지 못 할 만큼 영세했거나 매점매석과 폭리로 물가의 앙등을 초래했다면 그 비판은 유통산업이 아니라 오히려 그 동안 이해부족으로 유통산업의 영세성과 종속성을 방치하고, 외면함으로써 규모와 경쟁력을 갖춘 유통업체들이 등장하여 자유롭게 경쟁하도록 만들지 못한 정책당국자들에게 돌아가야 마땅할 것이다. 유통산업이 발전하고, 충분히 제기능을 발휘할 수 있도록 정책을 전개했다면 이런 문제는 이미 오래 전에 사라졌을 것이기 때문이다.

(2) 유통산업의 과제

우리나라에서 유통산업이 제대로 자리를 잡지 못한 데에는 그럴만한 이유가 있었다. 사농공상이라는 유교적 가치관은 차치하더라도 상업혁명으로부터 시작해서 산업혁명에 이르기까지 자연스럽게 상업이 발달해온 서구나라들과 달리 60년대부터 제조업을 중심으로 경제개발정책을 펴온 우리나라로서는 어쩌면 당연한 결과일지도 모른다. 외국자본을 들여다 일거에 대량생산체제는 구축했으나 이용할만한 유통경로가 없던 상황에서 유통까지도 제조업의 몫일 수밖에 없었고(영업소 또는 전속대리점), 이는 필연적으로 유통업체의 영세성과 종속성, 그리고 비전문성을 초래하게 되었다. 규모의 영세성은 유통업을 보잘것없는 것으로 비춰게 하였을 것이고, 비전문성은 아무나 할 수 있는 일 즉, '하다하다 안되면 장사나 하지'라는 말처럼 실패한 사람들의 마지막 종착점 정도로 생각하게 하였으며, 제조업에의 종속성은 유통업 종사자들의 자기비하로 연결되어 '돈이나 벌자'는 생각으로 이어졌을 수도 있다. 그러니 누가 유통업을 중요하게 여기고 유통업에 관심을 가졌겠는가. 이러한 요인들이 복합적으로 작용해서 우리사회에서는 유통업을 충분한 가치를 지닌 독립된 산업으로 이해하기보다 1) 생산과 소비를 연결하는 단순 중계 기능(그러므로 가급적 이를 배제하고 생산자와 소비자가 직거래하는 것이 바람직하다), 2) 영세민들의 생존수단인 필요악(그러므로 바람직하지는 않지만 영세민 구제차원에서 영세사업자의 보호와 지원이 필요하다), 기회만 있으면 폭리를 취하고, 매점매석을 일삼아 물가앙등을 부추기는 악덕상인들(그러므로 철저한 감시와 규제가 필요하다)로 곡해해온 것이 사실이다.

그러나 이러한 곡해에도 불구하고 유통(산업)은 매우 중요한 사회경제적 기능이며, 경제가 진화하면서 유통산업의 중요성은 더욱 커져가고 있다. 감히 말한다면 머지않아 유통산업은 경제를 선도하는 핵심산업으로 자리 매김을 하게 될 것이다. 특히, 유통시장의 전면개방은 우리나라 유통구조의 혁신을 앞당기고 있으며, 막강한 자본력과 경영노우하우로 무장한 외국기업과 대항하기 위한 개별업체의 경쟁력 강화는 유통업계의 초미의 관심사이다. 더구나, 소비자의 다양한 욕구충족을 위한 다양한 신업태의 개발 및 상업집적 제공은 유통산업의 중요한 과제가 되고 있다.

1) 소비자욕구에의 어떻게 부응해야 할 것인가?

가. 유통의 기본적인 역할과 사명

질 좋은 제품을 소비자에게 안정적으로 값싸게 공급함으로써 국민생활에 풍요로움을 주어야 한다.

나. 소비자가 요구하는 다양한 업태 및 상업집적 제공

- 가격지향: 카테고리킬러 등 가격파괴 신업태가 성장하여 가격에 민감한 소비층을 만족시켜야 한다.
- 품질중시, 개성강화: 전문점 등 다양한 유통업태가 성장하여 품질을 중시하고 개성화욕구가 강한 소비층을 만족시켜야 한다.
- 편리성 지향
  - 공간적인 편리성: 자동차 보급의 확대에 따라서 간선도로변에 유통시설이 개발될 필요가 있고, 교외형 상업집적지에도 유통시설이 개발될 필요가 있다.
  - 시간적 편리성: 여성의 사회진출, 맞벌이 층의 증가로 24시간 편의점 선호현상과 할인업태 영업시간의 연장 등이 고려되어야 한다.
  - 원스톱 쇼핑: 복합쇼핑센터, 파워센터 등의 개발이 필요하다.
  - 시간소비 지향: 쇼핑센터 내에 문화시설의 복합으로 시간 소비니즈에 대응할 필요가 있다.

2) 다양한 사회적인 욕구에 어떻게 부응할 것인가?

가. 환경에 대응

도시폐기물처리문제, 점포주변의 교통정체, 소음 등 환경문제를 고려한 유통시스템 구축이 필요하다. 예를 들면, 환경조화형 상품조달, 포장간소화, 폐기물 재활용 등이다.

나. 소비자 만족 증대

상품의 안정성 보장 및 소비자 불만처리 제도의 강화가 필요하다.

다. 도시개발문제에 대응

신도시개발, 도심 재개발 시 도시의 활기와 풍요를 창출할 수 있도록 유통업의 역할 확대가 필요하다.

라. 쾌적한 노동환경 실현

근로시간, 근로환경의 개선으로 우수인력 확보가 필요하며, 파트타이머의 고용활성화 및 여성인력의 효과적 채용을 위한 각종 제도 정비, 전문인력 양성 및 능력, 업적주의 임금체계 도입 등이 필요하다.

마. 고령화 사회에 대한 대응

고령자, 장애인을 배려한 개별점포의 시설 확충과 이들의 쇼핑편의를 위한 홈쇼핑 등 새로운 업태 개발이 필요하다.

바. 국제화 진전을 위한 역할 분담

개방화시대에 있어서 가격 및 품질경쟁으로 산업경쟁력을 강화하고, 해외점포망확보로 제조업체의 수출기반 및 판로 확보가 필요하다.

3) 경제사회 발전에 기여해야 할 대응과제는 무엇인가?

가. 유통시장의 확대로 고용창출

종합할인점, 카테고리킬러 등 신업태의 성장 및 기타 다양한 업태의 발전, 대형점의 지방네트워크화 및 다양한 점포개발로 고용인구를 확대할 필요가 있다.

나. 가격파괴 신업태의 경제파급효과 기대

• 물가안정과 소비자의 실질소득증가 예상

중산층의 확대에 따른 소비자의 의식구조 합리화와 라이프스타일 변화로 할인업태는 계속 확대될 것이며, 이에 따른 파격적인 가격하락은 소비자의 실질소득 증가와 국민의 생활수준을 향상시키는 효과를 가져오며, 물가안정에도 크게 기여할 것이다.

• 국내 경기활성화의 견인차 역할

미국이나 일본의 경우, 가격파괴의 효과로 개인의 실질소득이 증가함으로써, 소비주도형 경기회복이 표면화되고 있다. 우리나라도 할인업태의 계속적인 등장으로 소비자의 구입가격대가 하향 이동하고, 이것이 가격파괴를 더욱 가속화시키면서 물가안정과 실질소득의 증가로 연결, 국민경제 전체의 수요창출과 이에 따라 제조업체에게도 좋은 영향을 미치게 될 것으로 보인다.

• 중소기업의 판로 확대

가격주도권을 갖고 있는 대기업의 유명브랜드로서는 할인점의 최대 무기인 저가정책을 유지하기 힘들기 때문에 유통업 자체브랜드를 개발하기 위해 유망 중소기업을 발굴하여 협력관계를 지속해 나갈 수밖에 없다. 또한 이들 중소기업의 판로를 확대하는 할인점은 대량판매가 가능하기 때문에 물류비, 인건비 등 판매 부대경비를 절감할 수 있다.

• 유통구조의 개선 및 효율화

지금까지 유통업체가 영세성과 전근대성을 면하지 못한 상태에서 상품의 가격결정권을 제조업체가 지배하는 구조였으나 앞으로는 유통업이 가격을 선도하는 구조 내지는 공존공영의 유통구조로 변화할 것이다.

아직까지는 할인업태가 초기 도입단계인 관계로 납품가격을 둘러싼 제조업체와의 갈등도 심화돼 낮은 가격으로 상품을 공급해 줄 것을 요구하는 유통업체와 기존 대리점 및 소매점들의 집단적인 반발을 우려해 납품을 거절하는 제조업체간의 가격논쟁이 발생하고 있으나, 시간이 흐를수록 양자의 협조체제가 이루어질 것으로 예상된다.

• 제조업의 경쟁력 강화 촉진

개방화와 국제화가 진전되면서 대외경쟁력 강화를 위해 업조 및 규모에 관계없이 모든 민간기업이 가격인하를 강요받고 있으며, 이러한 환경 하에서 한발 앞서 가격을 인하하는 기업은 단기간 내에 새로운 고객을 끌어 모으고 있다.

앞으로 기업간의 가격경쟁은 한층 치열해질 것이며, 개방화에 따른 외국의 고품질 저가격 상품과의 경쟁을 위해 제조업의 비용절감을 통한 경쟁력 확보 노력은 갈수록 확산될 수밖에 없다. 따라서 좋은 품질 저가격의 상품에 대한 수요가 증가 하면 할수록 제조업체는 제조업체대로 가격경쟁의 우위를 점하기 위한 노력을 집중하게 될 것이다.

• 사회적 비용의 절감

할인점은 도심이 아닌 교외지역에서도 충분한 경쟁력을 발휘할 수 있는 업태로서, 국적 차원에서는 도심교통난 완화 및 유휴토지의 효율적 활용이 가능하며, 박스단위의 대량판매로 제조업체의 물류비 절감효과와 환경보호에도 기여한다. 또한 소비자입자에서는 일괄구매로 절약된 쇼핑시간을 다른 생산적인 부문에 투자할 수 있어 부가적 이득을 누릴 수 있다.

3. 우리나라 유통산업의 미래 전망

우리나라의 유통산업은 1960년대 이래 고도 경제성방기의 수출드라이브 정책으로 인하여 그 동안 독자적인 산업으로 인식되지 못하고, 제조업체가 생산한 제품을 효율적으로 처리하기 위한 단순한 기능적 역할만이 강조되어 왔으며, 정부의 유통산업정책은 물가안정을 위한 수단으로 운영되었고 정책의 우선순위가 제조업 육성에 두어짐에 따라 제조업이 지배하는 하위 개념으로서의 유통체계가 형성되어 왔다.

유통산업에 대한 시각도 소비성 서비스업으로 인식되어 광범위하게 규제되었고, 유통산업은 예산, 금융, 세제, 입지 등 각종 지원제도에서 소외될 수밖에 없었다. 특히, 중소유통기업의 경우에도 자생적인 경쟁력을 배양하기보다는 한계기업을 보호하는데 더 노력해 온 결과, 유통기업들은 정부의 지원시책에 지나치게 의존하고 경영효율 및 생산성 증대, 최신경영기법 도입 등 변화에 대한 도전노력이 부족했다. 그 결과, 유통구조는 낙후되고 기업의 물류비용이 계속 증가하는 등 유통산업의 비효율성과 저생산성은 유통산업의 전반적인 경쟁약화의 주된 요인이 되어왔다.

그러나 1996년 1월 이후 유통시장이 전면 개방되면서 까르푸, 홈플러스 등 외국계 대형 할인점의 진출이 본격화되기 시작하여, 막강한 자본력과 선진 운영기법을 가지고 직접 점포를 개설, 전국적으로 네트워크화에 박차를 가하고 있어 국내업체와 치열한 경쟁이 가속화되고 있다. 국내 대기업도 유통업을 미래 주력사업으로 선정하고, 신규진출을 하고 있으므로, 과거의 소수과점경쟁체제에서 다수 완전경쟁체제로, 업태 내 경쟁에서 업태간 경쟁으로, 국내경쟁에서 구제경쟁구도로, 다면적이고 복합적인 경쟁체제로 변화하고 있다.

최근의 유통환경변화는 2000년대 선진사회에 접어들면서 양적으로나 질적으로 그 변화는 다양한 양상을 보이고 있다. 개별업체별로 유통환경변화를 예측하고, 그 대응책을 수립하는 차원에서 국가차원의 유통산업발전 장기 전략을 수립하여 업계와 함께 새로운 비전과 장기적인 목표를 가지고 우리나라 유통산업발전을 위해 자발적이고 창의적인 힘을 쏟아 가야한다.

오늘날 국내외를 막론하고 경제구조가 급격히 변화하고 있다. 극심한 경쟁과 시장상황의 급변, R&D투자의 급증과 PLC의 단축 현상은 기업들의 대응방식은 물론 경제구조 자체의 변화를 빠르게 초래하고 있다. 가장 큰 변화는 기업기능의 급격한 분산이라고 할 수가 있을 것이다. 과거에는 하나에서 열까지 모든 기능을 내부에서 해결하는 것이 정답처럼 보였다. 그러나 치열한 경쟁과 빠른 변화가 기업 환경의 기본모드로 정착하고 있는 이 시대에는 각자 자신의 핵심역량을 중심으로 전문화의 길을 가는 대신 협력과 제휴를 통해 경쟁력과 적응력을 키워나가는 아웃소싱이 보편화되고 있다. 이러한 흐름 속에서 제조업이 유통기능을 겸한다는 것은 무리수일 수밖에 없다. 한 걸음 더 나아가 전통적인 제조업체들조차도 제조기능을 포기하고 공장을 처분하며 마케팅 또는 유통전문기업으로 이미 탈바꿈을 했거나 서둘러 추진을 하고 있다. 반면 제조기능은 소수의 대형화된 전문기업으로 집중되고 있다. 제조업의 역할이 그만큼 축소되고 있는 것이다. 그렇다면 유통산업 역시 제조에서 분리되어 전문화되고 대형화 될 수밖에 없으며, 이미 오래 전부터 그런 방향으로 변화는 시작되었다.

유통산업은 제조업에서 독립했을 뿐만 아니라 경쟁적으로 대형화/체인화를 추구함으로써 그 외형이 점점 커지고 있으며, 결과적으로 시장에서의 거래주도권이 제조업으로부터 유통업으로 넘어가고 있다. 유통산업은 더 이상 영세성과 지역성의 상징이 아니며 오히려 치열한 규모경쟁과 세계화의 길로 치닫고 있다. 유통산업의 대형화와 세계화는 세계적인 흐름이며, 경쟁력의 중요한 조건이기도 하다.

오늘날 유통산업을 단순히 규모가 커졌다거나 거래주도권을 행사하게 되었다는 정도로 이해해서는 부족하다. 생산과 소비가 분화된 이후 생산이 소비를 못 따라가는 공급부족시대에는 생산이 소비와 유통 모두를 리드하는 경제구조를 가졌었다. 제조업체에게는 얼마나 많이 생산할 수 있느냐가 관심사였고 유통업체는 어떻게 제조업체와 좋은 관계를 유지하느냐가 관건이었다. 따라서 유통업체들은 유명제조업체들의 판매 대행자(sales agents)로서의 역할에 충실해야 한다고 믿었다. 그러나 제품이 남아도는 공급과잉시대가 되면서 소비자가 시장을 리드하게 되고 유통업체는 또다시 이익이 되는 고객들과 얼마나 좋은 관계를 유지하느냐가 생존의 관건이 되었다. 그래서 이번에는 고객을 위한 구매 대행자(buying agents)로의 변신을 위하여 모든 노력을 기울이고 있다. 앞서 언급한 월마트가 급부상할 수 있었던 것도 바로 남들보다 이 변화의 조짐을 조금 먼저 읽었기 때문이다.

하지만 경제는 또 다른 변화를 준비하고 있다. 경쟁은 점점 치열해지고 소비자들의 취향과 요구는 점점 복잡해지며, R&D투자를 회수하기도 어려울 만큼 PLC는 점점 짧아져만 간다. 이러한 시장 상황을 무시하자니 경쟁에 밀리고 일일이 대응을 하자니 투자는 늘고 재고는 쌓이고 수익성은 날로 악화돼간다. 어떻게 하면 팔릴 수 있는 것만, 팔릴 수 있는 만큼 만들어서 매출은 늘리고 재고는 줄여서 이익을 낼 것인가. 제조업체들은 많이 고민스럽게 될 것이다. 하지만 고민스러운 것은 소비자들도 마찬가지가 될 것이다. 갈수록 점점 시간은 부족하고, 할 일과 하고 싶은 일은 많아지며, 마음 놓고 쇼핑을 즐길 처지가 되지 못 할 것이다. 반대로 시장에는 상품과 정보가 홍수를 이루고 최적의 선택과 소비생활은 점점 혼란스럽게 될 것이다.

이런 상황에서 역량 있는 유통업체의 진가가 발휘될 것이다. 유통업체는 모든 시장정보가 모이는 정보 집산지로서 생산자정보와 소비자정보를 풍부하게, 그리고 리얼타임으로 얻을 수 있는 유일한 조직이다. 리얼타임 분석뿐만 아니라 시계열적으로도 소비추세를 읽어낼 수 있는 입장에 있으며 다양한 지역, 다양한 고객, 다양한 상품, 다양한 공급자들에 관한 정보를 자유자재로 얻을 수가 있게 된다. 이미 대형화, 세계화된 유통업체에서 시장정보를 축적하고 가공하고 활용하기 시작한다면 생산자와 소비자의 어려움을 어렵지 않게 해결해 줄 수가 있게 될 것이다. 이제 유통산업은 구축된 정보를 바탕으로 생산자와 소비자를 위한 정보 대행자(information agent)로 발전해 갈 것이며, 결국 소비자들과 제조업체들은 유통업체에 대한 의존도가 커지게 될 것이다. 이렇게 되면 유통업체는 정보를 통해서 상품의 부가가치를 높이게 될 것이며, 제조업체들에 대한 또 다른 종류의 통제력을 갖게 될 것이다. 이렇게 유통업체들이 시장정보를 장악하고 정보를 이용해서 시장을 리드해 가게 되면 결국 유통산업은 이제까지의 종속적 역할과는 판이하게 경제를 선도하는 주도적 기능을 담당하게 될 것이다. 이런 점에서 유통산업은 21세기 경제 견인차가 될 것이며 유통을 지배하는 자가 경제를 지배하게 될 것이다.

토의 및 연습문제

1. 가계, 기업, 정부의 관점에서 경제순환과정의 중요성과 그 기능을 설명하시오.
2. 유통에 대한 용어상 의미상의 차이를 비교해보시오.
3. 우리나라 유통의 발전과정을 설명하시오.
4. 우리나라 유통산업발전의 과제와 그 대응 방안을 토의해보자.

제 2 장

유통기능의 이해

학습목표 세계시장을 대상으로 유통기업의 경쟁이 더욱 심화되고 있는 이때, 고객만족을 최우선으로 하기 위한 유통기능의 이해와 관련이론, 소유권이전, 물류관리와 고객서비스에 관한 이해

제 1 절 | 유통기능의 의의와 관련이론

1. 유통기능의 의의

자급자족경제시대에서는 각자가 자기의 생활에 필요한 재화나 서비스를 스스로 생산하여 소비하였다. 즉, '생산자=소비자'라는 공식이 성립되었다. 이와 같이 재화의 분배과정에서 생산과 소비가 일체적인 현상을 보이다가 교환경제시대에 접어들면서 재화의 생산과 소비는 각각의 경제주체로써 경제활동을 하게 된다. 이러한 생산의 주체가 '생산자'이며, 소비의 주체가 '소비자'이다. 따라서 교환경제 내지는 시장경제하에서 재화의 생산은 전혀 모르는 소비경제주체를 대상으로 생산하게 되며, 소비 또한 소비주체와는 다른 생산자에 의해 만들어지는 것이 전제가 된다.

이러한 상황에서 재화는 생산자의 손에서 소비자의 손으로 전달되는 과정에서 상호 다양한 격리 현상이 나타나게 되었다. 이러한 격리현상의 유형은 다음과 같이 분류될 수 있다.

첫째, 주체적인 격리이다. 이는 상품의 생산자와 소비자가 서로 다르다는 것을 의미한다. 즉, 제품의 생산은 공장 등 메이커가 생산하고, 그것을 소비하는 것은 일반 소비자이다.

둘째, 시간적인 격리이다. 이는 상품의 생산시기와 소비시기가 서로 차이가 있음을 의미한다. 예를 들면, 쌀이나 보리의 경우에 특정 시기에만 생산하여 수확하지만, 소비는 일 년 내내 이루어지고 있다. 이러한 격리상태는 상품의 생산시기와 소비시기가 한정적이면 한정적일 수록 그 격리현상은 심화된다.

셋째, 장소적인 격리이다. 이는 상품의 생산지와 소비지가 서로 다른 것을 의미한다. 예를 들면, 우리나라의 밀감은 기온이 따뜻한 제주도 등에서 제한적으로 생산되지만, 소비는 전국 각지에서 이루어진다. 이러한 격리상태는 상품의 생산지와 소비지가 멀리 떨어져 있을수록 커지게 된다.

넷째, 수량적인 격리이다. 이는 상품의 생산수량과 소비수량이 서로 다른 것을 의미한다. 일반적으로 상품은 대량으로 생산되지만 그 소비량은 소량이다. 이러한 격리상태는 생산자가 자기의 경제적 계산에 기초하여 상품의 생산량을 대량 또는 소량으로 통제함에 대하여 소비자가 그 수량에 적합할 만큼의 수요량을 갖지 않을 경우에 생긴다.

다섯째, 가치적인 격리이다. 이는 특정 상품에 대한 생산자가 인식하고 있는 가치와 소비자가 인식하고 있는 가치가 서로 차이가 있음을 의미한다. 즉, 생산자가 자기 상품의 품질이나, 성능 등을 높게 평가하고 있음에 대하여 소비자가 그 상품에 대하여 생산자가 평가하는 것만큼 높은 가치를 인정하지 않음을 의미한다.

여섯째, 정보적인 격리이다. 이는 생산자와 소비자가 보유하고 있는 정보량이나 정보내용이 서로 다름을 의미한다. 이러한 격리상태는 어떤 소비자가 어떠한 상품을 요구하고 있는가에 대하여 생산자가 정확한 정보를 갖고 있지 않은 경우나 어떠한 상품을 누가 생산하고 있는가에 관한 정보를 소비자가 충분히 갖고 있지 못할 경우에 생긴다.

2. 유통기능의 관련이론

이상과 같이 생산과 소비 사이의 격리현상을 해소하고 양자를 연결시키는 경제활동이 유통기능이라고 할 수 있다. 이는 시장경제초기에는 직접유통이란 형태로 간단했으나, 시장경제의 발전에 따른 사회적인 분업 확대로 말미암아 한층 진전되어 현대경제사회에 있어서 더욱 심화되고 복잡해지면서, 생산자와 소비자 간의 격리현상을 사회적, 경제적으로 수요와 공급의 원활한 기능 수행을 위해 어떻게 연계 내지는 결합해 가야 하는지에 관한 유통기능에 관한 연구가 미국, 일본, 영국 등 선진국을 중심으로 전개되어 왔다.

미국의 P. D. Converse는 유통기능이란 '재화가 생산자로부터 소비자에로 유통되어 가기 위한 필수불가결한 서비스 내지는 활동이다.'라고 정의하고 있다. 여기서, 수요와 공급을 결합시키기 위해서 실제적인 문제로써 어떠한 서비스 혹은 활동이 불가결한지 유통기능을 구체적으로 파악할 필요성이 대두된다. 그 유통기능의 구체적인 파악은 기능별 연구방법(functional approach)론에 의해서 발전되어 왔다. 이 연구방법은 재화의 유통을 대상으로 연구하기 위해 중요한 유통기능요소들을 제시하게 되었다. 그러나 각 연구자들에 의해

지적된 구체적인 유통기능요소에 매우 많은 상이점이 발견되었다. 예를 들면, 미국의 연구자 중에는 유통기능을 최소 4, 5개 기능요소에서 최대 120개의 기능요소를 지적하고 있다. 이와 같은 차이는 유통기능에 대한 연구의 시점, 유통 및 유통기능에 대한 개념의 차이, 기능분석방법상 차이 등의 원인에 있다고 볼 수 있다.

유통기능론에 관한 연구는 1912년 A.W. Shaw가 "Some Problems in Market Distribution"이란 논문에서 유통기능을 위험부담, 상품운송, 경영금융, 상품전달, 수집 · 분산 · 환적 등의 5가지 기능으로 유통기능을 파악한 이후, F. E. Clark와 P. D. Converse에 의해서 교환기능, 물적공급기능, 보조기능 등 크게 세 가지 기능으로 대별하였다. 이하 에서는 사회경제적인 관점에서 유통과 인간, 인간과 그 생활환경을 고려하여 유통기능을 여섯 가지로 분류한 E. D. McGarry의 유통기능론을 구체적으로 살펴보고자 한다.

E .D. McGarry의 유통기능론은 소비자에게 상품을 판매하고자 하는 소매기관의 노력에 의해서 소매기관은 인간의 욕구를 충족조건을 부여하게 되며, 가격방식에 따라서 소비자가 지출할 수 있는 가격의 수준, 생산원가 및 유통비용을 조정할 수 있고, 상품의 저장/운송에 의해서 소비자의 소비시점 및 소비장소를 조정할 수 있다고 분석하고 있다. 이러한 기본적인 인식에 따라서 유통기능을 다음과 같이 여섯 가지로 설명하고 있다.

첫째, 접촉기능(Contactual function)이다. 이는 시장을 탐색하는 기능이다. 경제사회 속에서 누가 잠재적인 고객인가를 판매와 구매자 사이의 잠재고객을 탐색하여 그가 어디에 위치하고 있으며, 어떻게 하면 그들을 발견하여 접촉할 수 있을 것인가를 탐색하는 기능이다.

둘째, 선전기능(Propaganda function)이다. 이는 공급자와 수요자의 제품 또는 상품의 구매, 판매를 위한 유인, 권유, 촉진하는 기능이다.

셋째, 상품화기능(Merchandising function)이다. 잠재고객이 희망하는 욕구에 부합하는 상품을 개발하고, 그 욕구를 조정하는 기능이다. 예를 들면, 품질의 결정, 혹은 소비자의 흥미를 자극하기 위한 전략적인 견지에서 시도되는 용량, 포장, 상표, 진열 등에 관련한 모든 방법을 개발하고 추진하는 기능이다.

넷째, 물적유통기능(Physical distribution function)이다. 이는 운송과 보관, 하역, 유통가공, 포장 등 상품의 시간적, 장소적 이동에 따른 경제적 가치를 제고하는 기능이다.

다섯째, 가격기능(Pricing function)이다. 생산자의 입장에서는 가능한 한 높은 부가가치를, 소비자입장에서는 가능한 저가격으로 공급될 수 있는 가격조정기능이다.

여섯째, 거래종결기능(Termination function)이다. 각각의 거래활동에 있어서 매매조건의 결정을 포함하는 기능이다. 예를 들면, 인수도기일, 신용거래계약, 보증, 서비스정책, 계약의 실행, 클레임 조정 등을 포함하는 기능이다.

3. 주요 유통기능

상기에서 주요연구자를 중심으로 유통기능론적 관점에서 살펴보았다. 원래 생산은 불특정 다수의 소비를 전제로 하여 생산하고, 소비는 생산을 전제로 하여 행해지는 경제활동이므로 양자간의 주체적, 시간적, 장소적, 수량적, 가치적, 정보적인 격리현상을 극복되지 않으면 생산된 상품은 소비되지 못하게 되며 인간생활의 존립과 지속적인 확보를 할 수 없게 된다. 따라서 상기의 모든 유통기능론적 관점에서 유통기능을 종합해 본다면 다음의 여섯 가지 기능으로 대별할 수 있다.

(1) 거래기능

생산과 소비 간의 주체적이고 가치적인 격리현상을 해소시켜 주는 기능이며, 이는 거래(transaction)란 기능을 통해서 수행된다. 여기서 '거래'란 둘 또는 그 이상의 경제주체 사이에 행해지는 화폐를 매개로 한 상품의 교환행위를 의미한다. 이러한 교환행위는 판매와 구매행위로부터 성립하고 있다. 이와 같이 화폐를 매개로하는 교환을 매매 또는 거래하고 한다. 이 거래에 의해서 상품의 소유권이 판매자 측으로부터 구매자 측으로 이전하는 것이지만, 이러한 거래기능은 소유권의 이전기능과 상적인 유통기능이라고 일컬어지기도 한다.

(2) 수송기능

생산과 소비 간의 장소적 내지는 지리적인 격리 현상을 극복할 수 있는 기능을 수행한다. 거래가 체결되면 상품 판매자는 그것을 구매자에게 운송해서 인도해 주지 않으면 안 된다. 왜냐하면, 판매자와 구매자 간의 상품에 대한 매매계약이 성립되고, 판매자가 대금을 받았다고 해도 그 상품이 구매자에게 전달되지 않았다면 그 거래는 완료된 것이라고 할 수 없기 때문이다. 즉, 상품이 판매자로부터 구매자에게 실제로 이전되어 거래가 완료되어야만 비로소 상품의 원활한 유통이 가능하게 되는 것이다. 이와 같이 상품의 실질적인 이전을 수행하기 위한 작용이 수송기능이면, 이 기능이 수행됨으로써 상품의 장소적 효용이 생기게 되는 것이다.

(3) 보관기능

이는 생산과 소비 사이의 시간적인 격리 현상을 극복시켜 주는 기능을 수행한다. 상품의 생산시점과 소비시점의 차이에서 발생하는 가치차이, 수량차이, 생산과 소비지의 장소적인 차이로 인해 발생할 수 있는 시간적인 격리상태를 연결시켜 주는 기능이다.

상품은 특정한 장소에서 일정한 기간 동안 저장함으로써 그 시간적인 조정을 계획할 필요가 있다. 상품을 특정의 장소에서 저장하고 그것을 실질적으로 통제함으로써 상품의 시간적인 가치를 조정하는 작용을 보관기능이라 한다. 이러한 보관기능의 수행에 의해서 상품의 시간적인 효용이 생기는 것이다.

(4) 위험부담기능

상품의 거래나 수송·보관에 부수하는 위험을 부담하는 역할이다. 상품이 생산자로부터 소비자에게 사회적으로 이전해 가는 과정 즉, 유통과정에는 여러 가지위험이 발생하는 것이 보통이다.

예를 들면, 상품은 화재에 의해 소실되기도 하고 도난당하기도 하며, 사고에 의해 파손되기도 한다. 위험이란 이와 같이 예측할 수 없는 사태로부터 발생하는 재산상의 손해 가능성을 말한다. 그것을 해당 유통주체 단독으로 부담하는 것은 곤란하다. 따라서 당해 유통주체는 다른 기관에게 위험을 분산 내지는 전가하여 그 기관들과 공동으로 위험을 부담함으로써 손해가 발생한 경우의 대처를 미리 계획하는 것이다.

(5) 금융기능

생산자, 유통업자, 소비자와 같은 유통주체에 대하여 운전자금이나 설비자금을 융통해 주는 기능이다. 생산자나 유통업자가 자기의 경영 활동을 안정적으로 원활하게 행하기 위해서는 자금 면에서의 보증이 필요하다. 또한 소비자가 자기의 생활을 유지하고 풍족하게 하기 위해서 상품을 구매하기 위해서도 자금이 필요하다.

그러나 여러 가지 유통주체가 이 자금을 풍족하게 보유한다는 것은 드물다. 따라서 가가가의 유통주체는 특정한 기관으로부터 자금을 융통하여 자기의 활동을 효율적으로 수행해 가려고 하는 것이다.

(6) 정보전달기능

생산자 측의 정보를 소비자에게 혹은 소비자 측의 정보를 생산자 측에 각각 전달하고 제공하는 기능이다. 오늘날 생산자도 소비자도 각자의 상대방에 관한 정보를 충분히 가지고 있는 일은 거의 없다. 따라서 소비자는 자기가 필요로 하는 상품을 생산하는 사람이 어디에 있는가, 생산자가 어떠한 가격이나 거래 조건으로 상품을 판매하려고 하고 있는가에 관한 정보를 필요로 하고 있으며, 또한 생산자는 자기의 상품을 구매하고 싶다고 생각하고 있는 소비자가 어디에 있는가, 소비자는 어떠한 구매 의도와 욕구를 가지고 어떠한 구매행동을 나타내고 있는가에 대한 정보가 필요하다. 이 필요에 응할 수 있기 위해 생산자나 소비자로부터 정보를 수집하여 그것을 생산자나 소비자에게 제공하는 기능이 정보 기능이다. 이 정보기능이 유효하고 효율적으로 수행됨으로써 거래가 원활하게 이루어질 수가 있는 것이다.

제 2 절 | 소유권이전과 상품수급조정

1. 상품소유권의 이전 과정

상품의 사회적인 이동은 생산자가 소유 또는 관리하고 있는 재화와 소비자가 소유 또는 관리하고자 하는 가치의 교환욕구에 의해서 이루어진다. 상품유통의 원초적인 형태는 물물교환에서 비롯되며, 소비자의 재화에 대한 이용가치욕구와 화폐를 매개로한 교환경제하에서 이루어지게 된다.

재화의 교환은 생산자와 소비자 사이에 직접교환으로 시작되었으며, 이는 생산자로부터 소비자에게 직접교환형태로 시작되었다. 이와 같은 소유권 이전은 점차 발전하여 간접교환형태로 발전하게 되며, 개별적 또는 분산적인 교환이 이루어지던 것이 특정 장소 내지는 특정 일시에 따라서 조직적 · 집중적으로 행해지게 되었다. 이처럼 조직적 · 집중적으로 재화의 교환이 행해지는 특정한 장소가 이른바 시장(market)이다. 시장의 발생은 시장을 중심으로 하는 생산자와 소비자의 직접적인 교환조직을 생성시켰다.

생산, 교통, 문화 등의 진보에 수반하여 각 경제단위체나 각지에서 열리는 시장에서 교환을 하면서 순회하는 상인이 출현함에 따라서 상인을 중심으로 한 교환조직이 형성된다. 즉, 상인 출현하기 이전에 이미 화폐가 만들어졌기 때문에 상인이 출현함으로써 생산자는 상인에게 재화를 팔아 화폐를 획득하고, 획득한 화폐로써 생산에 필요한 원료를 구입하여 다시 생산하거나 일용품을 구입하여 소비생활을 영위하였으며, 일반 소비자들 역시 상인으로부터 일용품을 사서 자기의 소비생활을 충족시키는 교환방식을 확립해 나갔던 것이다. 결국 상인의 출현과 더불어 유통형태는 생산자에서 소비자로 직접적으로 소유권이 이전되는 형태에서 '생산자 → 상인 → 소비자'라고 하는 간접적인 소유권 이전 형태로 발전하였다.

교환이 한층 확대되어 교환이 이루어지는 재화의 종류나 수량을 증대하게 되면 상인 간에도 분업화가 이루어지는데, 예를 들면 생산지의 상인과 소비지의 상인으로 분화되는 현상이 나타난다. 이리하여 생산지에서는 생산지의 상인을 중심으로 하는 교환조직이 형성되고, 소비지에서는 소비지 상인을 중심으로 하는 교환조직이 형성된다. 그리고 이들 상호간을 연결하는 중간상인들의 형성되면서 교환조직은 연쇄적으로 복잡하게 구성되어 간다.

이상과 같이 생산자와 소비자가 직접 재화를 교환하는 형태인 직접적인 소유권이전 형태와 상인과 화폐를 매개로 하여 재화가 생산자로부터 소비자에게 간접적으로 소유권이 이전되는 유통형태로 대별된다.

자본주의 경제체제 하에서는 사회적인 분업이 고도로 발달하여 재화의 생산은 시장에서의 판매를 목적으로 이루지고 있다. 소비도 대부분이 다른 사람

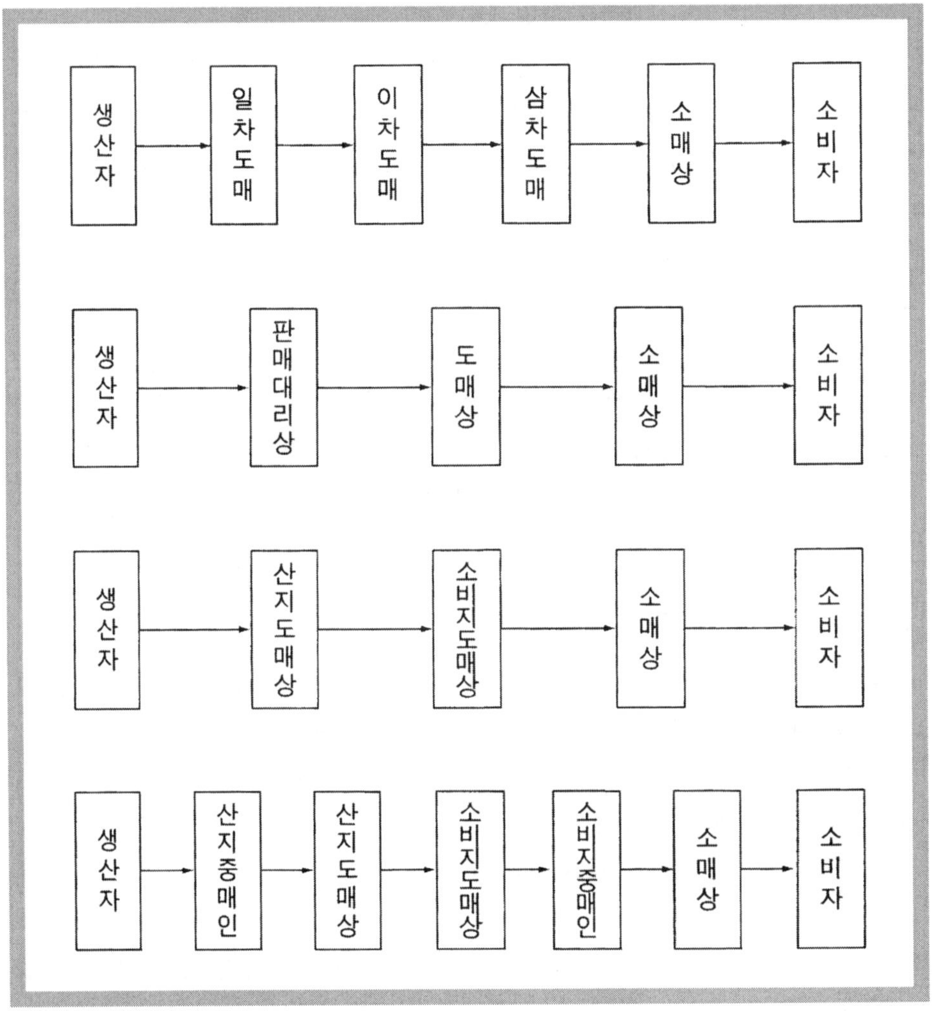

그림 2-1 상품 소유권의 이전과정

이 생산한 것을 시장에서 구매함으로써 충족하는 소비형태를 취하고 있다. 자본주의 경제는 고도화된 시장경제이며, 여기서 상품을 생산하는 사람과 소비하는 사람이 사회적으로 분리되는 현상이 나타났다. 자본주의경제에서 생산자는 자본체로서의 기업을 형성하고, 기업의 가치평가 개념은 이윤을 바탕으로 한 상품을 생산하고 있으며, 소비재의 소비 주체는 가정이라고 하는 형태를 취하고 노동력을 제공하고 있다.

따라서 오늘날 재화 또는 상품이 소비자의 욕구를 충족시키기 위한 다종다양한 상품이 생산되고 있으며, 그 상품은 복잡하고 다양한 유통기구나 유통기관을 통해서 소유권이 생산자에서 소비자로 이전되고 있다(그림 2-1).

2. 상품수급조정

상품의 공급자는 소비자 수요에 맞추기 위해서 자신들의 상품공급활동을 조정한다. 시장수요를 파악하여 공급량을 조정함에 따라서 적정의 합리적인 경제활동을 영위하고자 한다. 시장수요파악이 상품의 종류, 품질, 수량, 장소, 시기, 가격 등을 중심으로 실시되었다고 할 경우에, 상품의 수급조정을 이를 기준으로 행하게 된다. 상품수급조정활동은 상품의 생산, 유통을 위한 모든 경제기구를 통해서 이루어지게 되나, 일반적으로 상품자체에 관한 사항을 중심으로 그 기본적인 사항을 파악해 보면 다음과 같다.

첫째, 소비자가 수요하고자 하는 상품이 이미 생산되어 있을 경우의 상품조정은 상품구매계획에 의해 조정한다.

둘째, 소비자가 수요하고자 하는 상품이 아직 생되어 있지 않을 경우에는 상품개발을 통한 조정이 이루어지게 된다.

셋째, 상품의 생산과정 중에 품질적인 조정이 가능할 경우에는 제품의 제조기술공정내에서 조정된다.

넷째, 상품의 품질적인 조정이 그 생산과정 중에 불가능할 경우에는 선별, 혼합, 규격, 표준화 등에 의해 조정한다.

(1) 상품구매계획에 의한 상품수급조정

소비자가 수요하고자 하는 상품이 이미 생산자에 의해서 생산되어 있는 경우에는 그 상품이 소비자에게 있어서 쉽게 구매할 수 없는 상태에 있는 것이다. 따라서 이러한 경우의 상품수급조정은 상업기관, 특히 소매상의 경우에는 그 상위의 소매기관에 소비자가 찾는 상품을 탐색하여 점포에 진열할 필요가 있다. 즉, 소비자가 필요로 하는 상품을 관련 상위의 소매상에게 다각적으로 상품정보를 입수하여 상품을 주문, 납품받아 소비자 수요에 적극적으로 대응해 주는 조정활동이다.

(2) 제품개발에 의한 상품수급조정

소비자가 필요로 하는 상품이 아직 생산되어 있지 않은 상품의 경우의 상품수급조정활동은 생산자가 기존제품의 개량 또는 신제품의 개발에 의해서 공급하는 조정이다. 소비자가 만족할만한 상품의 성능을 보완하거나, 개척해서 제품을 개발하는 방법으로써 제품개발이 실시되는 과정은 일반적으로 다음과 같다.

첫째, 시장조사 등에 의해서 소비자의 잠재수요, 핵심목표수요 등 특정 상품에 관한 소비자의 욕구를 세부적으로 파악한다.

둘째, 소비자의 욕구를 만족시킬 수 있는 아이디어를 개발한다.

셋째, 그 아이디어가 과연 소비자욕구를 만족시킬 수 있는지 구체적인 검증을 한다.

넷째, 그 아이디어가 기술적으로 상품화가 가능한 것인지 분석한다.

다섯째, 실험실에서 시작품을 제작한다.

여섯째, 시작품에 대한 평가를 실시한다. 소비자의 구매심리가 충분히 반영되었는지, 생산기업의 채산성이 있는지, 소비자에게 어떠한 유통기구를 통해서 판매가 가능한지 등을 검토한다.

일곱째, 본격적으로 생산을 위한 생산시설을 정비 또는 개선한다.

여덟째, 생산원료를 구매하여 본격적으로 생산한다.

(3) 생산과정 중의 상품조정

공산품의 경우에는 소비자의 욕구에 맞추어서 상품구색을 맞추어 공급을 한다거나, 맞춤상품을 개발해서 상품수급조정을 할 수 있으나, 농산물이나, 수산물, 광상물의 경우에는 그 생산이 자연적인 지배력이 크게 좌우되기 때문에 그 품질을 생산과정 중에 소비자의 욕구를 충족시킬 수 있는 상품조정이 이루어져야 한다. 따라서 이와 같은 종류의 상품조정활동은 반드시 생산이 완료되기 전에 소비자가 요구하는 품질수준을 확보하기 위한 기술적인 조치가 필요하게 된다.

(4) 규격화 내지는 표준화에 의한 상품수급조정활동

규격화란 동일한 종류의 상품을 선별해서 각각의 품질에 일정한 등급을 부여하여 공급하는 상품조정활동이다. 농산물이나, 수산물의 경우 이미 생산이 완료되었다면 이를 상, 중, 하 와 같이 일정한 상품의 질적인 분류기준에 따라서 공급하여 사회 전반적으로 품질등급을 인식시켜 가는 조정활동이다.

농산물이나 수산물은 최종소비자가 요구하는 품질수준에 충족되는 것을 손쉽게 구매할 수 있기를 기대한다. 그 품질의 등급은 사회적으로 공인된 일정의 품질을 유지하고, 생산된 장소와 시기 등에 따라서 표준화된 등급을 지정할 필요성이 있다.

제 3 절 | 유통과 물류관리기능의 이해

1. 유통과 물류관리의 이해

제품이 생산되고 이것이 다시 소비되기까지에는 여러 단계를 거쳐야 한다는 것은 주지의 사실이다. 그런데 이와 같은 상적거래에 의해 매매를 성립시키면 그 제품이 현실적으로 필요한 장소에 와 있어야만 할 것이다. 만일 고객이 요구하는 장소에 제품이 도착되어 있지 않을 경우에는 상품으로 전환될 수도 없고 생산도 아무런 의의가 없게 된다. 생산의 목적은 소비에 있다고 보면 소비는 곧 소비자가 원하는 장소에 언제든지 도착해 있어야만 할 것이다. 만일 소비자를 떠난 장소에 있다면 매매는 성립되지 않을 뿐만 아니라, 생산 그 자체가 무의미하게 될 것이다.

오늘날 제품의 이동문제는 국민경제의 관점으로서 보나 또는 기업경영의 관점으로 보아서도 높게 평가되어야 할 것이다. 이와 같은 제품의 이동현상을 물류라는 용어로 칭하고 있다. 따라서 '물류(Logistics)'란 재화가 공급자로부터 수요자에 이르기까지 물리적으로 원활하게 이전될 수 있도록 하기 위한 수송, 하역, 포장, 보관, 정보, 유통가공 등과 관련된 제반 경제적 활동을 의미한다. 즉, 이는 상거래가 이루어진 후 그 재화가 공급자로부터 최종소비자에 이르기까지의 시간적, 공간적인 경제 가치를 제고하기 위한 제 경제활동이다.

유통은 원래 생산과 소비를 결부시키기 위한 기능을 말하지만, 이를 위해서는 반드시 제품의 물리적인 이동이 수반되어야 한다. 그 만큼 기업경영에 있어서 물류의 중요성은 매우 높아가고 있다. 그래서 물류를 가리켜 '마케팅의 절반' 또는 '원가절감을 위한 기수' '제3의 이익 원'이라고 일컬어지고 있다.

2. 물류관리의 개념과 필요성

(1) 물류관리의 개념

물류관리란 경제재의 효용을 극대화시키기 위한 재화의 흐름에 있어서 운송, 보관, 하역, 포장, 정보, 유통가공 등의 제 활동을 유기적으로 조정하여 하나의 독립된 시스템으로 관리하는 것을 의미한다. 물류관리의 기본 목표는 비용절감과 재화의 시간적 장소적인 효용가치의 창조를 통한 시장능력의 강화에 있다.

(2) 물류관리의 필요성

기업경영에 있어서 제품의 생산은 물론, 소비자로부터 주문 받은 제품을 신속하고 정확하게 전달할 수 있는 물류관리체계를 확립함으로써 매출증대와 수요자극의 효율적인 수단으로 작용할 수 있다는 점에서 물류활동의 필요성이 고조되고 있다.

물류관리의 필요성은 일반적으로 다음과 같이 경제 환경적인 측면과 기업경영적인 측면으로 대별할 수 있다.

1) 경제 환경적인 측면(거시적 관점)

가. 세계경제의 블록화

EC, ASIA 등 각국은 자국의 경제를 보호하고 세계 경제에서 기득권을 획득하기 위하여 경제를 블록화하고 있어 물류관리를 통한 물류비의 감소가 필요하다.

나. 국제시장의 수평적 분업화

분업화로 기업은 공급자로부터 수요자에게 적시적소에 효용성이 증대된 상품을 제공하기 위한 방안을 모색함으로써 경쟁적 우위를 얻어야 한다.

다. 자원의 세계화

무역개방과 운송, 보관수단의 발달로 세계 도처의 원자재 활용이 가능하게 되었다. 자본의 자유로운 이동이 가능해지고 기업의 경쟁 추이가 범세계적으로 되어가고 있는 국제경제구조의 변화는 물류의 효율적 관리를 기업의 전략으로 삼아 다른 기업과의 경쟁에서 승리하려는 의도에서 그 중요성이 커지고 있다.

라. 제품 차별화의 한계

세계시장에서 제품수명이 단축되어 더 이상의 차별화된 제품의 생산이 한계에 이르렀다.

마. 생산부문의 합리화 한계

생산공정의 합리화가 어느 정도 이루어진 상태에서 그 속도가 점차 둔화됨에 따라서 비용절감의 영역이 좁아져 새로운 비용절감 영역을 찾을 수밖에 없게 되었다.

바. 다품종 소량생산시대의 도래

다품종 소량생산체제에서는 운송횟수가 증가하고, 생산공정 상의 불합리성을 유발하는 등 단위당 비용의 증가를 가져오게 되므로, 결과적으로 총비용의 증가를 초래하게 된다. 이러한 환경 하에서 물류의 효율적인 관리는 기업에 있어서 새로운 비용절감의 수단으로 등장하게 되었다.

2) 기업 경영적인 측면(미시적 관점)

기업을 구성하는 가장 기본적인 요소로서 생산, 물류, 판매로 나눌 수 있다. 생산, 물류, 판매는 기업의 '물적인 흐름'에 있어서 상호 보완적인 관계를 가지고 있으며, 3분야에 합리적인 연결이 기업의 성장을 유지시켜 주고 비용을 절감시켜 준다는 점에서 가각의 균형 있는 발전은 필수적이다.

가. 생산부문

생산 공정에서 주문량을 생산하지 못하거나 납기와 품질의 서비스 수준을 미치지 못할 때 기업의 이윤이 감소된다.

나. 물류부문

제품이 생산되었어도 물의 흐름이 원활하지 않는 다면 기업의 발전을 이루기가 힘들다. 생산에서 판매에 이르기까지 수송과 배송, 보관, 하역 등의 여러 가지의 물류부문이 필요하게 된다.

다. 판매부문

제품의 판매기능이 약하면 기업의 판매량이 증가하기 힘들고 생산에도 큰 차질을 받기가 쉽다. 이러한 일을 해결하기 위하여 판매부문에도 심려를 기울여야 한다.

3. 물류관리와 고객서비스

오늘날 대부분의 기업들은 물류관리의 목표를 최소의 비용으로 최적의 상품을, 적절한 장소에, 정확한 시간에, 전달하는 데에 두고 있다. 그러나 물류시스템은 고객에 대한 서비스를 극대화하는 동시에 물류비용을 최소화하여 이익을 추구함에 있어서 트레이드 · 오프에 의한 한계점이 있다. 따라서 고객서비스 수준의 결정은 고객 지향적이어야 하며, 경쟁사의 서비스 수준을 비교한 후 그 기업이 달성하고자 하는 특정한 수준의 서비스를 최소의 비용으로 고객에게 제공하여야 할 것이다.

물류관리를 하는데 있어서 중요한 요소는 관리대상, 관리기준, 관리기법 등의 세가지요소가 있고 그 중요한 내용을 살펴보면 다음과 같다(표 2-1).

표 2-1 물류관리의 요소별 분류

관리대상	관리기준	관리기법
사람	노동생산성	작업기준의 설정
작업	효율성	효율기준의 설정
설비시설	물류비 생산성	효율기준의 설정
재고	재고서비스율	재고관리기법
시간	리드타임	작업기준의 설정
비용	물류비 예산	예산의 설정

(1) 기업 환경과 고객서비스 정의

IMF이후 기업경영 환경이 어려워지게 되면서 물류관리에 대한 관심이 고조되었다. 대부분의 다국적 기업의 한국지사들은 물류담당부서를 따로 만들고 물류전문가를 영입 또는 사내 인재를 교육시켜가고 있다. 이에 따라서 물류전문가들은 물류에 대한 지식을 보다 더 깊이 가짐은 물론, 기업내외부에 고객 서비스에 대한 개념을 더욱 깊이 가져 물류에 대한 Needs를 충족시켜 나아가야 한다.

고객서비스란, 고객의 요구를 만족시키는 것이다. 이는 고객 요구에 대한 만족도를 나타내는 비율로 서비스상태를 측정하고 관리를 위한 지표로서 중요하다. 고객서비스의 수분은 기업의 시장점유율과 물류원가에 영향을 미치며 궁극적으로는 이익 가능성에도 영향을 미친다.

이러한 고객서비스는 마케팅서비스, 물류서비스, 경영/기술서비스 등으로 구성되어 있다. 마케팅 서비스에서는 주로 가격 서비스가 주가 되며 물류서비스는 주로 납품서비스, 시간서비스, 품질서비스, 재고서비스 등이 계수 관리의 주체가 된다.

물류서비스는 제품에 대한 시간 및 장소효용을 창출하는 데 있어서 물류시스템의 유효성을 측정하는 수단이라 할 수 있다. 기업이 제공하는 물류서비스는 기존 고객뿐만 아니라, 잠재고객을 고객화 하여 판매량을 증대시키는 중요한 수단이 된다. 기업이 선택하는 고객서비스 수준은 산업계의 관행이나 경영자의 개인적 판단 또는 과거경험에 의존하기 때문에 고객이 원하는 서비스나 기업이익을 극대화시키지 못하는 경우가 많다. 따라서 고객 서비스 정책은 고객의 필요에 기초를 두고 전체 마케팅전략과 일치되며 장기적으로 기업이익에 공헌할 수 있도록 선택되어야 한다. 이를 위해서는 먼저 고객 서비스의 주요 요소의 정확한 파악과 이를 기초로 한 기준 설정이 필요하다.

(2) 물류관리 목표로서의 고객 서비스

물류관리 관점에서는 고객 서비스는 소비자에게 제공되는 모든 물류활동의 결과에 의해서 정해진다. 따라서 물류시스템을 어떻게 설계하는가에 따라서 제공되는 고객서비스 수준이 결정된다. 고객서비스는 곧 고객의 구매의욕을 자극하게 되고, 이로부터 얻어지는 수입과 시스템 구축에 관련된 비용에 의해서 기업의 이익수준이 결정된다. 따라서 대 고객서비스 수준을 결정하는 것은 기업의 이익목표를 달성하기 위해서 필수적이다.

물류가 제공하는 서비스는 고객의 필요에 알맞은 시간과 장소에 필요한 제품의 이용 가능성을 제공하는 데 있다. 따라서 물류가 마케팅의 일부분으로 고려되기 위해서는 물류관리에 대해서도 마케팅 개념이 적용될 수 있어야 하며 물류 서비스 또한 고객의 필요에서부터 도출되어야 한다.

(3) 고객 서비스의 요소

기업관점에서 볼 대 고객서비스는 마케팅 전략에 필수적 요소이다. 마케팅은 생산, 가격, 판매촉진, 입지 등의 네 가지 요소가 서로 혼합하여 이루어지는데 특히 입는 물류와 가장 관련이 깊은 요소이다.

물류서비스는 시간, 신뢰성, 정보교환, 편리성 등의 4개 기본요소가 있지만 물류부문에서 가장 큰 고객서비스의 요소로는 시간에 해당하는 주문주기 시간(order cycle time)과 재고(제품)의 가용성(stock availability)에 있다.

가. 주문주기 시간

고객이 주문을 한 시점과 주문품이 고객에게 인도되는 시점 사이에 경과된 시간을 말하며, 여기에서 주문 주기는 고객이 주문한 제품을 받기까지 걸리는 총 시간과 기간을 말한다.

나. 재고 가용성

재고의 가용성이란 제품이 사용 가능한 상태를 말한다.

즉, 고객서비스 수준= 1-(연간평균 품절개수/연간 총수요)

(4) 고객서비스의 중요성

구매자들은 고객서비스 가운데 물류요소를 매우 중요한 것으로 여기고 있으며, 이러한 요소들을 제품가격, 질, 마케팅, 재정, 그리고 생산에 관련된 다른 요소보다 중요하게 생각하고 있다.

미국의 오하이오주립대학교 Logistics연구소발표에 의하면 향후 10년간 마케팅 과 물류에서 가장 중요한 전략의 비중은 고객 서비스라고 지적하고 있다. 특히, 최근과 같이 기술혁신으로 품질과 가격 면에서 평준화가 이루어진 상태에서는 고객서비스의 비중이 매우 높아질 것으로 예상된다. 다음의 표는 구매의사결정 과정에서 고객서비스의 중요성을 나타낸 것이다(표 2-2).

표 2-2 구매의사결정요소와 고객서비스의 중요성

항목	요소	비율(%)
가장 중요한 요소	1. 제품의 품질 2. 서비스의 품질 3. 공급의 안정성	84 74 70
전통적으로 중요한 요소	4. 가격	60
상대적으로 소홀히 취급된 요소	5. 유연성(Flexibility) 6. 기술 7. 제조상의 지원 8. 디자인상의 지원	50 33 27 19
제한된 범위에서 중요한 요소	9. 경영정책 10. 지분의 소유형태	19 10

토의 및 연습문제

1. 유통기능의 관련이론 중 E. D. McGarry의 6가지 기능론적 관점과 현대적 유통기능과 비교 설명하시오.
2. 상품소유권 이전의 발생배경을 직접교환과 간접교환의 관점에서 설명하시오.
3. 상품수급조정 방법의 4가지를 설명하고, 그 사례를 들어 토의해 보자.
4. 유통과 물류관리의 서비스목표와 중요성을 설명하고, 그 서비스요소간의 관련성을 토의해 보자.

제 3 장

유통경로의 이해

학습목표 상품과 서비스는 생산자로부터 소비자에 이르기 까지 유통경로(channels of distribution)를 통하여 이동하게 된다. 이러한 유통경로는 시대의 흐름에 따라서 유통경로가 매우 복잡하고 다양화하고 있는 가운데 유통경로의 효용성과 종류, 설계와 관리에 관한 이해

제 1 절 | 유통경로의 개념

1. 유통경로의 의의

상품과 서비스는 생산자로부터 소비자에 이르기까지 유통경로(channels of distribution)를 통하여 이동하게 된다. 유통경로란 하나의 채널 시스템으로서 상품이 이동하는 통로이며, 이 같은 메커니즘은 시장형태나 생활구조 등의 변화에 적응하면서 제도화된다. 미국마케팅협회(American Marketing Association)에서는 유통경로를 「상품과 서비스가 이 같은 경로를 통하여 시장에 진출하게 되는 도매 및 소매의 사내조직단위 또는 사외 대리점 및 딜러를 종합한 유통 메커니즘이다.」라고 정의하고 있다.

이상에서 살펴 본 바와 같이 유통경로는 제품이나 서비스가 생산자로부터 소비자에 이르기까지 거치게 되는 통로 또는 단계를 말한다. 생산자와 소비자 사이에는 상품유통을 담당하는 여러 종류의 중간상 들이 개입하게 된다. 이러한 중간상에는 도매상, 소매상과 같이 소유권을 넘겨받아서 판매차익을 얻는 형태도 있지만, 생산자의 직영점이나 거간과 같이 소유권의 이전 없이 단지

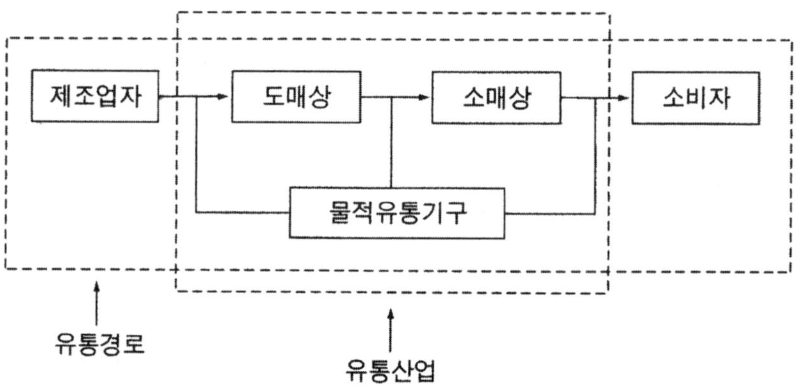

그림 3-1 유통경로의 수직적 관계와 유통산업

판매활동만을 하거나, 그것을 조성하는 활동만을 수행하는 형태도 있다.

제조업자 입장에서 유통경로는 「제조업자 - 도매상 - 소매상 - 소비자」로 이어지는 수직적인 관계를 구축하고 설계하는 과정이다(그림 3-1).

이때의 유통경로는 마케팅에서 제품, 가격, 촉진과 같이 마케팅믹스 요소의 하나로서 인식되고 있다. 마케팅의 개념이 명확하게 정립되지 않았던 1960년대까지는 마치 유통경로가 마케팅의 전부로 인식되었던 시기조차 있었다. 그러나 마케팅의 기능이 점차로 분화되고 전문화됨에 따라서 현재의 유통경로는 마케팅믹스 요소 중에 하나로 받아들여지고 있다.

따라서 유통경로란 특정제품이나 서비스가 소비 또는 사용될 수 있도록 하는 일체의 상호의존적인 조직으로써 제품이나 서비스를 생산자로부터 최종소비자에게로 전달하는 도구를 제공하는 중요한 기능을 수행하고 있다. 소비자가 만족할 수 있는 제품을 생산하는 것도 중요하지만, 이러한 제품의 생산만으로는 소비자의 욕구를 만족시키고 기업의 목표를 달성하는 것이 불가능하다. 이를 달성하기 위해서는 제품이 표적시장의 소비자에게 적절한 시간에, 적절한 장소에서 적절한 수량으로 제공되어져야 하며, 이와 같은 효용을 유통경로가 창출하게 된다.

2. 유통경로의 중요성

제조업자의 유통경로에 관한 의사결정은 기업이 제품이나 서비스를 그들의 표적시장에 효율적으로 도달시키는 방법을 결정하여 주므로 유통경로의 선택과 성과는 기업성공의 중요한 결정요인 중의 하나이다. 즉, 유통경로에 대한 의사결정은 마케팅 관리자가 직면하는 가장 중요한 의사결정 중의 하나로서 기업이 선택한 유통경로는 제품, 가격, 촉진 등의 다른 마케팅믹스에 대한 의사결정에 영향을 주고 있다. 유통경로의 전략적인 중요성은 다른 마케팅믹스와는 달리 쉬게 변화시킬 수 없는 비탄력성과 각국의 특성에 따라 고유한 유통경로가 존재하는 유통경로의 지역성에 있다.

첫째, 유통경로의 비탄력성이다. 유통경로는 제품, 가격, 유통경로, 촉진으로 구성된 마케팅믹스 중에서 가장 낮은 탄력성을 보유하고 있다. 즉, 다른 마케팅믹스와는 상이하게 한번 결정된 유통경로는 다른 유통경로로의 전환이 용이하지 않으므로 유통경로의 선정은 기업의 성공에 상당한 영향을 미치게 된다. 제품의 수정이나 폐기, 가격의 수정, 광고나 판매촉진 등은 경영자의 의사결정에 따라 쉽게 수정가능하고 시장상황에 맞추어 탄력적인 응용이 가능하다. 그러나 한번 결정된 유통경로의 구조는 장기간에 걸쳐서 만이 수정가능하고, 또한 유통경로의 수정에는 막대한 자본이 요구됨으로 유통구조의 결정은 기업의 성장과 생존에 상당한 영향을 미치게 된다.

둘째, 유통경로의 지역성이다. 유통경로의 중요성은 다른 마케팅믹스와는 알리 각국의 특성에 따라 고유한 유통경로가 존재 한다는 것이다. 일반적으로 유통경로는 각 나라의 고유한 역사적 배경과 시장 환경에 의하여 영향을 받게 됨으로 각국의 유통경로는 매우 다른 양상을 띠고 있다. 따라서 각국의 유통경로를 단순히 비교하는 것은 매우 어려운 과제이다. 예를 들어, 미국 기업이 일본시장에 진출하는데 있어서 가장 결정적인 장애물 중의 하나가 일본 유통경로의 복잡성과 이질성인 것으로 파악되고 있다.

우리나라 유통경로의 특성으로는 도매상이 매우 취약하고 제조업자의 유통지배력이 매우 강하다는 것이다. 이는 국토의 협소함과 제조업자의 유통지배력에 대한 강한 욕구 때문이다. 그러나 미국의 경우에는 광활한 국토를 가지고 있어 제조업자가 자사의 유통망으로 모든 소비자에게 접근하는 것이 매우 어려우므로 일찍부터 중간상들이 발달했다. 또한 소매업의 경우에도 미국에서는 넓은 국토와 자동차 문화의 발달로 교외지역의 쇼핑몰이나 하이퍼마켓 등의 대규모 소배점이 발달되었으나, 국내의 경우에는 자동차 보급의 미비, 교통의 복잡함 등의 원인으로 주로 시내 중심가나 부도심권에 대규모 소배점이 있고 주거 지역에는 소규모 소매점이나 시장 등이 발달되었다. 특히, 높은 지가 때문에 신설 점포들은 도심권보다는 부도심권과 외곽지역에 입지를 정하는 추이다.

제 2 절 | 유통기구의 효용성과 기능

1. 유통기구의 필요성

유통기구란 유통기관의 연쇄적 결합조직이며, 생산자로부터 소비자에 이르기까지 상품과 서비스가 유통되는 사회적 메커니즘인 동시에 조합된 복합체이다. 유통기구는 유통기관의 통합기구이며, 유통기관의 통합기구로서 생산자과 소비자 간에 존재하는 공간과 거리상의 격차를 조정하는 기능을 발휘하는 사회적 구조체인 동시에 거시적 측면에서 사회적 조직체라고 말 할 수 있다. 따라서 유통기구는 상거래를 통한 수급통일기능을 수행하는 도소매기관, 물적 유통기능을 담당하는 운송기관과 창고기관, 그리고 유통을 원활하게 하는 금융 및 보험기관 등의 지원기관으로 구성되고 있다.

유통기구 중에서 도소매기관은 유통경로상의 중간상에 해당하게 되는데, 이러한 중간상에 대한 부정적인 관점이 오늘날에도 존재하고 있다. 즉, '중간상은 필요 없는 개입으로 가격만 높이고 있다.'는 소비자들의 불평이 지속되고 있는 가운데 마케팅기능을 효과적으로 수행하면서 현재에 이르고 있다. 물론, 중간상의 개입으로 인한 중간상 마진으로 제품 가격이 높아지는 것은 사실이지만 이러한 가격의 증가는 중간상이 창출하고 있는 효용에 의해서 상쇄되기도 한다. 유통기구 중간상의 효용성, 필요성에 대한 근거를 다음의 네 가지로 설명할 수 있다.

(1) 총 거래(처) 수 최소화의 원칙

일반적으로 중간상의 존재 이유로 가장 많이 제시되는 근거는 총거래(처) 수 최소의 원칙이다. 이는 중간상이 개입하지 않는 경우에는 제조업자와 소비자가 직접 거래를 할 수밖에 없으므로 총거래수는 증가할 수밖에 없으나, 중간상이 개입하게 됨에 따라서 거래의 총수가 감소하게 된다는 원칙이다(그림 3-2).

즉, 중간상의 개입으로 거래의 총량이 감소하게 되어 제조업자와 소비자 양자에게 실질적인 비용감소와 보다 효율적인 거래활성화를 기할 수 있다는 것이다.

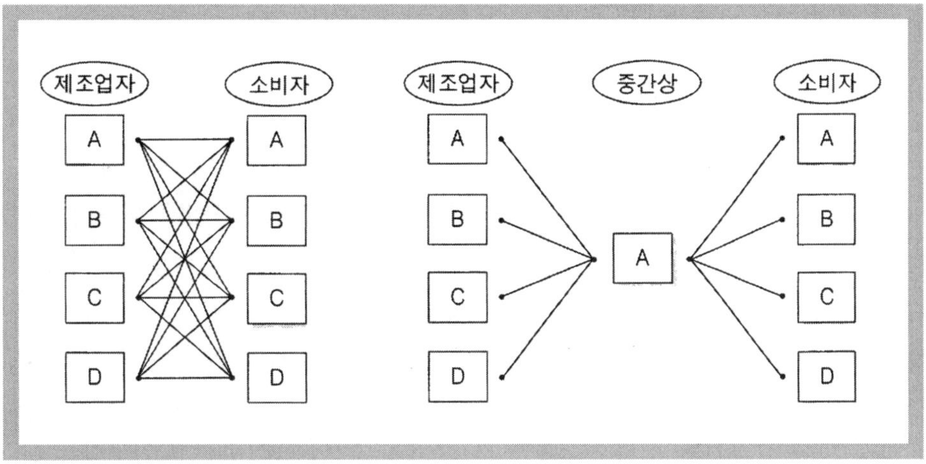

그림 3-2 총거래처수 최소화 효용성

(2) 집중준비의 원리

유통경로 상에 가능하면 많은 수의 도매상을 개입시킴으로써 그렇지 않은 경우보다 사회전체 보관의 총량을 감소시킬 수 있다는 관점으로 중간상의 필요성을 설명하고 있는 이론이 집중 준비의 원리이다. 즉, 도매상이 없는 경우에 소매상은 많은 수의 브랜드를 항상 대량 보관하여야 하나 이 기능을 도매상이 분담함으로써 제품의 사회적 보관의 총량을 감소시킬 수 있으며 소매상은 적정량의 수량만을 보관함으로써 보다 원활한 유통기능의 수행이 가능하다는 논리이다. 이 집중준비의 원리는 중간상의 필요성에 관한 이론이기보다는 도매상의 존재가능성을 뒷받침하는 이론으로 볼 수 있다.

(3) 분업의 원리

분업의 원리는 생산뿐만 아니라 유통분야에서도 동일하게 적용될 수 있다. 유통경로에서 다양하게 수행되는 기능, 수급조절, 보관, 위험부담, 정보수집 등을 제조업자가 모두 수행하면 전문성이 결여되므로 제조업자가 생산만을 전담할 때 보다 효율성이 감소하게 된다. 따라서 중간상이 분업의 원리로서 유통경로에 참여하여야만이 제조업자는 생산에 전념하고, 유통업자는 유통에 전념하는 전문화의 필요성이 보다 경제적이고 능률적으로 유통기능을 수행할 수 있게 한다는 논리이다.

(4) 변동비 우위의 원리

비용을 고정비와 변동비로 구분할 때 제조분야에서는 고정비가 차지하는 비중이 변동비보다 상대적으로 커서 생산량이 증가할수록 단위당 생산비용이 감소한다는 '규모의 경제 원칙'이 적용되어 유리하다. 그러나 유통분야에서는 제조분야와는 반대로 변동비의 비중이 상대적으로 크므로 제조와 유통분야를 통합하여 대량판매를 하여도 그다지 많은 이점이 발생하지 않게 된다. 따라서 무조건적으로 제조와 유통기관을 통합하여 대규모화하기보다는 각각의 유통기관이 적절한 규모로 역할분담을 하는 것이 비용 면에서 훨씬 우월하다는 논리에 의해 중간상의 필요성을 강조하는 이론이 변동비우위의 원리이다.

2. 유통기구의 효용성과 기능

유통기구는 제조업자의 판매를 용이하게 해주고 소비자의 효용을 증대시키기 위하여 시간, 장소, 소유 효용을 창출해야 한다. 이러한 효용창출을 위해

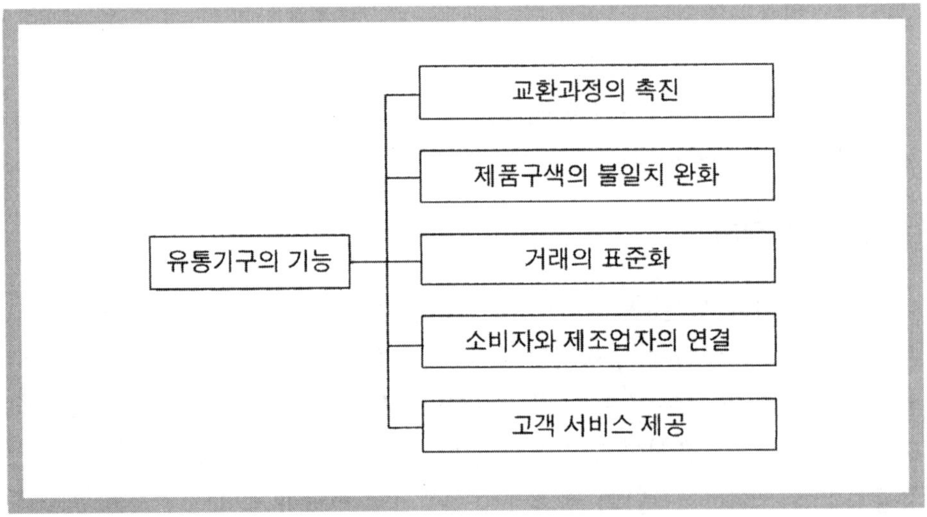

그림 3-3 유통기구의 효용성과 기능

중간상은 다음과 같이 교환과정의 촉진, 제품구색 불일치의 완화, 거래의 표준화, 소비자와 제조업자의 연결, 고객 서비스의 제공 등과 같은 기능을 수행하고 있다(그림 3-3).

(1) 교환과정의 촉진

유통경로의 가장 중요한 기능은 교환과정의 촉진이다. 유통경로는 생산자와 소비자 간의 개별적 교환과정에서부터 발생되었고, 시장경제가 발달할수록 교환과정은 더욱 복잡해지고 생산자와 잠재적인 소비자가 증가하게 된다. 그러므로 제조업자와 수많은 소비자 간의 직접거래는 수많은 거래를 파생시키게 된다. 그러나 중간상이 개입하게 되면 제조업자는 소수의 중간상과 거래할 수 있으므로 수많은 소비자와 개별적 거래를 하는 불편에서 벗어날 수 있다. 즉, 중간상의 개입으로 교환과정을 보다 단순화 시킬 수 있으므로 보다 많은 거래를 효율적으로 이루어낼 수 있는 것이다.

(2) 제품구색의 불일치완화

유통경로의 또 하나의 중요한 기능은 제품구색의 불일치를 완화시키는 기능이다. 일반적으로 제조업자는 규모의 경제를 실현하기 위해 소수의 제품라인을 대량생산 하려고 한다. 이에 비해 소매업자는 가능한 많은 대체안 중에서 제품을 선택하기 위해 다양한 제품라인을 요구하게 된다. 이와 같은 양자의 욕구 차이에서 발생하는 제품구색의 불일치를 유통경로가 완화시켜 주는 기능을 한다.

(3) 거래의 표준화

유통경로는 거래를 표준화시키는 기능을 수행한다. 복잡한 시장경제에서 가각의 거래가 다른 조건으로 이루어진다면 교환과정은 사실상 통제 불가능해질 것이다. 따라서 유통경로가 제품, 가격, 구입단위, 지불조건 등을 표준화시켜 시장에서 거래를 용이하게 해주는 기능을 하고 있다.

(4) 소비자와 제조업자의 연결

유통경로는 구매자와 제조업자를 효율적으로 연결해 주는 기능을 수행하고 있다. 제조업자들은 목표 잠재 고객들이 어디에 위치하고 있고 어떻게 그들에게 도달할 수 있는지를 상세히 알 수 없고 이를 파악하기 위해서는 막대한 탐색비용을 지불하여야 한다. 그러나 중간상들은 제조업자에 비해 소비자와 밀접하므로 정보획득이 상대적으로 유리하다. 즉, 제조업자들은 중간상을 이용하면 적은 비용으로 더 많은 잠재고객에 도달할 수 있다. 또한 중간상은 소비자들의 탐색비용도 절약시켜 준다. 중간상이 없으면 고객들은 구매하고자 하는 제품의 제조업자와 제품에 대한 탐색을 위해 상당한 비용을 지불하여야 한다. 그러나 중간상의 존재로 이러한 탐색비용의 절감이 가능하다.

(5) 고객서비스 제공

유통경로의 또 다른 기능은 고객서비스 제공기능이다. 유통경로는 제조업자를 대신하여 소비자에게 애프터서비스의 제공과 제품의 배달, 설치, 사용방법의 교육 등의 서비스를 제공한다. 예를 들어 소비자는 일본의 소니 텔레비전이 고장이 난 경우에 일본 본사로 수리를 의뢰하는 것이 아니라, 국내의 판매대리점에 수리를 의뢰할 수 있다. 이러한 유통점에서 제공하는 서비스가 제품 구매에 결정적인 역할을 하는 경우가 많으며, 일반적으로 기계적으로 복잡하거나, 고가 또는 사이즈가 큰 제품들에서 이러한 유통점 서비스가 매우 중요한 역할을 하고 있다.

제 3 절 | 유통경로의 유형

유통경로는 다양한 유형이 존재하며, 각 나라와 지역의 특성에 따라서 특수한 형태들이 존재하고 있다. 일반적으로 유통경로의 유형에는 전략적인 관점에서 개방형과 선택형, 전속형 등으로 분류될 수 있으며, 제품분류의 관점에서는 소비재 유통경로와 산업재 유통경로, 서비스 유통경로로 대별할 수가 있다.

1. 전략적 관점에서의 유통경로의 유형

(1) 개방형 유통경로

개방적인 유통경로란 생산자 또는 공급자가 자사의 제품을 누구나 취급할 수 있도록 유통경로 참입을 개방하는 것이다(그림 3-4). 따라서 참여하는 도매상이나, 소매상 등의 중간상들의 참여가 많으며, 소비자들에게 제품에 대한 정보가 폭넓게 제공되고 있거나, 유통비용이 증가할 우려가 있고, 체인화의 어려움이 있다는 특징이 있다. 이러한 개방적 유통경로에 적합한 상품은 식품, 일용품, 편의품 등 일상생활잡화의 유통경로로 적합하다.

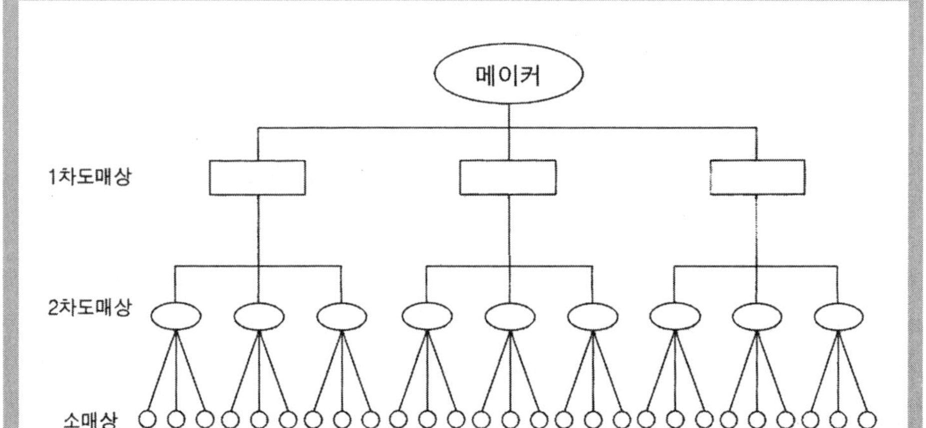

그림 3-4 개방형 유통경로

(2) 선택형 유통경로

선택형 유통경로는 일정지역에서 일정수준 이상의 자격요건을 갖춘 유통기관에게만 생산자 또는 공급자의 자사 제품을 취급하도록 하는 유통경로이다(그림 3-5). 따라서 개방적인 유통경로에 비해서 참여 유통기관의 수가 적고 유통비용의 절감효과를 가져올 수 있다. 또한 전속적인 유통경로보다 제품에 대한 노출을 확대할 수 있다는 특징이 있으며, 이에 적합한 상품은 의류, 가구, 가전제품 등에 적용할 수 있다.

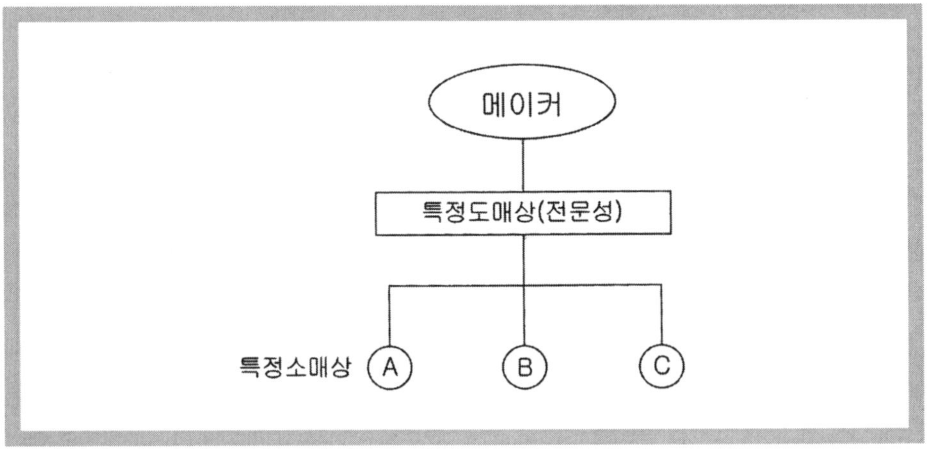

그림 3-5 선택형 유통경로

(3) 전속형 유통경로

전속형 유통경로는 생산자 또는 공급자가 자사의 제품만을 취급하도록 유통기관에게 의무와 책임을 부여함으로써 타사제품을 취급할 수 없도록 제한하는 유통경로이다(그림 3-6). 따라서 소매상, 도매상 등의 유통기관에 대한 통제력이 강할 수 있으며, 긴밀한 협조체제를 형성하여 유통비용의 감소를 기할 수 있다. 특히, 제품의 품질이미지 제고와 브랜드이미지 제고를 목적으로 하는 귀금속, 자동차, 고급의류 등 고가품의 경우에 적용할 수 있다.

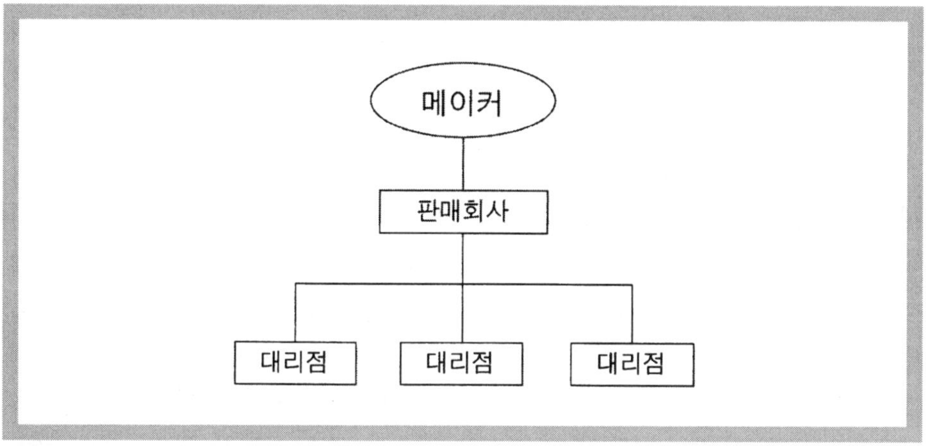

그림 3-6 전속형 유통경로

2. 제품분류적 관점에서의 유통경로

(1) 소비재 유통경로

일반적으로 소비재의 유통경로는 유통경로에 개입되는 중간상의 수에 따라서 다음과 같이 4가지 유형으로 대별할 수 있다(그림 3-7).

① 제조업자가 소비자에게 직접 판매하는 유형

② 소매상 하나만을 경유 하는 유형

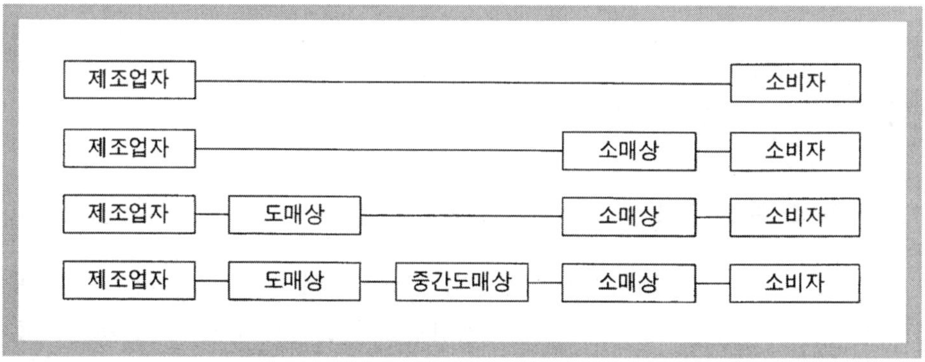

그림 3-7 소비재 유통경로의 유형분류

③ 도매상과 소매상을 경유하는 유형
④ 도매상, 중간도소매상, 소매상을 경유하는 유형

예를 들면, 국내 의류제조업체들은 도매상을 경유하지 않고 소매상을 경유해서 유통을 시킬 수 있으며, 직영점, 대리점, 상설할인매장, 특판매장 등을 이용할 수 있다. 또한 도매상을 경유해서 소매상을 경유하는 일반적인 유통경로를 선택할 수 있다. 따라서 일반적으로 제조업자들은 어느 하나만의 유통경로를 채택하는 것이 아니라, 두 가지 이상의 유통기관을 선택하여 복수의 유통경로를 사용하여 시장에서의 자사 매출액신장을 꾀하려고 노력한다.

(2) 산업재 유통경로

원재료, 건설기자재, 조선기자재 등 산업재의 경우에는 직접판매가 일반적이나 대리점이나 일반도매상, 수입도매상 등을 이용한다. 산업재의 유통경로는 크게 여섯 가지 유형으로 나타낼 수 있다(그림 3-8).

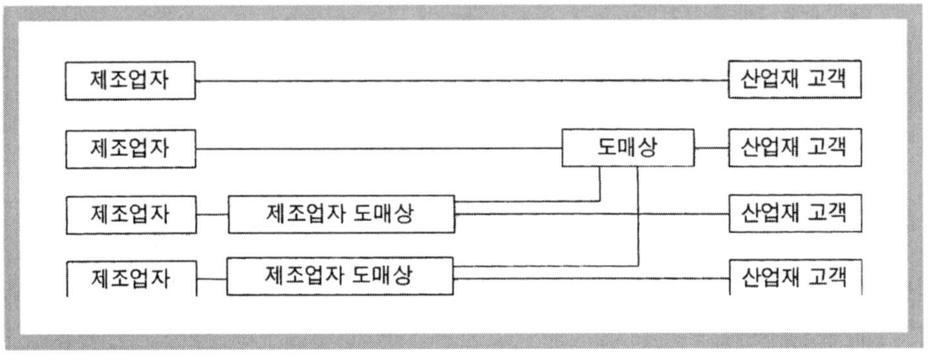

그림 3-8 산업재 유통경로의 유형분류

(3) 서비스 유통경로

서비스 유통경로는 서비스가 무형성과 생산자와의 비분리성이라는 특성 때문에 생산과 동시에 소비되는 직접마케팅경로가 일반적이다. 다만, 특별한 경우에 한해서 생산자와 소비자 사이에 하나의 중간상이 개입하는 형태가 있을 수 있다.

이에 적합한 서비스 상품은 의료, 자동차수리, 미용, 호텔, 여객수송, 교육 등 대부분의 서비스는 생산과 동시에 소비되므로 생산자와 상품이 분리될 수 없다. 서비스는 형체가 없으므로 그것을 물리적으로 보관하거나 운송한다는 것은 상상할 수가 없다. 그러나 서비스 역시 하나의 상품이므로 소비자들이 소비할 수 있도록 그들의 최인접지에 도달시켜 주어야만 한다는 일반덕인 유통개념은 적용될 수 있다(표 3-1).

표 3-1 제품과 서비스상품의 특성비교

특성구분요소	제품	서비스
생산비용	초기생산비용이 낮고 반복생산 비용이 높다.	초기 생산비용이 높고, 반복생산비용이 낮다.
형태	있다.	없다.
시장성	아주 광범위하다.	갈수록 시장성 확대되는 추세다.
유통과정	보관, 배달 등의 과정이 복잡하다.	단순하다.
변형성	변형이 어렵고 고정되어 있다.	상품을 분리 합성하거나, 지속적인 수정이 가능하다.
배달경로	우송방식	전송방식
불법복제	상대적으로 낮다.	아주 높다.
내구성	시간에 비례하여 저하되거나 소멸한다.	영구적이다.

제 4 절 | 유통경로의 설계와 관리

유통경로의 설계와 관리는 최근 소매업구조가 소규모의 분산적인 구조에서 대규모의 집중적인 분산으로 전환되면서 제조업자 주도에서 소매업자 주도적으로, 업종별에서 업태별 기능적인 유통경로구조로 크게 변화하고 있다. 이러한 환경 하에서 많은 소비용품들이 제품수명주기상의 성숙기에 들어서 제품의 차별화가 힘들어지고 신제품들이 계속 쏟아져 나옴에 따라 제조업체들은 소매점의 제한된 진열공간에 자사제품을 진열하는 것이 갈수록 어렵게 되고 있다.

중간상들은 보다 높은 마진을 요구하거나 중간상들의 촉진활동의 많은 부분을 제조업자가 부담하도록 요구하고 있다. 이에 따라서 많은 제조업자들이 마케팅활동을 보다 쉽게 통제할 수 있는 유통경로를 구축하려는 노력이 매우 중요하다. 직영점 개설이 통제력을 높일 수 있는 유통경로의 한 방안으로 고려될 수 있지만 이는 제조업자에게 많은 자본투자를 필요로 하며 기존의 중간상들로부터 반발을 살 가능성이 높아진다. 따라서 제조업자는 새로운 유통경로를 구축하거나 기존의 유통경로를 변화시킬 때 보다 체계적으로 유통경로를 설계할 필요가 있다. 따라서 본 항에서는 제조업자의 유통경로 설계과정과 관리방법을 설명하고자 한다.

1. 유통경로의 설계목적과 과정

(1) 유통경로설계의 목적설정

제조업자들은 제품 도입기로부터 신제품을 경쟁업자들과 경쟁하면서 소매상의 제한된 매장공간에 바로 진열하는 것도 어렵지만 제품 표준화기에 어느 정도 소매공간을 확보한다 하더라도 경쟁업체의 공세로 인하여 소매공간을 계속적으로 확보하는 것은 더욱 어렵게 된다. 물론 대규모 업체의 경우 자사 직판점이나 판매회사를 설치하여 소매공간을 계속 확보할 수도 있지만 소비재의 경우 대기업이나 중소기업 모두 매장공간을 확보하는 것이 어렵게 된다.

따라서 유통경로 설계자는 유통경로 목표를 명확히 해야 하며, 그 목표를 정할 때에 소비자들이 원하는 서비스수준과 아울러 기업의 투자수익률, 시장점유율, 매출액, 성장률 등 장기목표를 함께 고려해야 한다.

유통경로의 설계는 다른 마케팅믹스 구성요소에 대한 의사결정보다 기업에게 장기적 파급효과를 주게 되므로 먼저 기업전체의 장기목표가 고려되어야 한다. 즉, 유통경로구축에 많은 경로구성원들이 참여하게 되고 막대한 투자비용이 소요되므로 경로구조의 설계와 이의 변경에는 많은 전환비용이 수반된다. 그러므로 유통경로 설계자는 유통경로목표를 설정할 때에 기업의 장기적인 목표를 반드시 반영할 필요가 있다.

제조업의 마케터는 기업전체의 목표와 표적시장 고객의 서비스 수준 등을 고려하여 경로목표를 결정하게 되는데, 그 목표는 계량적이고 보다 구체적으로 서술되어야 한다. 예를 들면 식품제조업의 경우, 직장여성들의 아침밥 해결을 위한 인스턴트 주먹밥을 신제품으로 출시하기 위해 신제품구매시간을 '언제어디서나 10분 이내 구매할 수 있는 유통경로의 구축과 1년 이내 신제품신 시장출시 100% 완성'이란 유통경로목표를 설정했다면 표적시장의 소비자가 요구하는 서비스 수준을 반영했을 뿐만 아니라, 1년 이내에 신제품을 시장에 출시시킨다는 기업의 성장목표가 구체적으로 표현되어 있다고 볼 수 있다.

이와 같이 유통경로의 목적 설정에는 기업의 성장목표와 판매전략 등이 구체적으로 고려되어야 한다. 또한 유통시장을 지배하고 있는 도소매업자들로부터 강력한 반발을 받을 가능성이 있기 때문에 새로운 유통경로를 구축하거나 기존 유통경로를 변경할 때는 체계적이고 장기적인 안목에서 신중하게 설계할 필요가 있다. 이러한 유통경로의 설계과정을 열거하면 다음과 같다.

첫째, 유통경로서비스에 대한 소비자의 요구분석이다.

둘째, 유통경로의 목표설정이다.

셋째, 경로구성과 경로구조의 결정이다.

넷째, 개별 경로 구성원의 선택이다.

상기 사항을 다음 항에서 구체적으로 설명하고자 한다.

(2) 유통경로의 설계과정

① 유통경로 서비스에 대한 고객의 요구분석

제조업체의 마케팅 담당자는 유통경로를 설계하는 과정에서 제일 처음 고려해야 할 사항은 표적시장에서 고객이 원하는 서비스와 자사제품을 취급하는 직영점, 대리점, 각종의 도소매상 등의 경로구성원이 어떠한 서비스를 제공할 수 있는가를 조사해야 한다. 경로구성원들이 제공할 수 있는 주요 서비스의 분석사항은 다음과 같다.

첫째, 입지의 편의성이다. 중간상인인 도소매상인의 시장 내 분산도가 높을수록 고객의 동선거리와 제품탐색비용이 감소하고 고객의 만족도가 상승할 수 있다.

둘째, 최소구매단위의 체크이다. 소비자는 항시 소량구매를 원하므로 중간상은 소비자가 원하는 구매단위로 제품을 분류하고 제공할 수 있는가 확인한다.

셋째, 대기시간이다. 구매가 편리한 곳에 입지한 많은 중간상들이나 대리점조직을 최대한 활용하여 제품 인도시간을 축소하거나 신뢰성 있는 애프터서비스를 제공할 수 있어야 한다.

넷째, 다양한 제품구색이다. 일괄구매가 가능하도록 다양한 제품구색이 필요하다. 소비자들은 유통경로 구성원들이 제공하는 다양한 서비스를 대가로 하여 제품을 구매한다. 여기서 소비자들은 경로 서비스가 높을수록 유통비용이 증가하기 때문에 가격에 민감한 고객집단은 창고점이나 할인점에서와 같이 구성원이 제공하는 서비스를 직접제공하거나 낮은 경로 서비스를 기꺼이 감수하게 된다. 따라서 제조업체들은 소비자 욕구가 다양화 · 개성화되는 특성에 따라 시장을 세분화하여 복수유통경로를 활용하기도 한다.

② 유통경로의 목표설정

제조업의 마케터는 기업전체의 목표와 표적시장 고객의 서비스 수준 등을 고려하여 경로목표를 결정하게 되는데, 그 목표는 계량적이고 보다 구체적으로 서술되어야 한다. 예를 들면 식품제조업의 경우, 직장여성들의 아침밥 해결을 위한 인스턴트 주먹밥을 신제품으로 출시하기 위해 신제품구매시간을 '언제어디서나 10분 이내 구매할 수 있는 유통경로의 구축과 1년 이내 신제품 신 시장출시 100% 완성'이란 유통경로목표를 설정했다면 표적시장의 소비자가 요구하는 서비스 수준을 반영했을 뿐만 아니라, 1년 이내에 신제품을 시장에 출시시킨다는 기업의 성장목표가 구체적으로 표현되어 있다고 볼 수 있다(그림 3-9).

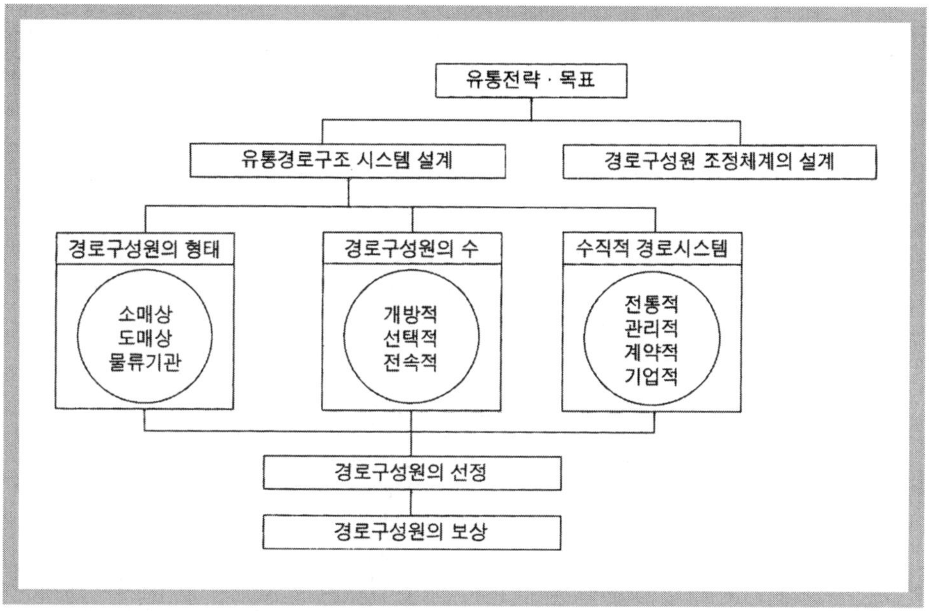

그림 3-9 유통전략상의 유통설계와 목표

③ 유통경로의 구성과 경로구조의 결정

유통경로의 구성은 특정지역에서 자사제품을 선택할 수 있는 유통경로구성원의 수를 확보하는 것이다. 즉, 자사의 제품을 선택해서 유통시킬 판매회사, 대리점, 도소매상의 경로구성원들을 포섭하는 것이다. 이를 위한 전략적인 선택방법은 다음의 세 가지 유형으로 대별할 수 있다.

첫째, 집중적인 전략이다. 예를 들어, 일용품 중 매일 구매해야 하는 편의품의 경우에 가능한 많은 점포가 자사제품을 취급하도록 하는 마케팅전략이다.

둘째, 전속적인 전략이다. 일정한 지역에서 자사의 고급패션의류, 고급가구류, 고급화장품, 고급가전제품, 자동차 등의 특정제품을 한 점포가 독점적으로 취급하게 하는 마케팅전략이다. 전속적 경로포섭의 이유는 고객의 선택성, 유통경로 구성원의 통제가 용이, 일정지역 내 자사제품의 경쟁 배제 등을 목적으로 한다.

셋째, 선택적인 전략이다. 이는 집중형 및 전속형 전략의 중간형태로서 자사제품 가운데 가전품, 화장품, 산업용품, 기자재 등을 일정지역 내에서 자사제품을 취급하고자 하는 중간상 가운데 특정한 자격을 가춘 소수의 중간상에게만 선택적으로 경로구성원으로 포섭하는 것이다. 따라서 유통경로의 구성에서는 제품의 특성과 점포의 유형에 따라서 경로구성의 형태를 전략적으로 구성할 수 있다(표 3-2).

표 3-2 유통경로구성상의 전략적인 요소(예)

요인		긴 유통 경로	짧은 유통 경로
시장요인	시장규모 지리적 분산 정도 구매빈도 평균 주문단위	소규모 높음 높음 소량	대규모 낮음 낮음 대량
제품요인	용량 부패가능성 단위당가격 제품표준화 제품계열의 폭 제품계열의 길이 기술적 복잡성	소용량 낮음 낮음 높음 좁음 얕음 낮음	대용량 높음 높음 낮음 넓음 깊음 높음
기업요인	규모 재무능력 관리경험 통제욕구	소규모 약함 적음 낮음	대규모 강함 많음 강함
경로구성원요인	이용가능성 마케팅수행 의지 서비스수 서비스질 구성원 이용 비용	이용 가능 높음 적음 낮음 낮음	이용불가능 낮음 많음 높음 높음
통제요인	통제욕구	약함	강함

제조업자로부터 최종 소비자에 이르는 유통경로구조의 형태는 보통 네 가지로 구분할 수 있다.

유형Ⅰ. 제조업자 → 소비자

유형Ⅱ. 제조업자 → 소매상 → 소비자
유형Ⅲ. 제조업자 → 도매상 → 소매상 → 소비자
유형Ⅳ. 제조업자 → 도매상 → 중간도매상 → 소매상 → 소비자

상기의 유통경로구조는 그 길이에 따라서 제조업자의 통제력과 상관관계를 가지게 된다. 각 유형별 특징을 살펴보면 다음과 같다.

첫째, 유형Ⅰ은 제조업자가 중간상을 거치지 않고 직접 소비자에게 판매하는 형태이다. 주로 영업사원의 전문적인 기술을 필요로 하거나, 제품사용설명이 필요한 상품의 유통과정에서 적합할 수 있다. 방문판매, 통신판매, TV홈쇼핑, 인터넷쇼핑몰 등이 이에 해당된다.

둘째, 유형Ⅱ는 제조업자와 소비자사이에 대규모 소매상이 개입하는 형태이다. 가전제품, 가구관련 제품 등이다.

셋째, 유형Ⅲ는 이는 가장 전통적이고, 일반적인 유통경로형태로써 일반식품, 잡화, 의약품 등이다.

넷째, 유형Ⅳ는 제조업자와 소매상 사이에 다양한 도매상이 개입하는 형태이다. 주로 곡물류, 채소, 과일, 생선 등의 1차 상품의 유통과정에서 흔히 나타날 수 있다.

유통경로의 결정상의 이론적인 접근방법은 다음과 같다.

첫째, 연기-투기이론(theory of postponement-speculation)에 의한 접근방법이다. 이는 유통경로구성원들이 경로활동수행을 가능한 연기 또는 투기에 의해 적극적으로 경로기능수행을 하려고 하는데 그 중 한 가지 방법을 선택하게 됨에 따라서 경로길이가 다르게 된다는 이론이다. 즉, 중간상들이 경로를 연기하거나 투기적으로 재고를 유지하려 한다는 이론이다. 연기이론은 경로구성원이 판매시점에 맞게 상품을 신속하게 배달할 수 있는 제조업자를 선택함으로써 재고부담을 최소화하기 위해 주문발생시점까지 경로기능수행(재고부담)을 연기하려고 하는 경우 제조업자는 경로기능수행을 직접 수행하기 때문에 경로길이는 짧아진다. 철강재 같은 산업재의 경우가 많다. 한편, 투기이론은 경로구성원들이 제조업자 대신에 재고를 투기적으로 유지하여 상품소유권을 행사함으로써 제조업자의 재고위험 부담비용을 대신 하기 때문에 제조업자들은 자연히 상품재고를 이동시키기 위해 중간상들을 많이 참여시키게

되고 이로써 경로구조는 길어지게 된다. 일용잡화, 편의품, 가공식품류 등이다.

둘째, 기능위양이론(theory of functional spin-off)이다. 이는 각 유통경로기관은 비용우위를 갖는 마케팅기능들만을 수행하며, 기타 마케팅기능들은 이를 보다 저렴하게 수행할 수 있는 경로구성원들에게 위양한다는 것이다. 예를 들면, 중간상이 제조업자보다 마케팅기능을 저렴하게 수행할 수 있다면, 제조업자는 원가우위가 있는 부분만을 수행하고 나머지 마케팅기능들은 중간상들에게 위임하게 될 것이다. 특히, 경로관리자가 제품이동과정에서의 각 마케팅기능의 상대적 수행비용을 안다면, 기능위양론은 마케팅경로구조를 설계하는데 매우 유용하게 이용될 수 있을 것이다.

셋째, 체크리스트(checklist)방법론이다. 제조업자는 대체로 경로구성원들의 마케팅기능 수행능력과 소비자의 경로서비스에 대한 욕구를 파악하여 경로길이를 결정하지만 경로길이의 결정에는 많은 요인들이 영향을 미친다. 체크리스트방법은 이러한 요인들을 파악하여 유통경로를 결정하고자 하는 것이다. 일반적인 체크리스트 요소는 다음과 같은 것들을 예로 들 수 있다.

- 시장요인: 고객수가 적을수록, 표적시장의 규모가 클수록, 시장이 지리적으로 집중될수록 직접경로를 택할 것이다.
- 제품요인: 부패성 식품, 대용량제품 및 전문적 판매기법이 필요한 제품의 경우 유통비용을 축소하기 위해 직접경로를 택하게 될 것이다.
- 기업요인: 제조업체가 충분한 마케팅 능력이 있고 통제욕구가 강할수록 직접경로를 택하게 될 것이다.
- 경로구성원 요인: 제조업자는 경로구조 선택 시에 중간상의 이용가능성, 제공해야할 서비스의 수와 질, 경로구성원 간의 거래에서 발생하는 상대적 비용 등을 고려해야 할 것이다.

④ 고객 지향적 유통경로의 설계과정

일반적으로 고객 지향적인 유통경로의 설계과정은 다음과 같은 10단계의 과정을 거치게 된다(그림 3-10).

- 제품/서비스의 가치분석: 경쟁 우위의 제품선택
- 최종고객의 세분화 시장분석: 먼저 서비스 요인별로 세분화 시장을 조사

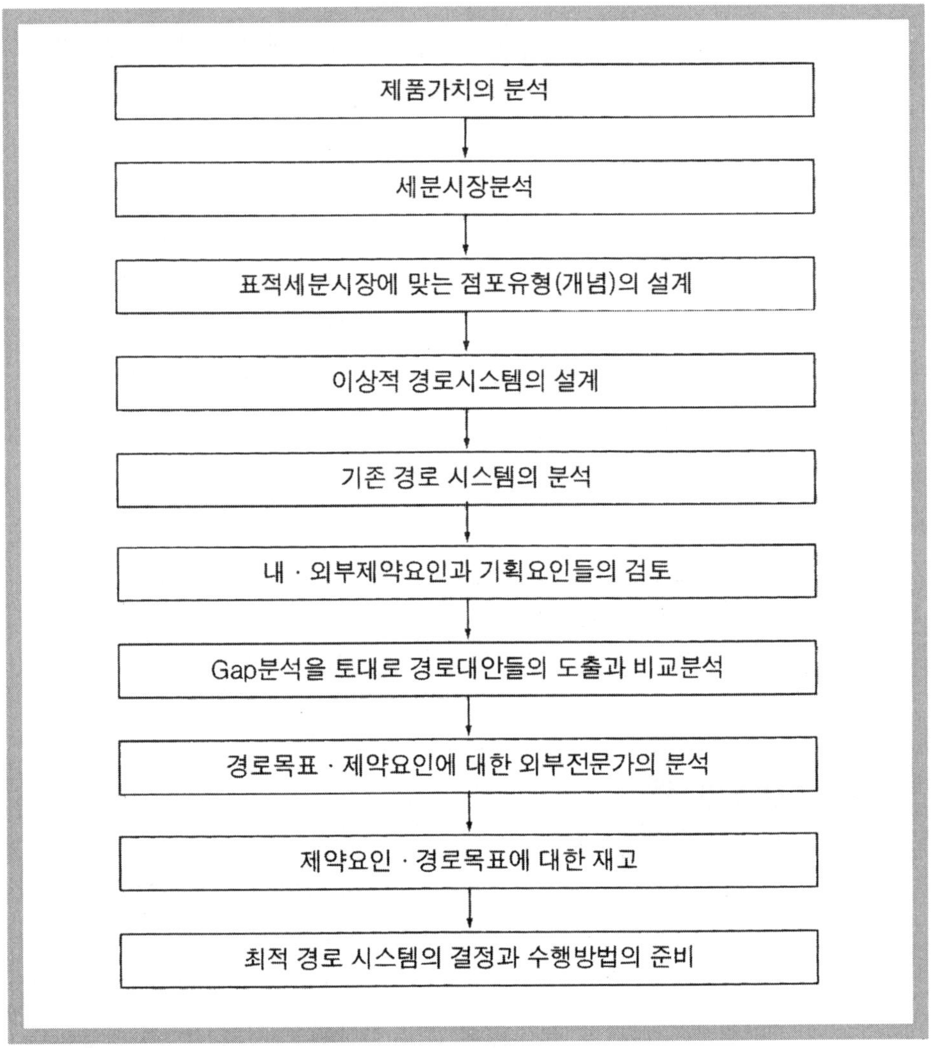

그림 3-10 유통경로의 설계과정

→ 판매원방문 등 지속적인 관계, 제품충고, 보수유지 및 신뢰성 등 지원, 상표의 다양성, 저가격, 제품시연

- 최종고객을 위한 점포설계: 고급점, 할인점, 편의점 등 서비스요인의 묶음을 충족시키는 점포유형을 설계하고 콘셉트를 정립
- 이상적인 경로시스템의 설계: 각 세분시장에 대한 점포유형이 그 시장 내 고객이 원하는 서비스요인을 충족하는지 현실적인 제약조건을 조사함

- 기존의 유통경로 구조분석: 기존의 유통경로 시스템인 고객의 접근경로, 경로별 물류기능과 관련기능, 기업과 외부기관과의 마케팅 기능 분담방법, 경로시스템의 경제성, 기존 시스템의 효율성, 경재사나 시장전반에 대한 경로 시스템 분석이 필요함
- 내외부 제약요인과 기회조사: 환경요인, 경영자의 편견, 경영목표상의 제약조건분석 등을 행한다. 대내적으로는 최고경영층에서 기업의 특성인 위험선호도, 조직의 장단점 등을 파악분석 한다. 대외적으로는 산업집중도, 거시경제지표, 미래의 기술수준, 규제정도, 진입장벽, 경쟁사의 행동, 사용자의 애호도, 제품수명주기 등을 분석함
- 경로대안의 도출과 비교분석: 고객 지향적 시스템을 기존시스템, 경영목표, 제약조건 등을 상호 비교하여 가장 이상적인 경로시스템을 도출함
- 외부전문가의 분석: 경영자의 편견을 외부전문가로 하여금 평가하도록 함
- 재고 제약요인의 극복: 최고경영층의 전체적인 토론과 제안으로 극복함
- 최적 경로시스템의 도출과 수행방법의 준비: 최종 경로 시스템의 결정

2. 유통경로의 관리

성공적인 경로관리가 이루어지기 위해서는 제조기업은 소비자에게 최적의 경로서비스믹스를 제공해야 한다. 이를 위해 경로관리자는 경로구성원에게 가장 알맞은 소유, 촉진, 협상, 주문, 신용공여 등 마케팅기능을 부여해야 한다. 만약에 가전제품 구매자가 신용을 필요로 한다면 가전회사나 소매상은 그것을 지원해 주어야 한다. 그러나 중간상이 신용위험의 부담을 꺼려하면 가전제품 제조업자가 스스로 그 기능을 수행하고, 각 중간상은 보다 잘 수행할 수 있는 마케팅기능에 전문화 하여야 한다. 따라서 경로구성원은 전체 경로목표를 달성하기 위해 서로 협종해야 하며 만약 경로구성원들 간에 이해의 상충이 발생될 때 경로리더는 경로파워를 행사하여 이를 조정해야 한다.

경로관리자는 각 경로구성원의 역할을 규정하고 경로구성원들 간에 갈등이 발생될 때, 이의 해결을 위해 파워를 행사하거나 조정을 해야 한다. 하지만 전통적인 경로에서는 경로구성원들이 각자에게 부여된 기능을 독립적으로 수

행하므로 역할배분이 쉽지 않으며 경로갈등에 대한 조정 및 통제가 어렵다. 수직적 마케팅시스템은 경로구성원들에 대한 역할의 할당과 경로갈등의 해소를 위해 파워를 행사할 수 있는 공적인 메커니즘이 있다.

이상과 같이 본 항에서는 유통경로상의 파워와 갈등관리를 중심으로 설명하고자 한다.

(1) 유통경로의 파워와 상호의존성

제조업자는 각 경로구성원들에게 부여된 역할이 잘 수행될 수 있도록 경로파워를 행사한다. 특정 유통경로구성원의 파워는 그 경로구성원 가지고 있는 파워원천과 다른 경로구성원들의 특정 경로구성원에 대한 의존성의 정도에 따라서 결정된다. 즉, 특정 경로구성원이 다양하고도 강력한 파워원천을 보유할수록, 그리고 다른 경로구성원들의 의존도가 증가할수록 특정 경로구성원의 경로파워는 커지는 것이다. 강력한 경로파워를 가진 경로구성원은 파워원천을 이용하여 다른 경로구성원의 의사결정변수를 통제할 수 있다. 따라서 유통경로내의 경로리더는 경로파워를 이용하여 경로 전체의 공동목표를 달성할 수 있도록 하고 구성원들 간의 협동관계를 유지해야 할 것이다.유통경로 파워(channel power)에 대한 정의는 사회과학자들 간의 다양한 정의를 내리고 있으나, 가장 일반적으로 받아들여지고 있는 El-Ansary and Stern의 정의를 토대로 설명한다. 유통경로파워란 "한 유통구성원이 유통경로내의 다른 경로구성원의 마케팅의사결정에 영향력을 행사할 수 있는 능력"으로 정의된다. 즉, 경로구성원 갑과 을의 관계에서 경로구성원 갑의 파워는 갑이 을에게 영향력을 행사한 후 을이 특정행동을 수행할 확률의 변화로 볼 수 있다.

이와 같은 경로파워가 시사하는 특징은 다양하지만 다음과 같이 요약할 수 있다.

첫째, 경로파워는 타인과의 관계에서 발생된다. 즉, 경로구성원의 파워는 빈 공간에서 형성되는 것이 아니고, 경로구성원 갑의 파워는 을과의 관계에서 발생되는 것이다. 롯데백화점에 입점한 한 디자이너의 브랜드에 미치는 경로파워는 매출액성과에 따라서 입출점이 결정될 수 있다.

둘째, 갑은 다양한 수단을 동원하여 을에게 영향력을 행사한다.

셋째, 갑의 을에 대한 영향력의 행사가 을의 가시적인 행동변화로 나타나지 않더라도 갑은 을에 대한 파워를 가질 수 있다. 예를 들면, 백화점에 입점한 의류메이커들에게 매출실적이 부진하면 퇴출시키겠다는 경고를 했다면, 단기간 내에 퇴점될 가능성은 낮지만 의류메이커들은 매출액 증대에 적극적으로 노력하게 될 것이다.

(2) 경로파워 원천의 종류

경로파워의 원천(bases of channel power)은 경로구성원들의 의존성을 높일 수 있는 가치 있는 자산이나 마케팅기능 수행능력을 높일 수 있는 것을 의미한다. 이러한 경로파워에 대한 연구는 프렌치(John. R. P. French)의 연구가 가장 대표적이라 할 수 있는데 그의 분류를 보면 다음과 같다.

첫째, 보상적인 파워(Reward Power)이다. 이는 경로구성원 갑이 을에게 보상을 제공할 능력이 있을 때 발생되는 파워이다. 특정의 경로구성원 갑이 다른 구성원 을에게 높은 제품마진과 다양한 촉진공제를 제공하거나, 판매독점권을 줄 능력이 있다면, 갑은 을에게 이러한 보상적 파워를 효과적으로 행사하여 을의 경로행동을 통제할 수 있다.

둘째, 강압적인 파워(Coercive Power)이다. 이는 경로구성원 갑의 영향력행사에 경로구성원 을이 따르지 않을 때 갑이 처벌을 가할 것이라는 경로구성원 을의 기대 때문에 발생하는 파워이다. 경로구성원 갑이 을에게 제공했던 마진폭의 인하와 판매독점권의 철회, 제품선적의 지연, 대리점 보증금의 인상 등은 강압적인 파워의 원천요소이다. 이러한 강압적인 파워의 행사는 단기적으로는 효과적일 수 있으나, 장기적으로는 불만, 의욕감퇴 등의 부정적인 효과를 유발할 가능성이 있음을 주의해야 한다.

셋째, 전문적인 파워(Expert Power)이다. 이는 경로구성원 갑이 특별한 지식이나 기술이 있다고 을이 지각할 때 생기는 파워이다. 소규모 소매상은 도매상의 전문적인 조언에 매우 의존적인 경우의 예이다. 의약품, 식료품 도매상은 약국이나 식료품점 등의 소매상에게 판매촉진 지원이나 점포종업원의 판매교육, 점포 디스플레이 등 많은 조언을 할 수 있는 전문적인 지식을 행사함으로써 소매점주의 의사결정이나 행동에 영향을 미치게 된다.

넷째, 준거적인 파워(Referent Power)이다. 이는 경로구성원 을이 갑과 일체감(identification)을 갖기 원하기 때문에 갑이 을에게 갖는 파워이다. 경로구성원 갑이 매우 매력적인 집단이면 을은 그 구성원이 되고 싶어 하거나 기존의 관계를 지속적으로 유지하려고 할 때에 발생하게 된다. 예를 들면, 어느 도매상이나, 소매상이 한 특정의 브랜드 상표를 취급하고 있는 것 자체를 자랑스럽게 생각하거나, 어느 제조업자가 유명한 백화점에 자사제품이 납품되고 있다는 것에 자랑스럽게 생각할 때에 발생하는 경로파워이다.

다섯째, 합법적인 파워(Legitimate Power)이다. 이는 경로구성원 갑이 을에게 영향력을 행사할 법적인 권리를 가지고 있고, 을이 그것을 받아들여야할 의무가 있다고 경로구성원 을이 믿기 때문에 발생하는 파워이다. 이는 특히 조직의 내부관계에서 명확히 나타나게 되는데 종업원들은 감독자의 업무지시에 따를 의무가 있고, 감독자는 업무지시를 할 권리가 있다고 생각하기 때문에 업무질서가 서게 된다.

합법적인 파워는 수직적인 마케팅시스템에서 공식적으로 행사될 수 있다. 예를 들면 프렌차이즈시스템에서 가맹점 본부는 판매지역, 취급되는 상품의 종류, 점포내 진열방법 등에 대한 명문화된 계약에 준해서 가맹점을 통제하고 있기 때문이다.

여섯째, 정보적인 파워(Information Power)이다. 이는 경로구성원 갑이 을에게 과거에 알 수 없었던 정보를 제공하거나, 을이 몰랐던 일의 결과들을 지적함으로써 갑이 을에 대해 갖는 영향력이다. 정보적인 파워는 전문적인 파워와 유사해 보이나 갑의 정보적 파워는 갑의 전문성보다는 갑이 주장하는 논리성을 을이 수용함으로써 발생되는 영향력이라는 점에서 다르다. 따라서 설득에 의한 영향력 행사라고 할 수 있다. 즉, 도·소매상이 소비자들의 접촉을 통해서 수집된 정보를 제조업자에게 제공함으로써 발생하는 정보적인 파워를 의미한다.

(3) 유통경로의 갈등관리

유통경로의 구성원들은 자신들의 목적을 달성하거나 경로내의 특정의 마케팅기능을 수행하기 위하여 상호간에 의존하고 있다. 경로시스템 전반의 목표를 달성하기 위해서 또한 경로기능을 효과적으로 수행하기 위해서 경로구성원들은 상호 협조해야한다. 그러나 경로구성원들 간의 비협조는 이들 간의 갈등을 유발하며, 발생된 갈등이 적절하게 관리되지 않을 경우, 급격하게 갈등이 확산되어 결국에는 각 경로구성원 및 경로전체의 성과를 감소시키게 된다(그림 3-11).

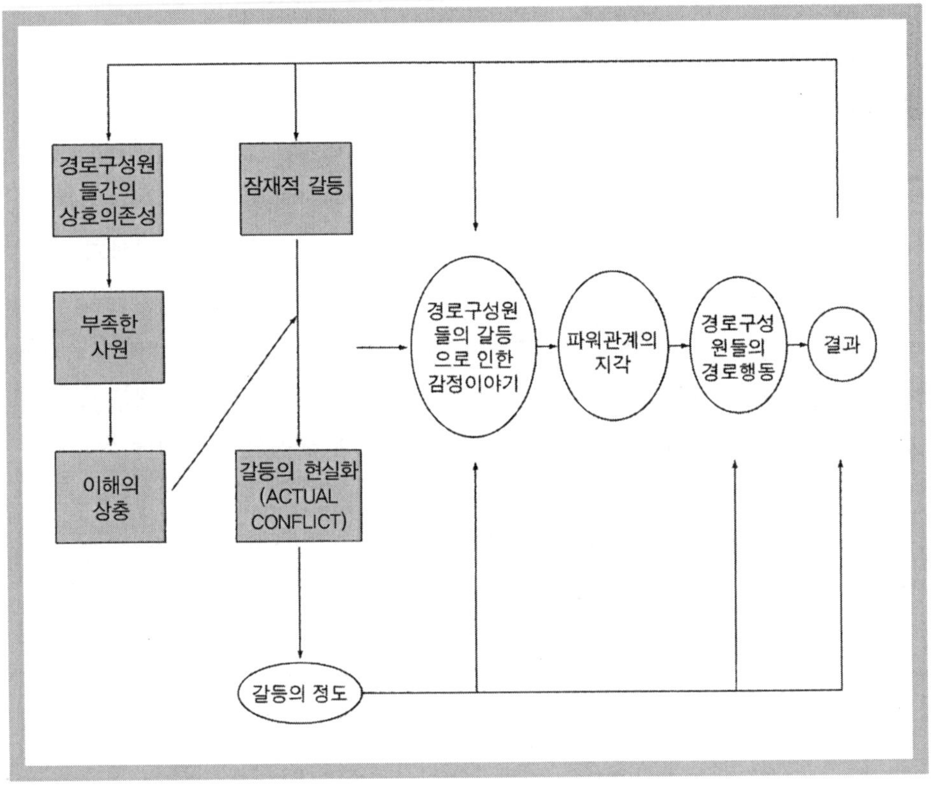

그림 3-11 유통경로갈등의 전개과정

경로갈등을 관리하기 위해서는 마케팅경로 파워를 효과적으로 사용하는 것이 중요하다. 따라서 본 항에서는 갈등의 발생원인과 그 유형을 다루고, 경로갈등의 관리방법을 설명하기로 한다.

① 경로갈등의 발생원인

경로갈등은 한 경로구성원이 다른 경로구성원의 목표달성노력을 저해하는 행위를 한다고 생각할 때 발생된다. 경로갈등의 발생원인은 경로구성원의 목표들 간의 양립불가능성, 각 구성원이 수행해야 할 마케팅과업과 과업수행 방법에 대한 의견 불일치, 구성원들 간에 현실을 지각하는데 있어서의 차이이다.

첫째, 경로구성원의 목표들 간의 양립불가능성이다. 이는 경로구성원들 간에 성장성과 수익성 목표에 대한 의견 불일치가 발생될 수 있다. 소비자가격을 책정할 때 대규모 제조업체는 신속한 시장침투를 위해 저가격을 원하나 소형 소매업자들은 수익성 증대를 위해 고가격을 원할 수 있다. 또한 시장점유율을 증대하려거나 투자 수익률을 제고하기 위해 보다 혁신적인 마케팅프로그램을 새로이 도입하려고 하는 대규모 제조업체와 과거의 영업방식을 고수하려는 중소 소매업자들 간에 갈등이 발생될 가능성이 높다.

둘째, 각 경로구성원들이 수행해야 할 마케팅과업과 과업수행방법에 있어서 구성원들 간의 의견불일치가 경로갈등을 유발하기도 한다. 즉, 한 경로구성원이 다른 경로구성원들에게 지나친 요구를 하거나 경로구성원들이 수행할 수 없는 과업을 할당할 경우에도 의견불일치에 의한 경로갈등이 발생된다. 한편, 경로구성원들이 수행해야 할 과업들이 할당되더라도 명확한 역할분담이 이루어지지 않아 다른 경로구성원들의 기대와 다른 경로행동을 흔히 보이기도 하는데, 이 또한 경로갈등의 원인이 된다.

셋째, 경로구성원들 간의 현실에 대한 지각의 차이로 같은 상황에 대해 서로 다른 반응을 보이게 됨에 따라 갈등이 유발된다. 소매업자들은 제조업체에 대해서 '매출액 초과달성에만 급급하다.' '소매상의 목표와 머천다이징 정책을 이해하지 못한다.' '제조업자의 영업사원은 소매점포 내 서비스를 제공하지 않는다.' 는 등의 불만적인 인지를 갖고 있을 수 있다. 한편, 제조업자는 소매업자에 대해서 '소매상은 항상 제조업자에게 최저가격만을 요구한다.' '소매상은 자율적인 의사결정을 할 능력이 없다.' '소매상은 제조업자의 판촉노력에 대한 대응이 매우 느리다.' 등의 불만을 가지게 되기 때문이다.

이상과 같이 갈등 발생 원인에 대한 이해는 경로관리를 위해 필수적이다.

② 경로갈등의 유형

경로구성원 간의 의견불일치는 각 경로구성원들이 수행해야 할 과업을 수행하지 않을 때 발생되며, 이로 인해 경로갈등이 야기된다고 전항에서 설명하였다. 이러한 경로갈등은 크게 수평적인 갈등과 수직적인 갈등으로 나뉘어진다. 이를 예를 들어 설명하면 다음과 같다.

첫째, 수평적인 갈등(horizontal conflict)이다. 이는 유통경로상의 동일 단계에 있는 경로구성원들 간의 갈등을 의미한다. 예를 들면, 부산지역에서 가전품 대리점을 하고 있는 경로구성원이 양산이나, 마산, 김해 등지의 소비자에게 영업을 한다면, 해당지역의 대리점들이 불만을 느끼게 되면서 갈등을 유발하게 될 것이다.

둘째, 수직적인 갈등(vertical conflict)이다. 이는 유통경로상의 상호 다른 단계에서의 경로구성원들 간의 갈등을 의미한다. 예를 들면, A의 맥주회사가 신 시장개척을 위해 소주를 제조하여 판매하고자 할 때, 주류 도매상들에게 신제품 소주의 일정량을 구입하도록 강요하고, 이를 거부하는 도·소매상들에게 맥주공급을 중단하거나 감량시키겠다는 등의 경로파워를 행사하여 경로구성원들의 불평불만을 사게 되는 경우의 갈등이다.

③ 경로갈등관리방법과 전략

경로갈등은 경로성과에 미치는 여향에 따라서 역기능적인 갈등과 순기능적인 갈등, 중립적인 갈등으로 분류될 수 있다. 역기능적인 갈등은 경로성과에 부정적인 영향을 미치는 갈등으로써 경로구성원 간에 상호불신 등으로 정보공유를 회피하는 회의주의적인 행동을 보인다.

순기능적인 갈등은 경로 내 문제점을 발견하고 이를 해결함으로써 경로성과에 긍정적인 영향을 미치는 갈등으로써 경로구성원 간의 고충창구의 신설, 균등분배, 안정화, 상호신뢰를 기반으로 경로행동에 발전적인 영향을 미친다.

중립적인 갈등은 경로구성원 간에 상호의존과 부정적인 영향을 미쳐서는 안 된다는 공동의식을 기반으로 한다.

상기와 같이 경로갈등은 반드시 부정적인 영향을 미치는 것은 아니며, 경로성과에 긍정적인 영향을 미치는 갈등도 있다. 따라서 제조업자는 갈등의 회피보다는 갈등을 긍정적으로 관리하는 태도가 중요하다. 특히, 마케팅관리자는 역기능적인 경로갈등이 발생하지 않도록 관리해야 하는데, 경로구성원들이 상호 고려할 수 있는 갈등관리방법과 전략은 다음과 같다.

첫째, 경로구성원 전체의 공동목표를 설정한다. 마케팅관리자는 전문적인 지식이나 계약에 의한 합법성 등에서 발생되는 파워를 이용하여 모든 경로구성원들이 동의할 수 있는 공동목표를 정한다. 공동목표 설정에 의한 갈등해소는 경쟁사의 위협이나 법적위협과 같은 외부적 압력이 주어질 때 특히 효과적인 방안이다. 왜냐하면, 구성원들이 경로 전체의 생존이나 성장에 위협을 느껴 경로갈등의 에너지를 공동의 적에 대처하는 방향으로 전환시키기 때문이다.

둘째, 중재에 의한 해결을 시도한다. 즉, 경로구성원은 제3자를 개입시켜 경로갈등을 해소할 수 있다. 예를 들면 경로구성원들은 판사, 교수 컨설턴트를 고용하거나 또는 소속협회를 이용하여 상호간의 의견 불일치를 조정할 수 있는 것이다.

셋째, 법적수단 또는 재정에 의존한다. 경로구성원들은 중재위원회, 공정거래위원회 등의 정부기관이나 법원의 판결에 의해 갈등을 해소할 수 있다. 그러나 접에 의한 갈등해결은 근본적 해결책이 되지 못하며, 또 다른 경로갈등을 발생시킬 가능성이 높다. 경로구성원들에 의한 자체적 갈등해소가 법적기관에 의한 해결보다 구성원들의 만족도를 보다 높게 할 것이다.

넷째, 회원들의 대표기구를 활용함으로써 갈등을 해소한다. 회원들의 대표기구를 정책의사결정기구에 포함함으로써 경로갈등의 발생 가능성을 줄인다. 이러한 회합을 통해서 소매상들은 도매상과 머천다이징 및 물류에 관한 제반사항들을 토의한다. 소매상 대표들은 회합결과를 동료소매상들에게 통보한다.

다섯째, 경로구성원들 간의 상호교환 프로그램을 개발한다. 제조업자의 종업원과 경로구성원들의 종업원들을 상호 교환하여 일시적으로 근무하게 하면 상대방의 역할과 역할수행의 어려움을 이해할 수 있으므로 경로갈등을 해소할 수 있다.

여섯째, 업계협회에의 공동가입을 유도한다. 제조업자가 중간상들에 의해 결성된 협회에 가입하거나 중간상들이 제조업자 협회에 가입함으로써 갈등을 해소할 수 있다. 업계협회에의 공동가입은 회원활동의 효과적 조정, 회원들 간의 우호증진 등의 긍정적 측면이 있지만, 협회 모임이 있을 경우에만 산발적으로 의견교환을 하기 때문에 일상 업무상의 의견불일치나 목표들 간의 대립을 적기에 해결하기 어렵다.

일곱째, 계속적인 교육으로 갈등의 발생을 예방한다. 많은 제조업자와 도매상들은 소매상들에게 수익성 산정방식, 점포운영방식에 대해 정기적으로 교육을 시킨다. 교육프로그램을 통해서 경로구성원들이 직접 만나 일상 업무에 관한 정보교환이 이루어지면 경로구성원들의 규범과 가치는 쉽게 변화될 수 있다. 그 결과 갈등의 발생을 미연에 방지할 수 있다.

토의 및 연습문제

1. 유통경로의 의의와 그 중요성에 관하여 설명하시오.
2. 우리나라 유통경로에 어떠한 특성이 있는지 토의해 보자.
3. 유통기구의 필요성을 4대 원리를 기준으로 설명하시오.
4. 유통경로의 효용창출을 위한 중간상의 기능과 역할을 설명하시오.
5. 전략적 관점에서의 유통경로의 유형을 분류하고 설명하시오.
6. 제품과 서비스 상품의 특성을 비교하고, 서비스 유통경로의 특성을 설명하시오.
7. 유통경로설계상의 목표설정 시 유의해야 할 사항을 사례를 들어 설명하시오.
8. 유통경로결정상의 이론적인 접근방법을 설명하시오.
9. 고객지향적 유통경로의 설계과정을 참조하여, 특정 상품의 사례조사를 통하여, 그 문제점과 개선방안에 관하여 토의해 보자.
10. 유통경로파워의 의의와 그 원천의 종류를 설명하시오.
11. 유통경로의 발생원인과 그 유형을 이해하고, 특정의 갈등유형에 관한 사례조사와 그 전략적 관리방안에 관하여 토의해 보자.

제 4 장

소비구조의 변화와 소매업태의 발전

학습목표 소매업과 도매업 등의 유통관련기업들이 소비자 지향적인 경영방침과 소비자를 감동시키기 위해 그들의 가치관과 라이프 스타일이 어떻게 변해 가고 있는지 필수적으로 알아야 하기 때문에 소비구조의 변화, 소비자의식의 변화에 따른 소매업태의 발전방향과 그 유형에 관한 내용 이해

제 1 절 | 소비구조의 변화

소비구조의 변화는 사회, 문화, 경제, 기술, 정치적인 환경과 같은 일반이고 거시적인 시장 환경의 변화에서 시작된다. 특히 현재 급격하게 진행되고 있는 세계화 추세는 우리나라 소비자들에게 새로운 가치관과 라이프 · 스타일을 파급시킴으로써 질적인 면에서 직접적이면서도 현격한 생활의 변화를 촉진시키고 있다. 1988년 올림픽을 계기로 우리나라 소비자들의 소비의식 구조와 생활에 커다란 변화를 가져오고 있다. 향후 예상되는 이러한 변화의 폭과 깊이는 훨씬 크고 빠르게 진행될 것으로 예상된다.

향후 우리나라 소비자들의 생활에 불어 닥치게 될 변화의 양상은 다음과 같이 크게 세 가지로 생각할 수 있다.

첫째, 풍요로운 소비생활을 하게 될 것이다.

둘째, 소비자 의식의 성숙과 고도화될 것이다.

셋째, 정화사회의 진전에 따라서 현재보다 시간적인 여유와 여가선용을 위한 활동에 보단 많은 관심과 노력을 기울이게 될 것이다.

따라서 유통기업은 최종소비자가 추구하는 편리성을 창출하고 제공하기 위해 늘 새로운 형태의 생활을 제안하는 데 관심을 집중시켜야 한다. 그리고 유통기업 활동은 그 생활제안이 소비자에게 감동적으로 전달될 수 있도록 효과적으로 역할을 수행하여야 한다.

1. 소비자 의식과 생활변화

상기에서 살펴보았듯이 향후에는 소매업과 도매업 등의 유통관련기업들이 소비자 지향적인 경영방침과 소비자를 감동시키기 위해 그들의 가치관과 라이프 · 스타일이 어떻게 변해 가고 있는지 필수적으로 알아야 할 것이다.

(1) 소비자 생활의 질적인 풍요로움 추구

우리나라 소비자의 생활에 불어 닥치게 될 변화 중에서 첫 번째로 꼽을 수 있는 것은 소비 수준의 고도화가 계속적으로 확대될 것이라는 점이다. 그러나 여기에서 언급하고 있는 소비생활의 고도화는 단순히 물질생활의 양적인 면에서의 풍성함보다는 질적인 면에서의 풍요로움을 의미하는 것이다. 이것은 고품질의 상품을 선호하고, 기본적으로 제공되는 서비스뿐만 아니라, 적극적으로 서비스를 누리고 대가를 충분히 지불하려는 구매 패턴이 더욱 강화될 것임을 말한다. 이러한 의미에서 보면 우리나라 소비자의 미래 생활상은 품질 지향으로 특징지을 수 있다.

품질 지향의 소비 패턴은 고급 지향의 소비 패턴과는 다르다. 품질지향이나 고급 지향 모두 소비의 수준을 높임으로써 다른 사람과의 차별화를 감각적으로 성취하겠다는 점에서는 유사하다. 그러나 오늘날 에도 찾아보기 업지 않은 고급 지향은 일반적으로 볼 때, 의도적으로 유해의 선두를 추구하고 비싼 고급 브랜드를 선호하며 타인에게 과시하고자 하는 목적으로 구매하는 등의 특징을 가지고 있다. 따라서 이러한 고급 지향은 소비자 스스로 주인의식을 갖고 구매의사결정을 한다기보다는 외적이고 타인 지향적인 영향과 준거기준들에 집착해서 구매활동을 하고 소비 패턴을 유지한다고 할 수 있다. 즉, 고급 지향의 구매 패턴을 갖고 있는 소비자는 자신을 궁극적으로 행복하게 하는 데 필요한 욕구가 무엇이며, 그것을 만족시키기 위하여 어떠한 상품이나 서비스가 진정으로 필요한 것인지에 대한 명확한 자기 판단이 부족하다고 할 수 있다. 왜냐하면 그들은 단지 고급 상품이라는 이유로 브랜드, 유행, 새로운 석, 희소한 것 등 첨단성과 비싼 가격이 상징하는 차별적 우월성에 의해서만 상품을 주문하고 구매하기 때문이다.

이렇게 미래 소비자의 생활은 대체로 합리적이고 이성적인 형태로 변해 갈 것이지만, 고급 제품의 구매가 증가되는 등 소비수준의 상향이동은 계속될 것으로 전망된다. 그러나 그러한 욕구가 소위 졸부들이 취미 삼아 덩달아 해하는 과시적인 소비 형태로 나타난다기보다는 자신의 생활과 개성에 보다 밀착된 실용적인 소비 형태로 나타날 것으로 예상된다.

소비자의 생활이 어떻게 변화하고 있는지를 보다 정확히 파악하기 위해서는 소비자의 의식이 소유가치를 중요하게 생각하는 데서 사용가치를 더 우선적으로 고려하는 방향으로 전환되고 있다는 점도 두의 해서 살펴볼 필요가 있다. 예컨대, 우리나라의 소비자들은 한 달 소득의 일정 분량을 떼어서 저축을 하고, 그 결과 상당한 액수의 자금이 마련되면 그것으로 땅을 사놓거나 아파트를 사놓는 등 재산의 소유를 중시하는 경향이 있다. 그리고 현금이 없어 생활이 어려워도 소유하고 있는 재산을 생각하면서 '나는 부자다'라고 만족해하는 사람이 많다. 이러한 소유가치 중시 경향은 우리나라 대부분의 소비자들이 생활에 필요한 물품을 어느 것 하나라도 빌려서 사용하기보다는 가격에 의한 부담이 클지라도 그것을 구매해서 소유권을 내 것으로 하여야만 속이 시원해하는 모습 속에서도 잘 나타나고 있다. 그러나 앞으로는 이러한 경향은 점차 줄어들 것으로 예상된다. 이미 나날이 성활을 이루고 있는 각종 생활용품 등의 대여업은 리스 산업으로까지 발전하게 될 것으로 전망되고 있는데, 이러한 현상은 재화에 대한 소비자의 의식이 소유가치 중시에서 사용가치 중시 경향으로 점차 변해 가고 있음을 보여주는 현상이라고 할 수 있다.

이렇게 소비자들이 사용가치를 소유가치보다 더 중요시하는 생활을 하게 되면 현금 일시불 형식의 구매보다는 할부구매 혹은 신용카드를 이용한 구매가 더욱 신장될 것이다. 또한 미래의 소비자는 합리적이고 이성적인 소비자 의식을 바탕으로 생활할 것으로 예상되기 때문에 상품 및 서비스에 대한 요구와 구매도 소비자의 주체성이 강화된 품질지향으로 전환될 것으로 보인다. 따라서 유통기업 입장에서는 이러한 변화에 능동적으로 대처할 필요가 있다.

(2) 소비자의 사회성 중시경향

우리경제가 안정성장기로 접어들면서 소비자들의 관심도 자신의 본문에 맞게 생활 태도와 구매패턴을 바꾸고, 자신의 행동이 다른 사람들에게 미치는 여향을 고려하여 사회적으로 주목받는 일을 삼가며, 이웃에 대하여 배려하는 마음을 증가시키는 방향으로 바뀌도록 요구받고 있다. 뿐만 아니라, 지구환경의 보호 등과 같은 인류의 미래에 영향을 미칠 수 있는 사회적인 문제에까지도 적극적으로 동참해야 할 필요성을 점차 인식하게 되었다. 결국 우리나라 소비자들도 스스로 그들의 생활을 점차 사회성을 중시하는 쪽으로 변화시켜야 할 시대적 요구를 갖게 된 것이다.

이러한 것을 요구하는 사회적 분위기의 형성은 성숙한 소비자의 등장을 촉구하게 될 것이며, 순간적이고 현실 지향적인 가치보다는 중량감이 있는 전통적 가치에 대한 중요성을 높이게 될 것이다. 즉, 미래의 소비자는 역사나 전통을 만들어 가는 과정에 자신을 참여시킴으로써 현재보다는 더 훌륭한 생활과 환경, 그리고 문화를 후세들에게 물려주려는 노력을 경주하게 될 것이다.

이렇게 소비자가 중시하는 가치의 변화는 그러한 가치를 현실적으로 실천하는 데 긴밀한 관련이 있는 그들의 실제생활에 영향을 미치게 될 것이며, 이러한 생활의 변화는 구매행동의 변화로까지 연결될 것이다.

유통기업도 성숙한 소비자와의 관계를 보다 잘 의식해서 생활인으로서의 소비자에게 새롭고 진취적인 생활제안을 선도적으로 해야 한다. 뿐만 아니라, 지역사회에 대한 기여도 확대해 가야 할 필요가 있다. 그리고 단순한 사업의 주체로서만이 아니라 사회의 공적 기관으로서 자사가 전개하는 유통기업 활도 및 경영관리 활동이 미치는 부정적 영향에 대해서는 적극적으로 책임을 감수하겠다는 각오를 가진 건전한 기업시민으로서 재탄생 되지 않으면 안 된다. 왜냐하면 풍부한 정보와 사회성을 중시하는 가치체계를 가진 소비자들을 유통기업에 대하여 보다 철저한 사회적 책임과 기여를 요구하게 될 것이기 때문이다.

유통기업이 사회적 책임을 수행한다는 말은 이윤추구 외에도 소비자와 종업원에 대하여 책임경영을 실행하고, 지역사회를 위한 활동을 강화함으로써 발전에 공헌하며 더 나아가 지구환경의 보호를 위해 노력하지 않으면 안 된다는 것을 의한다. 뿐만 아니라, 성실하게 납세의무를 수행하고 유통기업경영에 투명성을 보장하는 등 기업시민의 역할을 원만하게 수행하기 위한 노력도 꾸준히 하는 것을 의미한다.

소비자와 유통기업의 변화와 함께 국가 사회도 개방사회, 성숙사회에 합당한 문화와 제도를 갖춤으로써 세계화에 대비해야 한다. 더 나아가 세계의 주역이 되기 위한 변화를 주도적이고 계속적으로 추진할 필요가 있다. 그런데 여기서 한 가지 주목할 것은 우리사회가 세계화되면서 소비자가 겪을 변화의 충격이 엄청나게 클 것이라는 점이다.

이미 그런 징조를 찾아보는 일이 어렵지 않게 되었다. 요즈음 직장이나 학교 혹은 시장 등에서 외국인과 접촉하는 기회가 더 많아졌으며 소비자의 국제화 체감지수도 점점 높아지고 있다. 각종 TV에서 한국말을 유창하게 구사하는 외국인이 자주 출연하는가 하면, 비록 일반시민이라 할지라도 외국어 능력을 갖추는 일은 원만한 사회생활을 위한 필수항목이 되어버렸다. 더욱이 매스

컴의 발달에 따른 정보교환의 활성화로 국내외 소비자들이 누리는 생활 시차가 좁혀지고 있으며, 유행의 파급과 신제품의 사용, 그리고 가치관의 공유속도도 현저히 동화되어 가고 있다. 그리고 외국 유통기업의 국내 진출도 갈수록 활기를 더해 가고 있다.

(3) 소비자의 여가생활요구 증대

우리사회는 제조업 중심의 산업구조에서 정보서비스 중심의 산업구조로 변화되고 있다. 이 같은 현상은 생활의 자동화와 긴밀한 관련이 있다. 자동화의 확산은 공장뿐만 아니라, 사무실 더 나아가 가정에까지 옮겨왔으며, 그 결과 소비자들의 여가가 크게 증가하게 되었다. 예를 들면, 근로시간의 주5일제, 휴가제도의 확산, 근무시간제의 자율화, 재택근무, 직무에 대한 개인 재량권을 탄력적으로 적용하는 등 개인적으로 사용할 수 있는 시간이 증가하고 있다.

이에 따라서 소비자의 관심은 자연히 여유시간을 어떻게 재미있게 능률적으로 소비할 것인가라는 방향으로 옮겨가게 될 것이다. 즉, 보다 풍부해진 여가시간을 잘 활용함으로써 여가생활의 내용을 더욱 충실히 하고 더 나아가서 자기계발목표를 지향하는 욕구로 변화되고 있다. 이렇게 변화하는 소비자의 욕구와 관심은 시간소비형 상품 및 서비스에 대한 수요를 폭발적으로 증가시킬 것으로 전망된다.

21세기 우리나라의 소비자 생활이 다음의 세 가지 관점에서 크게 변화될 것이다.

첫째, 우리나라의 소비자들은 상품 및 서비스 구매 시 개인들의 생활목표와 주체성이 강화된 합리적인 선택과 소비를 하게 될 것이다.

둘째, 소비자의 생활이 보다 사회성을 중시하는 성숙한 모습으로 변화되어 자신뿐만 아니라 사회의 형편과 지구환경까지를 포괄적으로 배려하게 될 것이다.

셋째, 소비자생활의 자동화와 근무환경의 변화에 힘입어 여유시간이 확대되고, 그에 따라 시간소비형 생활이 창조·확대될 것이다.

이러한 변화는 소비자들의 의식주와 관련된 일상생활과 구매 및 소비활동 등에도 크게 영향을 미치게 될 것인데, 어떠한 변화를 가져올 것인가 예를 들어보면 다음과 같다.

① 식(食)생활의 변화

소비자의 식생활은 양보다 질을 추구하고, 분위를 지향하는 방향으로 변화되어 가고 있다. 특히, 웰빙시대를 지향하는 경향이 강하게 나타나고 있어 몸의 건강을 유지하는데 각별한 관심을 기울이고 있다. 청결과 위생관리를 철저히 하고 있으며, 고급화, 간편화, 개성화의 특성을 나타내 보이고 있다. 따라서 외식비율이 증가하고, 패스트푸드업의 성장 등 다양한 신업태의 등장이 기대된다.

② 의(依)생활의 변화

과거에는 주로 디자인, 유행성, 상표 이미지 등을 우선시 하였으나, 최근에는 디자인과 유행을 통한 차별화보다는 생활 상황에 맞는 의류의 개성을 중시하는 쪽으로 변하고 있다. 특히 상품의 소재와 품질, 그리고 가격 등을 중시하면서 동시에 소비자 자신에게 전체적으로 어울리는 신변용품의 조화를 통해 개성 있는 토털 패션화를 추구하고 있다.

③ 주(住)생활의 변화

소비자의 주거생활도 풍요로운 생활공간으로의 의미가 더욱 강조되고 있다. 즉, 소비자의 욕구에 맞는 집안 분위기의 개성화와 쾌적함, 그리고 정서적인 가정 분위기의 창출을 위한 노력이 계속적으로 크게 늘어날 것으로 예상된다.

이상에서 살펴보았듯이, 경제 전반의 계속적인 발전과 개인의 의식구조 변화는 여가활동의 중요성을 새롭게 인식시켜 가고 있는데, 그러한 현상은 소비자의 삶의 질을 보다 풍요롭게 하고 개인적인 삶에 활력을 불어넣을 수 있는 집안 분위기의 조성과 가구 및 생활용품의 구매를 통하여 충족하고자 하는 형태로 나타날 것이다. 따라서 유통기업 입장에서는 단순한 신변용품 중심의 구색화에서 생활용품 혹은 가정용품의 다양화를 지향하는 방향으로 구색을 확장해 가야 할 필요성이 증대괴고 있음을 주시해야 할 것이다.

2. 21세기 소비자의 요구변화

전 항에서 살펴 본 와같이 소비자의식과 생활의 변화는 소비자의 요구변화를 가져오게 되는데, 이를 인구통계적인 특성에 따라서 핵가족시대의 어린이 소비자, 신세대 청년소비자, 사회진출 여성소비자, 능력 있는 노인소비자를 중심으로 소비자들의 욕구변화 동향을 구체적으로 살펴보고자 한다.

(1) 핵가족시대와 어린이

현대 가정의 경제적 자립수준이 크게 향상되고 있다. 과거의 대가족 시대에서 핵가족화가 가속화 되고 있는 이유는 여성근로자의 고학력화에 따른 사회진출경향이 크게 부각되고 있어 맞벌이 부부가 증가하고 있기 때문이다.

이는 자식에 대한 전통적인 가치관을 변화시키고, 결혼연령도 높아지게 되면서 어린이의 인구 구성 비율이 낮아지고 있다. 우리나라 총인구 중 어린이(0～14세)가 차지하는 비율이 1960년에는 세대 당 자녀수가 평균 6명이었으나, 1990년대 이후 1.6명에 지나지 않게 되었다. 따라서 오늘날의 자녀들에 대한 관심과 대우는 배가되면서 가정의 어린이 과보호 성향까지 나타나고 있다. 이는 어린이의 생활패턴을 크게 변화시키고, 그들이 갖는 소비요구가 다양화되고 있다. 그들의 생활특징을 열거하면 다음과 같다.

① 어린이들의 놀이장소가 실외에서 실내로 유인되고 있다.

② 놀이 방법의 변화이다. 독서보다는 TV시청, PC게임 등 놀이방법이 매우 피동적이고, 수동적으로 변화되고 있다.

③ 학교생활의 변화이다. 학교정규수업 외에 방과 후 과외학습, 학원에서 지내는 시간이 더욱 증가하고 있다.

이와 같이 어린이 소비자의 생활특성이 변화되면서 어린이에 대한 구매 및 소비욕구가 다양화 되고 있다. 그 현상을 몇 가지로 나타내면 다음과 같다.

④ 어린이 개개인의 기호, 개성, 선호 등이 상품을 선택하는 가장 중요한 기준이 되고 있다. 따라서 오늘날의 어린이는 자기주관을 가지고 상품을 선택하는 구매경향을 가지고 있다고 할 수 있다. 이것은 과거에 부모

의 의견이나 권유에 거의 무조건적으로 복종하던 것과는 크게 다라진 현상으로, 그 만큼 가정 내에서 자녀, 즉 어린이 소비자의 주장과 영향력이 커졌다는 것을 의미하는 것이다.

⑤ 다른 사람의 눈에 띄고자 하는 어린이가 증가하고 있으며, 당돌하게 행동하는 어린이가 늘어가고 있다. 특히, 자기가 좋아하는 유명연예인이 가지고 있는 이미지나 개성을 자신의 것으로 소유하고자 하는 경향을 뚜렷이 나타내고 있다.

⑥ 오늘날의 어린이는 어른들의 문화와 유사한 것을 체험하고자 하는 구매경향을 보이고 있다. 따라서 어린이다운 것보다는 예상 밖으로 과감하고 적극적으로 어른들의 라이프 · 스타일을 모방하려는 구매경향이 있다.

이상에서 살펴본 바와 같이 오늘날의 어린이는 과거와는 다른 생활 형태를 하고 있으며, 그에 따라 상품의 구매와 소비 측면에서도 구별된 특징을 나타내고 있다. 이러한 현상은 유통기업에 매우 중요한 시사점을 제고하고 있는데, 그것은 우리나라에도 분명한 어린이 소비자 시장, 즉 사업성이 높은 어린이 목표시장이 존재한다는 점이다. 그리고 더 중요한 것은 그 어린이 소비자가 미래의 성인 잠재고객이라고 하는 사실이다.

(2) 신세대 청년층

신세대 청소년 들은 기성세대와는 다른 생활환경 속에서 생활하게 되었고, 그래서 그들이 소유한 가치관과 지향하는 행동에서도 많은 차이를 나타내고 있다. 이러한 신세대가 어떻게 등장하게 되었는지 그 배경을 살펴보면 다음과 같다.

① 산업화의 성공에 따라서 물질적인 측면에서 부가 축적되어 생활이 윤택해졌으며 서구화 되었다.

② PC와 TV, 잡지 등 대중매체의 발달로 인해 시각적인 문화가 크게 각광을 받게 되었고, 이러한 매체에 대한 접근도 용이하게 되었으며, 결과적으로 그 영향 또한 커지게 되었다.

③ 핵가족제도의 확립으로 인해 가족구성원 상호간, 특히 부모와 자녀 사이에 개성과 인격을 존중해 주는 새로운 가족윤리의식이 대두되었다.

④ 교통과 IT기술의 발전은 인터넷의 확산을 가져오게 되었으며, 우리 가정의 깊숙이 유입되었다. 따라서 우리사회의 오랜 가치관과 전통적인 관습이 무너지기 시작하였다.

⑤ 사회전반에 걸친 고등교육의 확산과 민주화의 진전으로 자기주장을 적극적으로 옹호하는 경향이다.

상기와 같은 신세대의 성장배경에 따라서 과거의 출세 지향적이기보다는 내면적으로 자기의 능력과 적성에 맞는 일의 실현을 우선시 하며, 타인의 행동에 대해 무관심하고 현실에 안주하려는 경향이 높아졌다. 그리고 논리적 · 합리적으로 판단해서 행동하기보다는 감성적으로 행동하려고 한다. 이러한 경향은 자연히 그들의 상품 구매행동에서도 차이를 나타내는데, 예를 들면 기성세대가 가격이나 품질 등 기능면을 중시한다면, 신세대는 상대적으로 디자인이나 색상 그리고 외형 등 감각적인 부분에 초점을 맞추어 상품을 구매한다.

신세대 청년 소비자는 소득이 제한적이기 때문에 구매력이 작은 것은 사실이나 그 잠재력은 매우 크며, 21세기에는 우리 사회의 중추적인 소비자가 될 것이다. 따라서 유통기업은 신세대 청년들의 소비자 행동과 패턴을 잘 이해할 필요가 있는데, 중요한 몇 가지를 간추려서 나열해 보면 다음과 같다.

① 신세대 청년들은 스스로 다른 사람과는 다르기를 원하며, 또 다른 점을 추구하기 때문에 다른 사람으로부터의 강요나 지시를 싫어한다. 자신의 개성을 차별화 하고자 한다.

② 신세대 청년 소비자는 컴퓨터, 잡지, TV 등의 정보원천을 가지고 있다. 정보수신과 그들의 교류에 적합한 정보적 접근방법을 통해서 구매행동을 한다.

③ 핵가족화, 맞벌이 가정에서 자라난 청년 소비자들의 개인주의적인 성향을 강하게 나타낸다. 자신의 방 소유, 자신의 전자제품, 자신의 용품을 선호하는 특징과 대인을 기피하는 현상 등을 고려해야 한다.

④ 청소년들은 소비의 시간과 장소, 상황에 일정한 틀을 가지고 행동하지 않는 경향이 있다. 이들은 자신들의 강한 주관을 가지고 상품을 구매하고 소비하고 있으며, 새로운 유행을 이끌어가는 리더로서의 굳건한 위치를 유지하게 할 필요성이 있다.

(3) 사회진출 여성층

여성소비자는 최근 들어 상품구매의 강력한 영향력자일 뿐만 아니라, 구매의사결정권자로서의 위치로까지 그 지위가 확대되었다. 이렇게 상품의 구매과정에서 여성소비자의 비중이 커지게 된 데는 여성의 사회진출과 깊은 관련이 있다. 여성들의 사회진출을 촉진시킨 것은 남녀고용평등법의 영향 외에도 다음과 같은 사회적인 요인들이 영향을 미치게 되었다고 볼 수 있다.

① 정보화 사회의 진입에 따라서 상대적으로 소프트한 일거리가 많아지게 되었으며, 여성들의 사회진출이 보다 확대되고 있다.
② 핵가족화에 의한 평균자녀의 수가 2명 이하로 줄어들면서 가정의 일이 크게 축소됨에 따라서 결혼 후에도 자신의 일을 지속적으로 하고자 하는 의지가 높아졌다.
③ 여성들의 고학력화에 의해서 사회참여의식이 고조되고 있으며, 여성의 전문성이 요구되는 직업이 크게 늘어나고 있다.
④ 산업구조의 변화로 노동절약형 서비스업의 향상으로 가사의 여유시간을 파트타임으로 활용하는 경향이 많다.
⑤ 경기침체로 세대주의 경제적 실질소득수준의 저하로 인해서 가정경제를 보충해야 하는 필요성에 따라서 여성의 사회진출이 증대되었다.

여성들의 사회적인 진출은 자신들의 개인적인 사회적 지위, 소비지위뿐만 아니라, 가족구성원의 가정생활에 필요한 물품들을 구매하는 전담자로서 여성소비자가 미칠 수 있는 영향력의 범위는 크게 확대되고 있다. 여성소비자들의 라이프스타일과 구매특성을 살펴보면 다음과 같이 정의할 수 있다.

① 사회진출 여성들은 실질적이며, 자신의 신분에 맞는 구매 성향을 명확하게 나타낸다. 맹목적인 고급브랜드를 선호하거나, 사치하기보다는 자신의 격에 맞는 개성 있는 제품과 가격대를 선호한다.
② 사회적인 교재활동, 여가활동 등이 자신의 아름다움과 건강을 가꾸기 위한 관심으로 변화되며, 건강관련 상품과 서비스에 관한 구매행동에 민감하다.
③ 여성소비자들은 감성적이며, 유연한 발상을 하는 것이 일반적이다. 따라

서 상품이 가지고 있는 물리적인 가치보다는 그 상품이나 상표의 이미지를 중요시 하는 경우가 많다.

④ 여성소비자들은 타인과의 교류를 매우 적극적으로 개척하는 경향이 있다. 그래서 생활공간, 시간의 효율성을 제고하는 노력을 많이 하게 된다.

⑤ 여성 소비자는 자신의 개성을 살릴 수 있는 창조적인 활동에 노력을 하게 된다.

이상과 같이 사회진출 여성의 특성을 살펴보았듯이, 여성소비자들이 구매자이며, 실사용자이며, 구매의사결정권을 갖는 등 구매력이 크게 향되었다. 따라서 유통기업들은 여성소비자들의 구매행동을 면밀하게 연구하고, 이들을 만족시킬 수 있는 유통기업 경영전략을 수립하는 일에 관심을 집중시킬 필요성이 있다.

(4) 경제력 있는 노인층

오늘날 노인은 과거처럼 육체적, 정신적, 경제적으로 약자가 아니다. 경제적으로도 시간적으로도 가장 풍요로움을 향유하는 세대인 것이다. 이것을 유통기업 관점에서 살펴보면 그들은 확실히 구매력을 보유한 능력 있는 노인 소비자이다. 그 이유는 다음과 같은 점에서 입증될 수 있다.

① 우리나라의 노인 인구는 계속적으로 증가 추세에 있다. 우리나라의 평균 수명이 1995년에 73세, 2000년에 75세 2005년에 78세로 증가되고 있어 노인인구의 구성비 또한 전체 인구에 7%를 상회하는 300백만 명에 육박하고 있다.

② 현재의 노인층은 준비된 노후를 보내고 있다. 연금제도의 활성화, 퇴직금제도의 발전, 자신들의 노후 생활을 위한 저축과 연금보험 등 보유 저축액이 증가하고 있다.

③ 과거지향적인 노인에 대한 통념이 사라지고 있다. 노후에는 당연히 자식에 의존하며 살아간다는 전통적인 사고가 낮아지고 있다. 제2의 인생설계를 통해서 노인스스로 자립하겠다는 의지가 정착되어가고 있다.

이상과 같이 노인층의 경제적인 강자로 부각되면서 유통기업들은 노인 소비자를 목표시장으로 시장개척을 적극적으로 전개하고 있다. 예를 들면, L백화점은 실버 에이지 코너를 마련하여 노인들의 경제력과 패션 감각을 감안한 중저가품 중심의 노인의류전문점을 운영하고 있다. S백화점에서도 그와 유사한 유통기업 활동을 별도로 실행하고 있다. 향후 유통기업들은 노인층을 중요시하여 노후생활을 질적으로 풍요롭게 선도할 수 있는 상품구색의 다양화를 추진하여 새로운 생활제안을 할 필요성이 있다. 이러한 노인에 대한 전문적인 마케팅을 전개하는 데 있어서 다음과 같은 사항을 유의할 필요가 있다.

① 지금까지 노인에대한 부정적인 이미지를 불식시킨다. 노인의 여가생활과 긍정적인 이미지를 확립시켜서, 그 이미지에 맞는 상품 및 서비스의 구색을 개발 제안해야 한다.

② 노인 소비자의 풍요로운 생활설계를 지원한다. 그들이 쾌적하고 편리한 생활을 계속할 수 있도록 각종 정보와 비전을 포함하고 있는 창의적인 프로그램을 계속 개발해서 관리할 필요가 있다.

③ 노인 소비자는 구매의사결정권자이다. 노인은 과거의 단순한 자신의 삶과 활동을 위한 구매 외에도 평생의 축적된 경험과 저축을 바탕으로 자녀, 손자, 손녀에 이르기까지 구매의사결정권을 가지고 행사하는 경우가 많다.

상기의 각 항에서 살펴보았듯이 21세기 소비자의 요구변화는 감성과 개성을 중시하면서도, 한편으로 자신에게 매우 합리적인 구매항동을 보일 것으로 전망된다. 특히, 이들은 상품을 물질적인 풍요보다는 삶의 질적인 향상을 추구하는 요구변화가 다양하게 분출되고 있다. 따라서 향후에는 소비자의 새로운 생활패턴을 제안하는 합리적인 상품 및 서비스를 창출하고 제안하는 자세가 필요하다.

3. 21세기 소비자의 구매행동변화

소비자의 구매행동변화는 소비자의 의식생활변화, 소비자의 욕구변화에 따라서 다양하게 나타나고 있다. 특히, 이러한 소비자의 구매행동변화는 매장을 통해서 구체적으로 나타나게 되는데, 소비자가 매장에 방문하게 되었을 때 유통기업 활동에 어떠한 영향을 미치게 되는가? 구체적으로 살펴보기로 한다.

소비자가 매장에 들어섰을 때 맨 처음 벽에 붙어 있는 다양한 가격할인광고에 시선을 주게 되며, 다른 쇼핑객의 모습도 관찰하기도 한다. 소비자의 구매행동은 가격의식에 민감하게 반응하기 때문이다. 한편, 매력적인 실내장식과 잘 정돈된 상품진열로부터 포근한 점포분위기를 느끼기도 한다. 또한 호감이 가는 판매원이 제시하는 상품에 관한 정보의 도움을 받아 점포 내에 진열된 여러 상표들을 비교·평가하거나 판매원이 추천하는 특정 상표의 구매를 고려하게 된다. 가끔 친구들과 백화점의 커피숍에서 만나 함께 백화점 매장을 둘러보다가 자신이 좋아하는 상품이 바겐세일 중인 것을 발견하고 갑자기 구매충동을 느끼게 되어 이를 구매하기도 한다. 혹은 주말에 가족과 함께 쇼핑센터에서 식사를 한 후 쇼핑을 하기도 하는데, 우연히 지나치게 된 아동복 매장에서 아이들의 요구에 의해 청바지를 구매하기도 하며, 에어컨을 취급하는 매장에 지나다 무심코 생각나 할부구매를 하는 경우도 있다.

이처럼 소비자가 매장에서 보이는 구체적인 구매행동은 매우 다양하게 예측하기 어렵게 나타나고 있으나, 분명한 것은 소득의식, 가격의식, 가계지출의식 등 과거 생활 잠재의식 속에서 구속되었던 구매행동이 표출되는 것이다. 따라서 21세기 소비자가 향후에 어떠한 매장을 선택하며, 매장 내에서 어떠한 구매행동을 나타내는지, 그에 따라서 매장 내의 정보처리는 어떻게 하는지 살펴보자.

(1) 소비자의 매장선택과 구매행동

소비자가 매장을 선택할 때에는 여러 가지 선택기준이 상호 작용하게 된다. 예를 들면, 점포의 입지, 상품의 구색, 가격, 광고 및 판매촉진, 판매원, 서비스 등과 같은 요인들이 그것이다. 그런데 소비자는 매장선택과 관련하여 위에서 열거한 선택기준을 자신의 평가기준으로 활용하면서 각 점포에 대하여 지각을 한다.

소비자는 각 점포의 매장이 가지고 있는 평가기준과 비교·평가하는 과정을 거친다(그림 4-1). 그 결과 지각된 점포 이미지 속성의 값이 자신이 보유하고 있는 평가기준에서 가장 가까운 점포를 더 매력적이라고 판단한다. 이렇게 판단한 소비자는 구매활동을 위해 그 매장을 선택할 가능성이 매우 높으며, 그 점포의 단골고객이 될 가능성도 그 만큼 커진다고 할 수 있다.

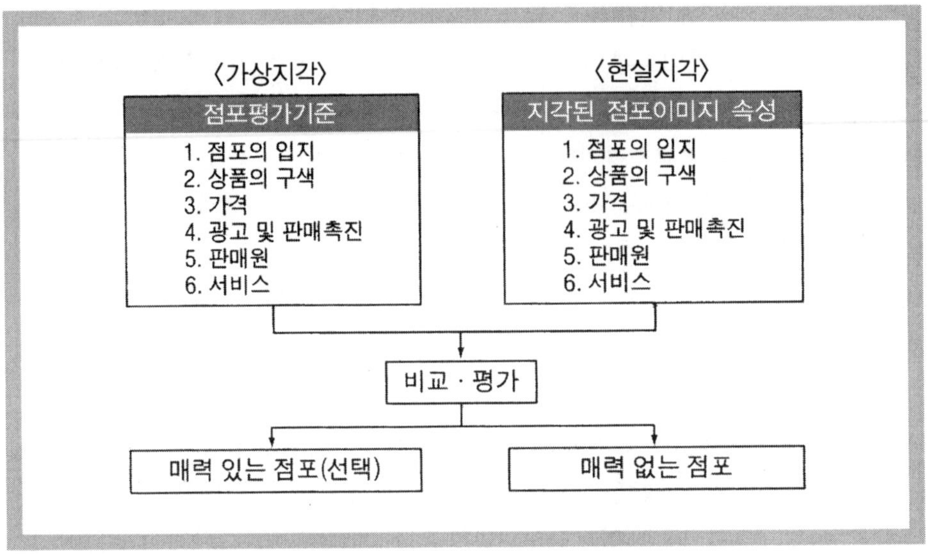

그림 4-1 소비자의 점포선택 과정

소비자의 매장선택을 구매행동과 결부시켜 보다 구체적으로 살펴보자. 소비자는 자신의 나이, 소득, 성별, 직업, 학력 등 인구 통계적 특성이나, 라이프 · 스타일, 개성 등에 따라서 각기 다른 구매 욕구를 가지고 있다. 예를 들면, 패션에 관심이 많은 소비자는 각 점포가 취급하는 의류들의 다양한 상품구색에 대하여 더 큰 관심을 나타내지만, 경제적인 소비자는 각 점포의 상품가격에 대하여 더 많은 관심을 보인다. 이러한 소비자의 욕구는 점포를 선택할 때 중요하게 영향을 미치는 점포 이미지 속성의 우선순위를 결정하는 일에 작용한다. 즉, 패션 지향적 소비자는 다른 어떤 매장의 이미지 속성보다는 각 매장이 구비하고 있는 의류제품의 최신 유행성과 구색의 다양성 등에 대하여 더 높은 가치를 부여하며, 경제적 소비자는 상품을 가장 싸게 구매할 수 있는 점포를 선호하게 되는 것이다.

따라서 특정 매장에 대한 이미지는 소비자의 특성, 요구 그리고 각종 점포 내 소매 믹스의 상호작용의 결과로 형성되는데, 점포의 이미지가 소비자의 특성 및 욕구와 근접할수록 소비자는 그 매장을 더 매력적으로 지각하며, 보다 긍정적인 태도가 그 점포를 선택할 가능성을 높이게 된다. 만약에 소비자가 자신이 선택한 매장이 만족스럽다고 생각을 하면, 소비자의 그 점포에 대한 이미지는 보다 호의적이고 긍정적으로 발전되어 재구매의 가능성이 높아지게 된다.

(2) 소비자의 매장 내 구매행동

상기 항에서 소비자의 매장선택에 관해서 살펴보았다. 본 항에서는 소비자가 매장을 선택했을 경우 매장 내에서 어떠한 구매행동을 보이는가?에 관해서, 소비자가 구매의사결정을 하기까지의 과정을 설명하고자 한다.

소비자가 매장 내에서 구매행동으로 옮기기까지는 크게 구매의도형성과 구매의사결정 과정으로 크게 대별할 수 있다(그림 4-2).

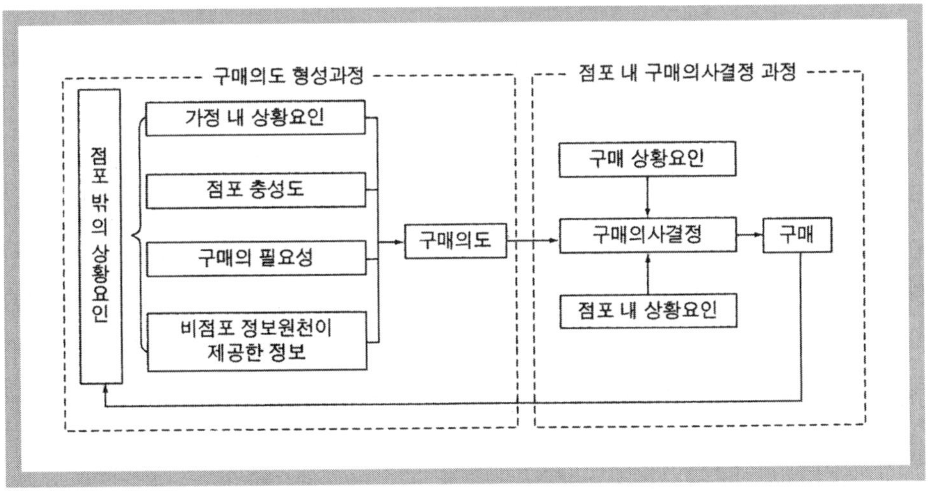

그림 4-2 소비자의 점포 내 구매행동과 의사결정

구매의도를 형성하는 과정은 점포 밖 상황요인들의 영향을 받아 구매하기를 원하는 상품들에 대한 예상을 보다 구체적으로 하는 과정이다. 구매의도를 굳히는 데 가장 중요한 영향을 미치는 요인은 구매의 필요성이다. 왜냐하면 구매행동은 바로 필요성, 즉 문제의 인식에서 비롯되기 때문이다. 이외에도 가정 내 상황이나 점포충성도, 그리고 점포 밖의 정보원천으로부터 받은 정보도 구매의도에 영향을 미친다.

점포 내 구매의사결정 과정은 어떤 구매의도를 가지고 점포를 방문한 소비자가 점포 내에서 정보처리를 통해 의사결정을 하는 과정을 말한다. 이 과정에서는 점포를 방문하기 전에 형성되었던 상품에 대한 구매 예상이 점포 내 여러 상황 요인과 상호작용을 하면서 실제 구매로 변환된다. 이때 영향을 미치는 상황 요인은 크게 두 가지로 분류된다. 첫째는 구매 상황요인이다. 구매 상황요인에는 소비자의 경제적 예산능력, 구매활동을 하기 위한 시간적인 가능요인, 상품의 운반수단 혹은 운반 가능한 상품의 물리적 요인, 구매 시에 동반하는 인적인 요인 등이 있다. 둘째는 점포 내의 상황요인으로 상품의 구색, 가격, 품질, 진열, 점포 내 판촉활동, 판매원의 교육 등이다.

이상과 같은 두 가지의 상황요인의 상호작용으로 인하여 소비자에게 미치는 영향은 유통기업에 매우 중요한 결과로 나타난다. 소비자의 구매의사결정에 영향을 미치는 상황요인은 구매의도를 가지고 점포를 방문한 소비자에게 계획대로 상품을 구매하도록 계획구매로 작용하기도 하지만, 계획을 바꾸어 구매지연을 시키거나, 상품을 구매하겠다는 계획 자체를 변경하여 구매포기를 할 수도 있다. 반대로, 점포를 방문하기 전까지는 전혀 구매의도를 가지고 있지 않았던 소비자가 점포 내의 구매 상황요인의 영향을 받고 상품을 충동구매하는 경우도 있다. 이렇게 점포 내의 구매 상황요인은 소비자의 구매의사결정에 매우 중요한 영향을 미친다. 특히, 충동구매는 구매의도가 전혀 없었으나 점포방문이 계기가 되어서 점포 내 구매 상황요인에 의해서 유인된 구매행동으로써 점포의 매출액 향상에 크게 기여할 수 있다.

(3) 소비자의 매장 내 정보처리 행동

소비자가 매장에 방문한 후 구매의사결정을 하는 정보처리행동은 소비자가 구매하고자 하는 상품에 대한 자아관여(ego involvement)의 정도에 따라서 다르게 나타난다. 여기서 자아관여란 특정 상품이 소비자 자신에게 주는 의미와 가치가 얼마나 크고 중요한가를 나타내는 정도를 말한다. 따라서 자아관여가 높은 상품일수록 자신에게 매우 중요한 상품이라고 할 수 있기 때문에, 자아관여의 정도가 높은 상품에 대해서는 매우 적극적인 정보처리를 하지만, 자아관여의 정도가 낮은 상품에 대해서는 단순한 정보처리를 하게 된다.

소비자는 자아관여의 정도가 낮은 상품, 즉 자신의 가치관과 관련이 적은 상품의 경우에는 특정 상표에 대한 선호가 형성되어 있지 않기 때문에, 상품구색보다는 한 점포에서 일괄구매를 할 수 있는지를 더 중용하게 생각한다. 반면에 자아관여의 정도가 높은 상품의 경우에는 여러 상표를 비교 · 평가하여 구매하고자 하는 경향이 강하기 때문에 정보처리 행동도 보다 까다롭고 복잡하게 작용한다. 따라서 상품의 구색이 매우 중요한 매장 이미지 향상에 기여할 수 있다.

제 2 절 | 소매업태의 발전

소매업(retailing)이란 소비재를 타인으로부터 조달하거나 또는 스스로 제조하여 소비자에게 최종적으로 판매하는 일을 주 업무로 하는 유통업을 의미한다. 즉, 상품과 서비스의 유통 말단에 위치하여 최종 소비자에게 상품 및 서비스 등 주로 종합생활자의 생활용품의 판매활동을 수행하는 업종으로서 소매상은 이 같은 소매업을 직접 수행하는 상인을 지칭한다. 미국의 마케팅관리협의회는 "소매업이란 최종 소비자에게 상품과 서비스를 직접 판매하는 제 활동이며, 소매업의 주요업무는 최종 소비자에게 상품과 서비스를 직접 판매하는 상업자인 동시에 대리업이다."라고 정의하고 있다.

소매업은 경제재의 분류에 있어서 소비재를 취급하는 판매경영체이다. 광의의 소매업은 제품과 서비스를 판매하는 모든 기관을 가리키며, 좁은 의미의 소매업은 제품을 판매하는 기관만을 포함하기도 한다. 따라서 소매기관의 중추적인 존재는 일반 독립 소매상(retailer), 비계획적인 소매집적시설인 재래시장과 같은 집단형태의 일용품 소매시장, 계획적인 소매집적시설인 쇼핑센터, 메이커 직영점, 소비자생활협동조합 및 생산자협동조합 등이 있다.

이러한 소매상의 기능은 기본적인 기능, 정보기능, 신용공여기능, 상품지식제공, 상품관리, 쇼핑환경제공 등의 기능을 갖게 되는데 이는 다음과 같다.

소매상의 기본적인 기능은 소비자에게 적절한 판매활동과 상품의 소량적 분할제공, 상품의 선택구매 및 품목별 진열, 배송활동, 적시에 장소와 편의제공, 기타 각종 서비스 제공 등이다. 생산자와 도매상에게는 상품의 수요환기와 판매촉진에의 협력, 생산자의 상품개발 및 생산 활동에 협력, 도매상의 유통활동에 대한 협력 및 적정가격의 제시 등이다.

소매상의 정보적 기능은 소비자의 욕구에 대한 정보입수, 상품정보, 유행정보 등 생활정보를 제공하고, 생산자에게는 소비자 욕구를 파악할 수 있는 정보를 수집·분석하여 제공하거나, 상품판매계획과 매장관리 등 머천다이징에 적극적인 조언 등을 제공한다.

소매상의 신용공여 및 상품지식 제공기능은 신용판매, 할부판매, 카드할부 등 소비자 신용서비스를 개발하여 제공하는 기능을 수행한다. 또한 상품의 품질과 특성에 관한 지식을 이해하기 쉽게 조언하기도 하고 지원한다. 생산자에게는 상품의 전문적인 특성을 홍보하여 인지도를 제고시키고 품질보증 향상에 기영하는 조언자 역할을 한다.

소매상의 상품관리 및 쇼핑환경기능의 제공이다. 이는 일정량의 상품을 보관하여 수용에 대응하므로, 소비자에게 적절한 상품을 진열하여 구매편의를 도모해 준다. 생산자에게는 상품보관에 대한 위험부담을 경감시켜 주는 기능을 한다. 또한 쇼핑환경을 제공하여 구매품에 대한 유쾌한 만족감을 부여 하거나, 쾌적성, 어뮤즈먼트센터의 정비 등을 통해서 생활의 질적 향상을 도모한다.

1. 소매업태의 발전

(1) 소매시장의 변천과정

소매시장의 변천과정은 소매유통경로의 조직적인 발전과정에 따라서 비상설시장, 상설시장, 분화시장, 통합시장으로 분류될 수 있는데 이를 간단히 요약해 보면 다음과 같다.

① 비 상설시장

비 상설시장(periodic market)은 원시적인 시장의 하나로써 우리나라의 재래시장 중에서도 시골에서 열리고 있는 5일장, 7일장 등과 같은 정기시장이 여기에 속한다.

주로 농축산물, 식품류, 의류, 잡화가 중심이 되며, 잉여생산물이나, 부산물 등 생필품을 중심으로 거래된다.

② 상설시장

상설시장(premanent market)이란 직업적인 중간상이 생겨나면서 일정한 지역을 중심으로 소매상들이 집적하여 상업을 영위하는 시장으로 메이커와 도소매점을 연결하는 수직적인 계열화나 상품을 중심한 수평적 전문화는 이루어지지 않고 있는 시장이다.

③ **분화시장**

분화시장(fragmented market)은 15세기부터 19세기에 걸쳐서 유럽과 미국에 등장하기 시작한 시장의 형태로써 소득의 증가, 도시화, 교통 통신망의 발전 및 대량생산체제의 구축을 중심으로 수직적·수평적인 분화가 야기되면서 근대화된 통합시장구조의 모습을 갖추기 이전의 시장이다.

④ **통합시장**

통합시장(integrated market)은 20세기 들어서면서 나타나게 되었으며, 소매기관의 대형화와 수직적인 통합과정을 통해서 생성된 현대적 시장의 시초이다. 예를 들면 백화점 이후의 대형 신규 소매업태의 등장을 의미한다.

이상의 유통경로의 변화에 따른 시장의 변천과정은 개발도상국과 선진국간에 각 시장의 성장이 단계별로 나타는 시차는 상당한 차이가 난다.

(2) 소매상(기관)의 변천이론

소매환경의 변화에 따라서 매우 다양한 소매업태들이 등장하고 사라졌으며, 이러한 변화는 앞으로도 계속될 것이다. 이러한 소매상의 변천과정을 설명하여 주는 이론들로서 소매업 수레바퀴의 가설, 소매생명주기, 소매아코디언, 변증법적 과정, 자연도태설 등 여러 가지가 있으나, 어느 하나의 이론도 소매상의 변천과정 전부를 설명하지는 못하고 그 일부분만을 설명할 뿐이다. 본 항에서는 그 중 특히 많이 인용되는 이론을 중심으로 간단히 설명한다.

① **소매업 수레바퀴의 가설**

소매업 수레바퀴의 가설(the wheel of retailing hypothesis)란 새로운 형태의 소매상은 시장진입초기에 저가격, 저마진, 저서비스의 가격소구방식으로 소매 시장에 진입하여 기존의 고가격, 고마진, 높은 서비스의 다른 소매업태와 경쟁하면서 점차로 기존 소매상을 대체하게 된다는 이론이다.

그러나 시장에 성공적으로 시장에 진입한 이후 동일유형의 소매점사이에 경쟁이 격화됨으로써 경쟁적 우위의 확보를 위해 보다 세련된 설비와 서비스를 더해 감에 따라 고비용, 고가격, 고서비스의 소매점으로 전환된다. 따라서 이러한 소매환경의 변화는 새로운 유형의 혁신적인 소매점이 저가격, 저마진,

저서비스로 시장에 진입할 수 있는 여지를 제공하게 되고, 이 새로운 유형의 소매점 역시 위와 동일한 패턴을 따르게 된다는 것이다.

소매업 수레바퀴의 가설은 미국의 소매업태 변천과정에서 전문점, 백화점, 할인점 순으로 소매점 유형이 등장하고 성장한 것에 대해서는 부분적으로 입증되지만, 모든 국가의 모든 유형의 소매업태들의 발전과정에 적용하기는 어렵다. 우리나라의 경우는 선진국에서 개발된 다양한 업태의 소매점이 동시에 또는 순서가 뒤바뀌어 도입되었기 때문에 소매점 수레바퀴의 가설에 의해 소매업태의 변화과정을 설명하기에는 무리가 있다.

② 소매 수명주기 이론

소매수명주기(retail life cycle)이란, 제품수명주기와 동일하게 소매점 유형이 초기성장기, 가속성장기, 성숙기, 쇠퇴기의 단계를 거치는 것으로 보는 이론이다. 미국의 경우에는 백화점이 19세기 후반, 슈퍼마켓이 1930년대, 할인백화점은 1950년대 후반과 1960년대 초반까지 비약적인 성장을 하게 되었으나, 성숙기에 접어들면서 소매점들은 포화된 시장에서 새로운 유형의 소매업태와 가격 측면에서 치열한 경쟁을 벌이게 된다. 따라서 기존 소매점들의 시장점유율과 이익이 지속적으로 감소하게 되고 궁극적으로 소매점들은 쇠퇴기로 접어들게 된다.

우리나라의 경우에는 구멍가게나 재래시장이 이미 쇠퇴기에 진입하였으며, 전문점은 성숙기에 도달하여 성정에 한계를 보이고 있다. 백화점은 아직 어느 정도의 성장 잠재력이 있다고 평가되고 있으나 성장후기 내지는 쇠퇴기에 접어들고 있다. 1988년 이후 본격적으로 도입된 편의점, 양판점, 할인점, 통신판매 등의 신업태는 도입기로부터 가속성장기에 접어들고 있다.

③ 소매 아코디언 이론

소매 아코디언 이론(retail accordion theory)이란, 제품구색의 변화에 초점을 맞춘 소매이론으로서 소매상은 제품구색이 넓은 소매업태에서 전문화된 좁은 제품구색의 소매업태로 변화되었다가 다시 넓은 제품구색의 소매업태로 변화되어 간다는 이론이다. 즉, 아코디언처럼 제품구색이 늘었다 줄었다하는 과정이 되풀이 되면서 발전해 간다는 이론이다. 예를 들면, 전문점에서 백화점이나 양판점으로, 양판점이나 할인점에서 전문점으로 발전해 가는 사례가 있다.

④ **변증법적 과정이론**

변증법적인 과정이론(dialectic process theory)이란, 변증법의 이론과 마찬가지로 소매상이 정반합(正-反-合)의 과정으로 진화 발전해 간다는 이론이다. 여기서 기존 소매상은 이에 대응하는 경쟁적인 새로운 소매상이 생기게 되면 그 장점을 기존기구에 적용하게 된다. 이와 같은 과정은 혁신적인 새로운 소매기관도 마찬가지로 적용하여 상호 협상과정을 거침으로써 결과적으로 상호 적응에 의한 새로운 형태의 소매상이 탄생되며, 새로운 소매기관은 다시 혁신적인 다른 소매상의 출현에 다라 새로운 협상과정을 거치게 된다. 이 이론은 최근 미국 소매업의 발전과정을 통해서 그 사례를 볼 수 있는데 전문점→할인점→카테고리킬러의 순으로 발전 성장해 가는 모습에서 일부 설명되고 있다.

⑤ **적응행동이론**

적응행동이론(adaptive theory)이란, 소매변천의 원인을 환경적 변수에서 찾고 있다는 특징이 있다. 이 이론은 소매기관을 둘러싸고 있는 소비자의 구매행동, 구매욕망, 과학기술, 법적인 환경변화 등에 가장 효율적으로 적응할 수 있는 소매상만이 살아남아 성장할 수 있다고 강조하는 이론이다. 이는 다윈이 진화론에서 설명한 일종의 자연도태설에서 추출한 이론으로서 환경에 적응하는 소매상만이 생존하고 발전하게 된다는 점이다.

2. 각국의 소매업태 변천과정

각 국의 소매업태 변천과정은 미국, 일본, 우리나라를 중심으로 한 소매상의 특화과정을 살펴보면서 원시적인 형태인 행상에서 시작하여 잡화점, 백화점, 양판점 등 신업태에 이르기까지 각 국의 소매환경의 변화를 시대적인 관점에서 살펴보기로 한다(표 4-1).

표 4-1 각 국의 소매업태 변화 추세

(1) 미국의 소매업태 변화

1900년을 전후하여 미국은 남북전쟁, 대륙회단철도, 반 트러스트법, 농민운동의 활성화, 자본주의 부흥, 중간상인의 배제, 산업혁명으로 소득의 증가와 이농현상이 나타나게 된다. 소매기관으로는 1870년에 백화점이 등장하게 되고, 1900년을 전후하여 통신판매업, 버라이어티 체인점, 식료품 체인점, 드러그(drug) 스토어 등이 등장하게 된다.

1910~1920년대에는 도시화가 가속화 되고, 연방규제체제의 확립, 소포우편제도의 확립, 금융기관의 절대적인 지배권의 확립 등으로 구매자 시장, 뉴패션시장, 백화점의 급성장과 1920년에는 양판점이 등장하게 된다.

1930~1940년대에는 자가용 승용차의 보급이 확산과 동시에 도시인구의 교외이전이 나타나기 시작했으며, 세계대공황, 2차 세계대전의 발발 등 소매시장에도 격동기를 맞이하게 된다. 1930년대에는 체인점의 성장, 유통비용증가, 내셔널 브랜드의 성장, 기업매수 및 합병이 급증했으며, 백화점의 통신판매, 양판점의 발전, 1930년에 편의점의 등장, 1937년에 슈퍼마켓이 탄생되었다. 1940년대에는 대공황 속에서 가격경쟁이 격화되었으며, 쇼핑센터와 상업집적시설(종합쇼핑센터)이 교외로 이전하는 현상이 나타났다.

1950~1960년대의 소매시장환경은 제2차 대전의 전후처리, 가처분소득의 증가, 크레디트서비스의 등장, 베이비 · 붐 현상, 레저 및 스포츠 증가, 교외인구의 급증, 셀프서비스의 증가현상이 나타났다. 따라서 슈퍼마켓의 급성장과 디스카운트 스토어가 등장하게 되었다. 홈 센터, 창고형 할인점, 레저형 쇼핑센터와 쇼핑몰이 나타났다.

1970~1980년대에는 인플레이션의 가속화와 통신기술의 발전, 우주개발의 경쟁 등으로 통신위성, 팩시밀리, 광통신망의 구축되었다. 따라서 도매클럽, 드러그 스토어(drug store), 월마트, K마트, 하이퍼마켓 등이 성장하기 시작한다.

1990년대 이후에는 현대적인 신업태의 속출, 가격파괴에서 가격창조, 제조회사와 판매회사간의 동맹을 구축하고, 사이버 마켓의 급성장, 유통시장의 완전 개방화, 세계화, 다국적화를 꾀하며 세계시장을 향해 발전하고 있다.

(2) 일본의 소매업태 변화

일본의 유통은 중세시대부터 정치와 연계하여 세력을 구축했던 도매상인의 역할로부터 살펴 볼 수 있다. 일본의 근대적인 유통업은 백화점으로터 시작된다. 1904년 '미츠이 포목점'이 '주식회사 미쓰코시 백화점'으로 법인화 되면서 시작되었다.

1950년대 이전에는 전후 경제부흥과 고도성장이 나타나면서 1956년에 백화점법이 규정되고, 소비혁명이 도래하기 시작하였다. 1953년에 '기노쿠니아' 슈퍼마켓이 탄생했으며, 1957년에 다이에가 창업을 하였다. 전문점, 푸점포판매, 일본형 도심 쇼핑센터가 생성되기에 이른다.

1960~1970년대에는 도시화와 대량생산체제가 구축되면서 도심상업이 부도심권으로 확장되기 시작되었으며, 1973년에 오일쇼크와 저성장시대를 맞이하면서 '대점법'이 제정되었다. 슈퍼마켓이 양판점이나 백화점 유사형으로 변형되거나, 도시형 전문체인점의 등장, 카탈로그 및 방문판매가 활성화되기 시작하였다. 1970년대에는 종합할인점, DIY(do it yourself)점, 홈 센터, TV홈쇼핑, 외식산업의 성장 등 교외상업이 활성화되었다.

1980~1990년대에는 호황과 버블경제가 겹치면서 지가앙등, 생활권의 교외화 정착, 주 2일 휴무제, 다양한 문화시대, 소비자 욕구의 다양화 등 고도소비사회로 이행하게 되었다. 백화점의 침체, 양판점의 고급화, 교외형 전문체인점의 급성장, 각종 무점포의 활성화, 음식료산업의 간편화와 편의주의 영향에 따라서 쇼핑센터 거리 만들기가 가속화 되었다.

1990년 이후에는 버블경제의 붕괴, 각종 행정규제의 완화, 개방화, 글로벌화, 정보화시대를 맞이하게 되었다. 따라서 케이블TV, 인터넷 등의 사이버 마켓이 급성하기 시작하였으며, 카테고리 킬러, 하이퍼마켓, 디스카운트형 홈센터, 오프 프라이스 스토어, 아울렛, 인터넷 쇼핑몰이 정착되기에 이른다.

(3) 우리나라의 소매업태 변화

우리나라의 소매업태는 전국의 각지의 정기시장인 재래시장과 특수시장인 약령시장(藥鈴市場) 등 주로 시장이 근간을 이루었고, 일제시대에 정기시장 이외에 백화점이나 연쇄점 등 근대적인 유통시장이 도입되기 시작하였다.

1950년 전후에서 1960년대에는 8·15해방과 6·25전쟁, 한일국교정상화, 월남전에 의한 특수경기, 수출주도형 경제성장의 시발점이 되는 정부주도형 계획경제하에 있었다. 우리나라의 근대적인 유통기관의 효시는 1930년에 '미쓰코시 백화점' 경성지점이었으나, 한국인이 경영하는 최초의 백화점은 1932년에 '화신백화점'과 '동아백화점'이었으며, 후에 화신이 동아를 흡수 합병하였다. 해방이후 '미쓰코시 백화점'은 1945년에 '동화백화점'으로 상호가 바뀌어 운영되다가 관재청이 명도 받아 1955년에 정식으로 문을 열었다. 그 이전해인 1954년에 '미도파백화점'이 개점했다. 이 당시의 백화점은 본래 의미의 백화점과는 거리가 먼 단순매장입대방식에 의존했다. 근대적인 백화점은 1969년에 동화백화점이 신세계백화점으로 명의 이전되면서 시작된다. 우리나라 슈퍼마켓의 효시는 1964년에 한국슈퍼마켓이 개점하였으며, 1968년에 뉴서울 슈퍼마켓이 문을 열었다.

1970~1980년대에는 정부가 추진하는 '5개년 경제개발계획'에 따라서 경부고속도로 건설, 수출주도형 산업의 고도성장 속에서 제1, 2차 오일쇼크, 수입자유화, 88올림픽 개최 등 유통의 근대화가 급속하게 성장된 시기이다. 1971년에 새마을슈퍼, 한남슈퍼 등 슈퍼마켓의 체인화가 전개되었으며, 1969년에 신세계백화점의 개점을 시작으로 1979년에 롯데백화점, 1980년에 뉴코아백화점 등 백화점의 개화기를 맞이하게 되었다. 또한 1989년에는 세븐일레븐, 로손, 서클케이 등 체인형 편의점이 등장하게 되었다.

1990년대 이후에는 지방화시대가 개막되었으며, 금융실명제 실시, 유통시장의 개방, 국제화/개방화시대, OECD가입, IMF구제금융 등으로 외환위기, 경기침체, 고물가/고금리/고실업시대가 도래했으며, IT시대가 개막되기에 이른다. 따라서 우리나라의 소매업태변화의 흐름은 중앙백화점의 다점포화구축에 따른 지방백화점의 도태, 다국적 유통업체의 국내진출과 급성장, 국내 유통기업의 경쟁격화, 할인업태의 고도성장, 유통업체의 서비스경쟁 강화, 슈퍼마켓의 저가정책, 편의점의 부가서비스다양화, 인터넷과 케이블TV홈쇼핑, 다양한 신업태의 등장 등 업태별 영역파괴와 가격파괴가 확산되고 있다.

제 3 절 | 소매업태의 유형과 개념

어떤 하나의 업태가 시장에 등장하여 도입기, 성장기, 성숙기를 거쳐 새로운 업태의 진출에 따라 쇠퇴해 가는 일련의 반복적 과정을 업태의 라이프 사이클(life cycle)이라 할 수 있다. 하나의 업태가 성숙하는데 필요한 기간은 시대가 최근에 가까울 수 록 짧아지고 있다. 미국의 백화점은 1860년대에 등장하여 성숙하기까지는 80년이 걸렸으나 컴퓨터 판매점의 그것은 불과 5년 밖에 되지 않는다. 이는 업태 진부화의 속도가 가속적으로 빨라지고 있음을 의미하고 있다.

소매업태의 보급 및 그 전개의 상황을 보면 선진국 간에는 거의 같은 경향을 나태 내고 있지만, 그것을 보다 상세히 파악해 보면 각 나라의 사회 · 경제 · 문화의 발전에 상응하는 미묘한 차이가 있음을 발견할 수 있다. 즉, 어떤 특정한 업태가 다른 나라로부터 도입되면 어느새 그 나라의 생활 습관이나 문화에 상응하는 방향으로 변화하며, 어떤 나라에서는 일반화되고 있는 업태가 다른 나라에서는 보급되기가 힘든 경우도 적지 않다.

이러한 소매업태의 변화를 이해하는 데는 소매업태유형의 분류와 그 개념을 정확히 이해할 필요가 있다. 소매업태의 유형은 크게 1)전통적인 분류방법 2)신업태별 분류방법 3)소매집적시설별 분류방법 등이 있다.

1. 전통적인 소매업태의 분류와 의미

(1) 잡화점

잡화점은 식료품 및 각종 생필품인 일용잡화를 제한된 지역 내에서 독점적으로 운영하던 가장 오래된 소매상으로서 이는 교통이 발달하지 못하고 경쟁이 제한된 상태에서 그 지역고객이 반 강제적으로 유인될 수도 있다(그림 4-3). 점포주인의 배타적이고 비효율적인 점포운영과 상품지식의 부족, 교통의 발달로 서서히 사양길을 걷게 되었다.

그림 4-3 잡화점(1920년대 모습)

(2) 파파 마마 스토어

이는 근린 생계형 점포로써 미국, 일본, 한국 등과 유통후진국 등에서도 전통적으로 자생하는 구멍가게형 영세 소매업태를 의미한다. 주택인근지역에 생활잡화 등 생활용품을 중심으로 취급하고, 영업시간이 길고 비교적 판매가격이 고가이다. 점포의 매장면적은 5,6평 정도에서 30평 이내가 일반적이다.

(3) 버라이어티 스토어

버라이어티 스토어(variety store)란, 미국에서 발상되었으며 할인점과 같이 소비빈도가 높은 일용잡화에 대해 폭넓은 상품구색을 갖추되 주력상품은 대부분 유통업자상표(PB)로서 비교적 상품회전율이 높다는 특색을 가지고 있으며, 비식품계의 종합 상품점으로서 셀프서비스와 저가의 판매전략으로 고객을 응대한다. 생식품과 유행상품은 취급하지 않은 것이 일반적이다.

(4) 백화점

백화점은 통합적인 대규모 소매상으로서 전통적 소매기관을 대표할 수 있는 업태이다. 백화점이란 선매품을 중심으로 생활필수품, 전문품에 이르기까지 다양한 상품 계열을 취급하며, 대면판매, 현금정찰판매, 풍부한 자금, 인적인 서비스로 판매활동을 하는 대규모 소매기관이다(그림 4-4).

그림 4-4 백화점

근대적인 백화점의 탄생은 1852년 프랑스의 파리에서 의류제품 상인이었던 부시꼬(Aristide Boucicaut)가 창업한 봉마르세(Au Bon Marche)백화점이다. 한편, 미국에서는 1858년에 뉴욕에 세워진 메이시(Macy)백화점이며, 일본의 경우 1904년에 오복점(吳 服店)이 백화점으로 효시를 이루었고, 우리나라는 1930년 일본의 미쓰코시 백화점 경성지점이나, 한국인의 직영점으로는 1932년 화신백화점이 근대적인 백화점의 시초이다.

백화점의 발전적인 유형으로는 다음과 같이 분류할 수 있다.

① 종합백화점: 도심부나 부도심, 터미널 등에 위치하며, 잡화에서 전문품, 레저스포츠 등 다양한 상품구색, 화려한 점포분위기, 매장의 대규모화 등 풍부한 인적/물적인 서비스를 제공하는 백화점이다.

② 전문백화점: 이는 입지가 도심 또는 부도심에 위치하며, 깊이 있는 상품구색을 갖추고, 호화롭고 화려한 분위기를 연출하며, 패션과 선매품 등 유행성이 창조되는 전문성을 추구하는 백화점이다.

③ 양판백화점: 이는 입지가 교외에 위치하며, 일용품을 중심으로 대량판매/저가격으로 판매하면서 양판점이나 할인점보다는 가격과 서비스의 질적 수준이 높은 백화점이다.

④ 월부백화점: 이는 특수 백화점의 하나로서 소비자 신용을 담보로 대금의 분할지급을 수용함으로 판매고를 제고하고자 하는 백화점이다. 소비의 욕이 강한 청장년층을 대상으로 하는 것이 특색이다.

(5) 우편판매점

이는 1872년 미국의 Montgomery Ward사에서 도입한 이래 1920년대에 전성기를 맞이한 업태로서, 우리나라는 1960~1970년대에 교통기관이 닿지 않는 곳에 우편에 의한 통신판매가 이루어지던 것이다. 이제는 교통의 발달로 사양화 되었으며, TV홈쇼핑, 인터넷쇼핑몰 등으로 대체되었다. 무점포 판매의 효시이다.

(6) 연쇄점

연쇄점(chain store)이란 동일한 유형의 상품을 판매하는 다수의 점포가 중앙본부로부터의 통제 및 관리를 통해서 고도의 획일화, 표준화를 전제로 판매력과 시장점유율을 확보하는 소매기관이다.

연쇄점은 크게 회사형 연쇄점과 가맹점형 연쇄점으로 대별할 수 있다.

① 회사형 연쇄점(Corporate Chain Store)란, 연쇄화 사업자(체인본부)가 규모의 이익을 실현하기 위해서 여러 곳에 분산하여 점포를 운영하되, 중앙집중적인 대량구매의 이점을 살리고, 상품 및 판매의 규격화와 표준화, 지역특성에 맞는 점포의 개설과 주민봉사 등 풍부한 자금력을 배경으로 소비자들의 요구를 만족시키는 법인형 회사연쇄점을 의미한다.

② 가맹점형 연쇄점에는 임의형, 협동형, 프랜차이즈형 등이 있다.

가. 임의형 연쇄점(Voluntary Chain Store)

제조업자나 도매업자가 주체가 되어 소매상을 가맹점으로 모집하여 그룹화하는 형태이다. 이는 다수의 소매점이 기업으로서 독립성을 유지하면서 공동의 이익을 달성하기 위해 체인 본부를 중심으로 분업과 협업의 원리 따라서 구성하는 것이 일반적이다. 즉, 경영과 자본의 독립성을 유지하면서 체인점의 장점을 살려 경영효율성을 높이고자 구성한다.

나. 협동형 연쇄점(Cooperative Chain Store)

소매점 자체가 주체가 되어 체인점을 구성하는 형태로써, 규모가 비슷한 소매점의 동업자끼리 공동으로 체인 본부를 설치하는 경우가 있고, 대규모 소매점이 체인 본부를 설치하고 비교적 소규모의 소매점이 이에 참여하는 경우가 있다.

다. 프랜차이즈 연쇄점(Franchise Chain Store)

프랜차이즈 시스템에 의해 가맹한 점포를 말한다. 이는 프랜차이저(franchiser)와 프랜차이지(franchisee)가 상호간에 계약에 따라서 가맹점에게 자기의 상호와 상표를 사용하도록 하고 동일한 성격의 사업을 실행하는 권리를 부여하는 동시에, 경영에 관한 지도를 하고 상품(서비스, 원자재 등)과 노하우를 제공해서 그 대가로 가맹점으로부터 가입금, 보증금, 정기적인 수수료를 징수하는 체인의 형태이다(그림 4-5).

그림 4-5 프랜차이즈 체인점

(7) 슈퍼마켓

슈퍼마켓이란 식품, 세제, 가정의 일용품 등 소비자의 전체적인 요구를 충족시킬 목적으로 대규모 매장, 저 가격, 저마진, 대량판매, 셀프서비스에 의해 운영되는 점포를 의미한다(그림 4-6).이는 식료품과 일용잡화를 위주로 소비자의 자기 서비스방식에 의해 판매하는 영업장으로서 연쇄사업자와 가맹사업 계약의 형태로도 운영될 수 있다.

슈퍼마켓의 특징으로는 셀프서비스와 자기 선택식 진열, 저가격 소구, 대규모시설, 넓은 상품구색, 체크아웃형 카운터의 운영 등이다.

그림 4-6 슈퍼마켓

(8) 전문점

전문점(Specialty store)이란, 특정 범위 내의 상품군을 전문으로 취급하는 점포로서 상품구색의 폭이 좁고 깊이가 있는 소매점을 의미한다. 이는 주로 도심을 중심으로 입지하며, 비교적 고급상품을 취급하며 전문적인 서비스를 제공한다. 예를 들면, 고급 귀 금속 및 시계점, 부티크, 광학기기, 악기, 가전 및 오디오점, 안경점, 혼수점, 장난감, 스포츠, 양주전문점 등이다(그림 4-7).

전문점의 특징은 제한된 상품과 업종, 고도의 머천다이징 능력의 요구, 고객에 대한 고도의 상담과 전문서비스의 제공이다.

그림 4-7 전문점

2. 신 소매업태의 분류와 의미

(1) 할인점

할인점(discount store)은 양판점보다 대중적이고 실용적인 상품을 구성하며, 상품가격의 상한과 하한 가격을 양판점보다 더 좁혀 체인형태로 경영을 하는 박리다매형, 셀프서비스형, 가격파괴형 신업태이다(그림4-8). 즉, 특정의 상품을 일시적으로 저 가격으로 판매하는 것이 아니라, 모든 상품과 제품에 대해서 상시 값싼 가격(Every Day Low Price)으로 판매하는 소매점이다.

식품과 일용잡화 등 소비재를 중심으로 한 중저가 브랜드 중 유통회전이

그림 4-8 할인점 이미지

빠른 상품을 취급하며, 묶음이나 박스단위로 판매하는 것이 특징이며, 철저한 셀프서비스 하에 저가격으로 대량 판매하는 업태이다.

(2) 편의점

편의점이란, 소비자에게 가장 편리한 곳에 입지하여 영업시간을 24시간 체제로 운영되는 것이 일반적이다(그림 4-9).

한정된 상품구색 하에서 다양한 아이템을 취급하는 식품과 잡화 등 편의품을 중심으로 판매한다. 체인사업의 형태로 운영되기도 하며, 식품위주의 대면판매, 자기 서비스방식을 채택하고 있다. 따라서 편의점의 특징은 입지의 편리성, 영업시간의 편의성, 각종 소비자를 위한 금융, 세금과 공과, 택배, 문화상품권 판매 등의 서비스로 확대되고 있다.

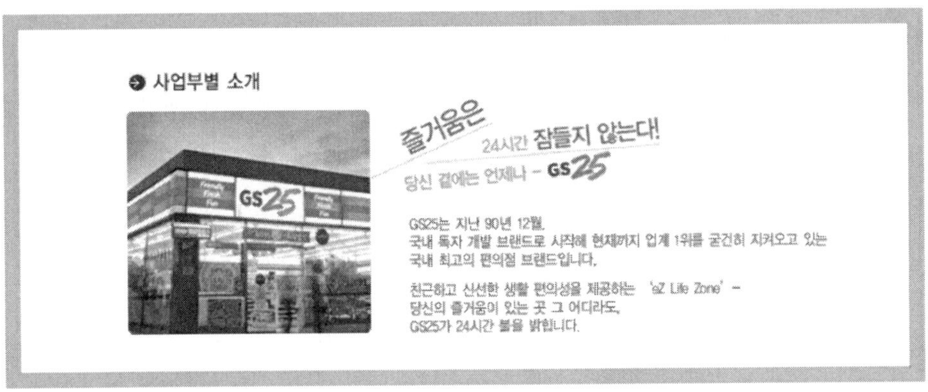

그림 4-9 편의점

(3) 아웃렛

아웃렛(out-let)점은 국내에서 다소 생소한 업태로서 자사제품 또는 재고품을 초염가로 판매하는 소매형태로 직영점 형식으로 운영된다. 따라서 그 특징은 메이커와 백화점의 비인기 상품, 재고품, 하자상품 및 이월상품 등을 자사명의로 대폭적인 할인가격인(30～70% 할인)으로 판매하며, 수십 개 또는 수백 개의 동종점포가 출점하여 하나의 할인점 쇼핑센터를 이루기도 한다(그림 4-10).

이들은 대부분 공장, 물류창고 및 관광단지 등에 입지하여 직영으로 대형 할인매장을 설치하면서 일명 '팩터리 아웃렛'으로 일컬어지기도 하였다. 최근에는 백화점의 일정한 장소 또는 상점가에 위치하는 경우도 있으며, 화장품, 건강식품, 의약품 등으로까지 확산되고 있다.

그림 4-10 아웃렛

(4) 양판점

양판점(General Merchandising Store)은 의류 및 생활용품을 중심으로 다품종 대량 판매하는 대형 소매점으로서 점포 형태 및 상품구성을 백화점과 거의 유사하지만 대량매입과 다점포화, 유통업자 자체브랜드의 개발 등으로 가격면에서 백화점보다 저렴하다는 차이점이 있다. 따라서 GMS는 백화점과 할인점의 중간 형태로서 규모는 백화점, 운영은 할인점의 형태를 유지하는 소매기관이다(그림 4-11).

그림 4-11 양판점

(5) 오프 프라이스 스토어

미국의 오프 프라이스 스토어(off-price store)는 1980년대에 본격적으로 등장하였다. 오프 프라이스 스토어의 등장 배경에는 소비세대의 교대라고 하는 시대적 변화가 있다. 즉, 1970년대까지 소비의 중심을 이루고 있던 세대는 소위 전쟁체험 세대였으나, 1980년대가 되면 전쟁 후 베이비 붐(baby boom)을 타고 태어난 세대들이 소비의 주역이 되었는데 이들은 체험은 적지만 고학력과 풍부한 지식이나 정보를 소유하고 있는 세대이다. 생활 면에 있어서도 싫어하는 것과 좋아 하는 것이 분명하여 쇼핑을 함에 있어서도 이미 알고 있는 브랜드나 디자인, 소재 등에 관한 정보를 기초로 하여 자기의 느낌에 적합한 상품을 선택하려는 경향을 강하게 지니고 있다. 그러므로 이들은 패션상품뿐만 아니라 식품, 가전제품, 스포츠 용품 등 다양한 분야의 상품을 대상으로 하여 유명 브랜드나 전국적 상표를 선호하는 경향이 있으며, 특히 이러한 상품을 값싸게 구매하려고 하는 욕구를 강하게 가지고 있다. 이러한 경향이 결국 상품 선택을 하는데 반영되어 좋은 품질의 상품을 저렴하게 사려는 구매행동으로 나타나게 된 것이다.

미국에서는 반품제도가 원칙적으로 통용되지 않고 있기 때문에 소매기업은 어떤 수단을 동원해서라도 재고를 처분하지 않을 수 없으며, 제조기업도 생산과정에서 생긴 여러 가지 위험을 어떤 방법을 통해서든지 전가하지 않으면 안되기 때문에 오프 프라이스 스토어와 공생하는 시스템을 만들어 온 것이다.

오프 프라이스 스토어는 백화점이나 의류전문점이 취급하는 내셔널 브랜드(national brand)나 디자이너 브랜드(designer brand) 상품을 백화점이나 전문점에 비하여 30~70% 정도 값싼 가격으로 판매하는 상설 할인 소매 업태이다.

(6) 홈 센터

1979년 창고형 홈 센터(home center)인 홈 데포(HOME DEPOT)가 미국의 애틀랜타에서 탄생하였다. 당시 캘리포니아에 있는 홈 센터 엔젤스의 부사장인 버나드 매커스는 샌디에이고에 출점한 프라이스 클럽을 보고 회원제 창고점의 수법이 홈 센터에도 적용될 수 있을 것으로 생각하여 회사에 제안하였지만, 그것이 받아들여지지 않았다. 그는 회사를 그만 두고 판매, 재무, 시스템, 매니지먼트에 각각 일가견을 가지고 있는 네 명을 규합하여 자본금 200만 달러를 차입하여 1979년 미국 조지아 주 애틀랜타에서 「창고형 홈 센터」업태 개념으로 개점한 것이 오늘날 홈 센터 1호점이다(그림 4-12).

일반적인 할인점이나 양판점에 비해 2배 이상의 매장 면적에 개방형 재고방식을 채용하고, 재고 면에서 4배, 매출액 면에서 5배 이상의 실적을 올림으로써 기존의 할인점들이 도저히 따라올 수 없도록 하였다. 그리하여 1980년대 미국의 유통업계에 가격파괴의 새로운 파도를 일으키게 되었다.

홈 센터는 2,300평 내지 2,800평의 매장 면적 위에 주택 개축·보수 관련

그림 4-12 홈 센터(조이풀혼다 전경)

내구소비재, 철물, 인테리어 관련 제품, 전기 재료 등을 대량으로 진열하고 셀프 서비스에 의한 판매방식을 채용하여 염가로 판매하는 매장·창고 겸용 소매 업태이다.

(7) 카테고리킬러

미국에서는 1980년대 중반부터 회원제 창고점(membership wholesale club : MWC)을 시발점으로 한 새로운 디스카운트형 소매업태가 기존의 상품 가격 체계를 파괴하면서 세력을 확장하여 갔는데, 그 중에서도 급속히 확장되어 간 존재가 카테고리 킬러이다(그림 4-13).

카테고리 킬러(category killer)란 1개 카테고리(계열상품)에 대해 모든 경영력을 집중하여 풍부한 상품구색과 재고를 갖추고 파격적으로 낮은 가격으로 상품을 판매함으로써 종합적인 상품부문을 취급하고 있는 업태를 저격하여 무력화 시키는 소매업태를 의미한다. 예를 들면 종전에 가전제품만을 취급하던 점포가 가전제품 이외에도 컴퓨터 전문점이 취급하던 컴퓨터 소프트웨어나 CD, PC 등을 동시에 취급한다. 즉, 가전제품과 미디어 기기, 그리고 가정에 급속히 보급되던 개인용 컴퓨터를 묶어서 판매하기 시작하였으며, 매장면적도 전문품 할인점에 비해 2배 이상 확대하였다. 뿐만 아니라, 전문품 할인점의 경우 대면판매 비중이 컸음에 비해 완전 셀프서비스에 의한 판매를 실시함으로써 인건비를 대폭 절감하였으며, 그 대신 응답 센터(answer center)를 운용한다. 대표적인 회사는 미국의 Toy's "R"Us(완구), Circuit City(가전), Home Depot(건자재) 등이다.

그림 4-13 카테고리 킬러

(8) 슈퍼스토어(슈퍼센터)

일반적으로 슈퍼마켓의 두 배의 크기로 식료품과 비식료품 등 생활필수품에서 광범위한 제품구색을 보유하고 있으며, 이외에도 세탁, 구두수선, 수표교환, 간단한 식사장소의 제공 등의 부수적인 서비스도 함께 제공하고 있다.

(9) 하이퍼마켓

하이퍼마켓(hyper-market)은 슈퍼마켓, 할인판매점, 창고형 소매점의 원리를 결합한 유형의 소매점으로 대규모의 매장(구덕야구장의 6배 정도)에 일상용품뿐만 아니라, 의류, 가구, 기계류 등도 취급한다.

(10) 슈퍼&드러그 스토어

슈퍼&드러그 스토어(Super&Drug Store)는 일반적인 식품계 대형 종합슈퍼마켓과 의약품 중심의 잡화점이 결합된 신업태이다. 일명 콤비네이션 스토어와 유사한 대형 종합할인점이다(그림 4-14).

그림 4-14 슈퍼&드러그 스토어

(11) 콘셉트 · 숍(Concept Shop)

일정한 캐릭터나, 꽃, 동물, 크리스마스 등 특정의 주제와 이미지, 디자인, 소재 등의 관련된 다양한 제품을 상품구색으로 갖추어 놓고 판매하는 소매기관이다(그림 4-15).

그림 4-15 콘셉트 · 숍(Concept Shop)

3. 소매집적시설에 의한 분류와 의미

(1) 쇼핑센터

그림 4-16 쇼핑센터

쇼핑센터란 전문적인 개발자에 의해서 계획적으로 개발, 소유, 관리, 운영되고 있는 소매업의 집단화 형태로 구성되며, 쇼핑센터 내에는 백화점이나, 슈퍼마켓 등이 핵심점포로 포함된다. 더 나아가 각종 전문점을 위시해서 레저시설, 공공시설 등이 임대점포로 입주하기도 하고, 대규모 주차장을 갖추고 있으며, 원칙적으로 교외지역에 위치하는 것이 일반적이다.

쇼핑센터의 특징은 원 스톱 쇼핑(One Stop Shopping)의 편의를 제공해 주고, 자동차문화에 적합하도록 계획적으로 입지하는 것이 특징이다. 쇼핑센터의 유형으로는 인근소비자 중심의 근린형, 근린형보다 대규모로써 폭 넓은 상권을 유지하는 지역형, 강력한 고객흡입력을 갖는 대형백화점을 중심으로 150여개 이상의 전문점 등이 밀집하는 광역형 등이 있다(그림 4-16).

(2) 쇼핑 몰

쇼핑몰은 넓은 의미로 쇼핑센터의 한 유형이며, 쇼핑센터에 포함되는 것이라 볼 수 있다. 도심 지역의 재활성화를 위하여 도시 재개발의 일환으로 형성된 새로운 쇼핑센터의 유형으로서 폐쇄형 몰(enclosed mall)의 형식을 취한다. 이 도심 몰 형태의 쇼핑센터는 황폐화되어 가는 도심으로의 고객흡인을 가능하게하고, 유류 부족 시에는 도심에 올 때 대중교통 수단을 이용하는 것이 효율적이며, 직장, 오락 및 구매 등의 기능을 모두 제공하는 도시 생활에 매력을 느끼는 맞벌이 부부 가족에 만족을 주고 있다.

쇼핑 몰의 종류는 폐쇄형 몰(enclosed mall)과 개방형 몰(opened mall)로 대별할 수 있다. 전자는 쇼핑센터의 모든 점포를 하나의 지붕과 건물 안에 수용하고 중앙부에서 공기 조절을 함으로써 전천후 구매 환경을 제공할 수 있도록 한 형태로써, 이 안에서는 주 통로가 각 점포를 이어주고, 광장이나 분수 및 나무가 있으며, 의자도 놓여 있다. 후자는 각 입주점이 연동식으로 된 독립점포를 가지며, 소규모의 전문점만이 공통의 건물 안에 수용되는 형태로써, 옥외의 통로에 대해 개방적인 유형이다.

토의 및 연습문제

1. 소비자의 가치관과 Life Style파악이 중요하다. 소비자 의식과 생활변화가 소비구조변화에 어떻게 영향을 미치고 있는지 토의해 보자.
2. 소비자들은 유통기업들에게 어떻게 사회적 책임을 요구하고 있는지 조사해 보자.
3. 최근 여성과 고령층의 사회진출이 증가하고 있는데, 그 배경이 무엇이며, 각각의 생활패턴과 소비성향에 관해서 설명하시오.
4. 소비자의 매장선택과 매장 내에서의 구매의사결정과정이 어떻게 이루어지는지 이해고, 그 사례를 들어 토의해 보자.
5. Ego involvement가 소비자의 매장 내 정보처리 행에 어떻게 영향을 미치는지 설명하시오.
6. 소매상의 변천이론을 설명하시오.
7. 우리나라의 소매업태 변화를 미국, 일본과 비교 설명하시오.
8. 신 소매업태 중 할인점과 양판점을 비교 설명하시오.

제 5 장

도매업의 기능과 구조변화

학습목표 최근 우리나라의 유통시장 개방은 국내적인 조달과 분배의 문제범위에서 국제적인 조달과 분배를 요구하는 국제적인 도매기능의 중요성이 더욱 증가하고 있다. 따라서, 도매업의 본질과 기능, 도매업의 의의, 도매업의 구조와 유형, 도매업의 전략 등을 이해

제 1 절 | 도매업의 의의와 기능

우리나라의 도매업은 유통분야 중에서 가장 낙후된 분야 중의 하나이다. 일본이나 미국의 경우에는 우리나라보다 넓은 국토를 보유하고 있어, 생산자가 전국의 소매상과 접촉할 수 없기 때문에 일찍부터 도매업이 크게 발달할 수 있었다. 유럽의 경우에도 중세의 봉건영주제도의 영향으로 도매업 발전의 기반이 마련되었다. 하지만, 우리나라는 도매상이 낙후된 근본적인 이유는 국토가 협소하다는 이유에서 도매상을 거치지 않고도 직접 최종고객과 접촉하기 용이하기 때문이다. 또한 제조업자의 수직계열화가 욕구가 강력하여 도매상이 자체적으로 발전할 수 있는 기반을 상실한 때문이기도 하다. 요즈음에는 소매상들이 대형으로 체인화되어 감으로써 소매상의 체인본부가 도매상의 기능인 조달과 분배의 기능을 자체적으로 수행하여 가고 있는 점도 도매상의 발전을 방해하는 요인이다.

일반적으로 도매상의 기능은 매우 다양하진만 가장 중요한 기능은 조달과 분배라고 볼 수 있다. 다수의 제조업자들로부터 제품을 구매하여 이를 소매업자에게 분배하는 기능을 효율적으로 수행함으로써 유통경로에서 도매상이 존재하는 기반이 생성되는 것이다. 그러나 근본적으로 이러한 기능이 제조업자나 소매상에 의해서도 대행될 수 있다는 점이다. 특히, 최근에는 물류서비스업자들이 제조업과 소매상 사이에서 조달과 분배의 도매업기능을 수행하기에 유리한 위치를 차지함으로 도매업자의 입지가 날로 약해지고 있다. 그렇다면 궁극적으로 도매업이 '필요 없게 되지 않겠는가?'라는 의문이 생기게 된다.

본 장에서는 이러한 도매업의 본질과 기능, 도매업의 의의, 도매업의 구조와 유형, 도매업의 전략 등을 살펴보고자 한다. 최근 우리나라의 유통시장 개방은 국내적인 조달과 분배의 문제범위에서 국제적인 조달과 분배를 요구하는 국제적인 도매기능의 중요성이 더욱 증가하고 있다.

1. 도매업의 의의

도매인 또는 도매상이란 유통경로에서 구조적으로 가장 복잡한 단계의 중간상으로서 용어를 정확하게 규정하기 어려울 정도로 다양한 형태로 존재하고 있다. 예를 들어 명칭도 중개상, 중매인 중계인, 상인, 배급업자, 중간상, 제조업자 대리점, 판매 대리점 및 브로커 등으로 불리고 있다.

도매상이란 도소매업진흥법에서 '재판매 또는 사업을 목적으로 구입하는 자에게 상품이나 서비스를 판매하는 데 관련된 모든 활동을 수행하는 상인이다.'라고 정의하고 있다. 따라서 도매상은 최종 판매상이 아니기 때문에 입지, 판촉, 점포 분위기 등에 상대적으로 주의를 기울이지 않으며, 일반적으로 넓은 상권을 대상으로 하며, 소매상과는 상이한 법적인 규제와 세제상의 적용을 받는다는 점이다.

상기의 의미를 상기하며 도매업의 정의를 정리해 보면 다음과 같다.

첫째, 가장 넓은 의미로는 소매업을 제외한 모든 매매업을 총칭한다. 즉, 수집업, 중계업, 분산업, 무역업 등을 포함하게 된다.

둘째, 광의로는 상기의 도매업 가운데 무역업을 제외한 모든 종류의 매매업을 총칭한다고 할 수 있다.

셋째, 협의로는 상품 유통상 분배업에 속하며, 소매업에 대해 최종적으로 상품을 공급하는 단계의 도매업을 지칭한다.

2. 도매업의 기능

도매업은 상품을 대량으로 매입하거나 수집하여 다수의 소매상에 소량으로 분산하거나 판매하는 업종으로서 거래수량과 매매단위의 원칙에서 비교적 규모가 큰 유통 업태를 말한다. 이러한 도매업의 기능은 일반적인 기능과 제조업자를 위한 기능, 소매업자를 위한 기능으로 대별해 볼 수 있다.

(1) 일반적인 도매업의 기능

도매업은 대규모 소매업에 대해서는 대량매매가 이루어지는 경우도 있지만 특수한 상품인 약품, 부품, 서적 등과 산업용 및 업무용 사용자에 대해서는 소량 거래하는 경우도 있다. 도매업의 경영은 일반적으로 대규모이며, 거래범위도 넓어 특히 무역상사나 종합무역상사의 경우에는 해외거래까지 수행하게 된다. 즉, 도매상은 유통경로에 참여한 모든 유통기구와 마찬가지로 생과 소비를 조절하는 기능을 수행한다. 도매업은 제품의 생산과 소비사이에서 장소와 시간의 불일치를 해소시켜 주는 역할을 수행함으로써 부가가치를 창출하게 된다. 도매업은 마케팅경로 상에서 발생하는 소유권이전, 물적소유, 촉진, 금융, 위험부담, 협상, 주문, 지불활동 등의 기능을 수행함으로써 유통 생산성 향상에 기여하고 있다.

소매업을 대신해서 상품의 보관기능, 금융기능 및 위험부담기능을 수행하거나, 도매업자는 소매업자에게 할인판매나 경영원조, 조업, 지도를 실시하며, 상품유통을 원활하게 함으로써 경기변동에서 조정역할을 수행한다. 도매업이 기여하는 경제적인 효과는 장소적인 효용과 시간적인 효용, 소유적인 효용기능을 창출한다.

(2) 제조업자의 생산과 판매활동을 지원하기 위한 도매업의 기능

1) 시장 확대 및 원활한 원료공급

고객이 제조업자의 제품을 필요로 할 때 쉽게 구매할 수 있도록 제조업자는 합리적인 비용으로 필요한 시장균형을 유지하도록 도매상에게 의뢰할 수 있다. 또한 도매상을 사용하여 많은 수의 소매상 고객을 접촉한다면 제조업자의 비용은 상당히 절약할 수 있게 된다. 이는 제조업자의 판매원이 적은 수의 도매상만을 접촉하면 되기 때문이다. 따라서 도매상이 있음으로써 제조업자는 적은 비용으로 시장을 확대할 수 있다. 반면, 제조업자가 제품생산을 위한 다양한 원자재 및 원재료를 적은 비용으로 구매할 수 있는 기능을 수행한다.

2) 재고유지 및 생산계획 지원

일반적으로 도매상들은 그들에게 제공되는 제조업자 제품의 일정부분을 재고로써 보유하게 된다. 그렇게 함으로써 도매상들은 제조업자의 재무부담과 막대한 재고보유에 따른 제조업자의 위험을 감소시켜 주게 된다. 또한 제조업자의 예상된 판로로서의 역할을 하기 때문에 제조업자는 보다 확실한 생산계획을 세울 수 있게 된다.

3) 주문처리 및 시장정보제공

대부분의 소매상들은 제품을 대량으로 구매하기 어렵다. 따라서 제조업자는 자신의 생산규모에 관계없이 수많은 소매상들로부터 소량주문을 받게 된다. 그러나 다수의 제조업자들의 제품을 구비한 도매상들은 이러한 고객들의 소량주문을 보다 효율적으로 처리할 수 있다. 한편, 도매상들은 지리적으로 고객들에게 밀착되어 있어서 지속되는 거래를 통해 그들의 고객과 연결이 되어 제조업자들보다 고객들로부터 제품이나 서비스에 대한 다양한 정보를 파악할 수 있다. 이러한 정보를 제조업자에게 전달하여 제조업자의 제품계획, 가격결정, 경쟁적 마케팅전략 수립에 유용한 정보가 된다.

4) 제조업자의 고객서비스 대행

소매상들은 제품의 교환, 반환, 설치, 보주, 기술적 조언 등을 필요로 한다. 이에 대해서 도매상들은 일차적으로 제조업자를 대신해서 소매상들이 요구하는 서비스에 응대하며 고객서비스를 제공한다. 따라서 도매업자가 제조업자의 고객서비스 업무를 대행 또는 보조함으로써 제조업자는 다수의 소매상에게 제공해야 하는 막대한 서비스비용을 절약할 수 있게 된다.

(3) 소매업자를 위한 도매업자의 기능

1) 상품구색 지원

도매상은 소매상에게 다수의 제조업자로부터 제품을 제공받아 다양한 상품을 제공할 수 있게 함으로써 소비자들이 요구하는 다종다양한 상품구색요구에 응할 수 있게 한다. 반면, 소매상들은 다수의 제조업자들로부터 상품구색을 갖추기 위해 필요한 막대한 구매비용을 소수의 전문 도매상들에게 주문하여 쉽게 상품구색을 갖출 수 있게 됨에 따라서 구매비용을 절약할 수 있다.

2) 소단위 판매 지원

일반적으로 대규모 소매상을 제외한 중소규모의 소매상들은 소량의 제품만을 주문한다. 그러나 제조업자의 입장에서는 많은 수의 소매상으로부터 소량씩의 주문을 직접 받는 것이 비경제적이기 때문에 대부분 일회 주문량의 최소단위를 제한하게 된다. 하지만 도매상은 제조업자로부터 대량주문을 한 후에 제품을 소량으로 분할하여 소매상들의 주문에 응할 수 있기 때문에 제조업자와 소매업자의 양자 간의 욕구를 충족시킬 수 있다.

3) 신용 및 금융 지원

도매업자는 소매상들에게 신용에 의한 금융지원을 할 수 있다. 그 방법은 첫째, 외상판매를 확대함으로써 소매상들의 자금 부담을 감소시켜 줄 수 있다. 따라서 소매상은 제품을 수주한 후 이 상품을 판매한 후 구매대금을 지불할 수 있는 기회가 확대된다. 또한 소매상들이 꼭 필요한 제품만을 납입하여 판매함으로써 재고부담을 줄일 수 있어 자금 부담이 감소될 수 있다.

4) 소매상의 고객서비스 대행 및 기술지원

소매상들은 제품의 소비자들로부터 배달, 수리, 보증 등 다양한 유형의 서비스를 요구받게 된다. 도매상은 이와 같은 서비스를 대행해 줌으로써 소매상의 대 고객서비스노력과 비용을 경감시킬 수 있다. 한편, 제품의 설치 및 사용상의 전문적인 조언이 필요할 경우 도매상의 숙련된 판매원을 통해서 소매상에게 기술적, 사업적인 조언과 서비스를 제공할 수 있다.

제 2 절 | 도매업의 구조와 유형

도매업의 구조적으로 그 유형을 크게 나누면 제조업자 도매상, 상인 도매상, 대리인, 브로커로 대별할 수 있다(그림 5-1).

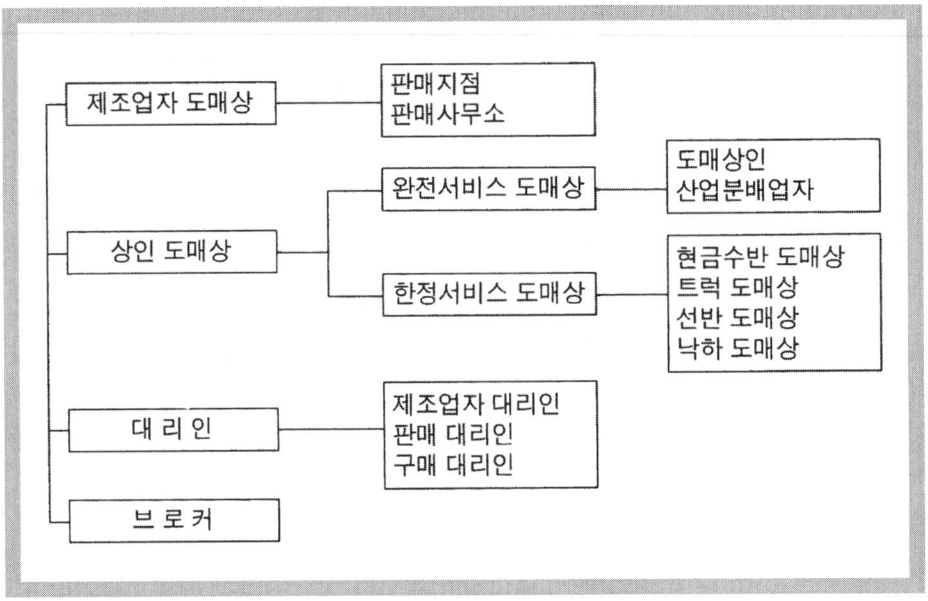

그림 5-1 도매상의 구조와 유형

1. 제조업자 도매상

제조업자 도매상은 독립적인 도매상이 아니라 제조업자에 의해 운영되는 유형의 도매상을 의미한다. 이와 같은 유형의 도매상으로는 판매회사, 판매지점이나 판매사무실 등으로 운영된다.

제조업자는 재고통제와 판매 및 촉진관리를 향상시킬 목적으로 자산 소유의 판매지점이나 사무소를 설치하게 된다. 판매지점은 재고를 보유하고 있으며 목재업과 자동차부품, 부품산업 등에서 주로 이용된다. 판매사무소는 재고를 보유하지 않으며 가공품이나 실용 잡화류에서 찾아 볼 수 있다.

2. 상인 도매상

상인도매상(merchant wholesaler)은 자신들이 취급하는 상품의 소유권을 보유하고 제조업체 또는 소매상과는 관련 없는 독립된 사업체로서 가장 전형적인 형태의 도매상이다. 상인 도매상은 중개상, 분배업자 등의 다양한 유형으로 구성되어 있으며 완전서비스 도매상과 한정서비스 도매상으로 대별된다.

(1) 풀 · 서비스도매상

풀 · 서비스(full-service) 도매상은 유통경로 상에서 소유권, 물적소유, 촉진, 협상, 금융, 위험부담, 주문, 지불 등 거의 모든 활동을 수행하고 있다. 또한 재고유지, 판매원의 이용, 신용제공, 배달, 경영지도와 같은 종합적인 서비스를 소매상에게 제공하기도 한다. 일반적으로 완전서비스 도매상은 광범위한 소매상들로 구성된 식료품이나 약품산업에서 유용한 형태이다. 이 유형의 도매상은 다시 일반적인 도매상인과 산업분배 도매상인으로 구분된다.

첫째, 일반적인 도매상인이란 가장 전형적인 의미에서의 도매상을 일컬으며, 가장 일반적인 소매상을 대상으로 최대한의 종합적인 서비스를 제공한다. 일반적으로 이들이 취급하는 제품계열의 폭은 매우 넓다. 취급하는 제품계열에 따라서 의약품, 의류, 철물 등의 몇 개의 상품계열을 동시에 취급하는 일반계열도매상, 여러 제품계열 중에 건강식품 또는 자동차 부품 등 한 가지만 집중적으로 취급하는 전문도매상이 있다.

둘째, 산업분배 도매상인(industrial distributor)은 소매상을 대상으로 영업활동을 하는 것이 아니라 제조업자에게 제품을 판매하는 도매상이다. 이들도 다른 유형의 도매상과 마찬가지로 재고유지, 신용판매, 배달 등의 다양한 서비스를 제공한다. 산업분배 도매상인과 일반도매상의 차이는 단지 거래 고객이 전자는 제조업자이고, 후자는 소매상이라는 점이다. 산업분배 도매상 역시 일반도매상과 동일하게 취급하는 제품계열의 수나 깊이에 의해 분류되어질 수 있다. 일반적으로 산업분배 도매업자는 주로 제조업자에게 필요한 부품이나 원재료, 장비 등의 제품계열이 주류를 이룬다.

(2) 한정서비스 도매상

고객에게 소수의 한정된 서비스만을 제공하는 유형의 도매상으로, 풀 · 서비스 도매상의 일부 기능만 수행하는 도매상인이다. 한정서비스 도매상에는 현금거래 도매상, 트럭 도매상, 낙하 선적인, 선반 중개인 등이 있다.

첫째, 현금거래 도매상은 상품회전이 빠른 한정된 계열의 제품만을 소규모의 소매상에게 현금지불을 조건으로 판매를 하며 배달은 하지 않는다. 예를 들어, 농수산물 소매업자가 도매상에 직접 가서 현금지불을 하고 소량의 농수산물을 구매하는 경우가 있는데 이러한 도매상이 현금거래 도매상이다.

둘째, 트럭 도매상은 트럭 중개상이라고도 하며, 주로 판매와 배달기능을 중심으로 영업을 한다. 이들은 식료품을 중심으로 한 부패성이 강한 한정된 제품계열을 취급하여 슈퍼마켓, 소규모채소상인, 병원, 음식점, 호텔 등을 순회하면서 현금 판매한다.

셋째, 낙하 선적인(drop shipper)은 주로 석탄, 목재, 중장비 등의 산업에서 주로 활동을 한다. 이들은 고객으로부터 주문을 접수하면 협상을 통해 합의된 조건과 배달시간에 따라 고객에게 직접 제품을 선적 운반할 제조업자를 찾는다. 이들은 재고유지를 하지 않으며 주문의 접수시간에서 제품의 배달시간까지의 위험만을 부담하게 되므로 일반적으로 저렴한 비용을 제시하게 된다.

넷째, 선반 중개인(rack jobber)은 주로 비 식료품 분야인 잡화 및 의약품 소매상을 대상으로 영업을 한다. 이들 소매상들은 많은 제품들에 대한 직접적인 진열과 독자적인 주문절차를 싫어하므로 선반 중개인은 점포까지 트럭배달을 해주고 배달원은 제품을 선반에 쌓아 놓는 역할까지 수행한다. 선반 중개인의 특징은 위탁판매를 하므로 제품의 소유권을 보유하고 최종소비자에게 판매된 제품에 한해서만 소매상에게 대금을 청구한다. 따라서 선반 중개인은 배달, 선반진열, 재고유지, 금융 등의 서비스를 소매상에게 제공하게 된다.

3. 대리인

대리인은 장기적인 기반위에서 구매자나 판매자 어느 한쪽을 대표한다. 대리인은 제조업자 대리인, 판매 대리인, 구매 대리인, 수수료 상인의 유형으로 대별할 수 있다.

첫째, 제조업자 대리인은 일반적으로 제품계열이 다른 2명 이상의 제조업자를 대표한다. 그들은 가격방침, 영업지역, 주문처리 결정, 배달서비스, 품질보증 및 수수료 등에 관해서 양쪽 거래 당사자들 간의 공식적인 합의문서 작성에 참여한다. 제조업자 대리인은 의류, 가구, 전기제품 같은 제품계열에서 자주 이용된다.

이들은 판매원을 고용할 수 없는 소규모 제조업자나 자사의 판매원이 접근하기 어려운 판매지역으로 진입하려고 하는 대규모 제조업자에 의해 고용되어진다.

둘째, 판매 대리인은 제조업자의 전 품목을 판매하기 위하여 계약상의 권한을 부여받는다. 제조업자가 판매기능에 관심이 없거나 능력이 없을 경우 주로 이 유형의 대리인이 고용된다. 판매 대리인은 실질적인 판매 부서로서의 기능을 수행하므로 가격, 품목, 판매조건에 대해 상당한 영향력을 보유한다. 판매 대리인은 직물, 산업용장비, 석탄, 화학제품 및 금속제품과 같은 분야에서 활동을 한다.

셋째, 구매 대리인은 통상적으로 구매자와 장기적인 관계를 유지하면서 구매자를 대리하여 상품을 구입, 인수, 검사하여 창고에 보관하고 구매자에게 제품을 선적해 보내는 역할을 한다. 구매 대리인은 의류산업에서 자주 이용되는데 이들은 소규모 의류 소매업자들에게 필요한 의류의 탐색과 구입을 해주는 한편 시장정보를 수집하여 소규모 의류점의 영업을 도와주는 역할도 부가적으로 수행한다.

넷째, 수수료 상인은 제조업자와 단기적인 계약을 맺어 제품소유권은 보유하지 않고 단지 제조업자의 판매협상을 대리하고 수수료와 비용을 제외한 제품 판매대금을 제조업자에게 지불한다. 수수료 상인은 농산물 산업에서 자주 발견되며 직판능력이 없거나 조합에 가입하지 않는 농산물 생산업자들이 이들 수수료상인을 주로 활용한다.

4. 브로커

브로커(broker)의 기능은 구매자와 판매자를 동일한 장소에 모이게 하여 거래협상을 도와주는데 있다. 브로커는 재고를 유지하지도 않고 금융에 관여하지도 않으며 따라서 거래에 대한 위험부담을 부담하지 않게 된다. 즉, 그들은 구매자와 판매자 사이의 거래를 촉진시키는 역할 만을 할 뿐이다. 브로커는 그들을 고용한 측으로부터 일정액의보수를 받는다. 흔히 볼 수 있는 브로커로는 부동산업자, 보험 및 증권업자 등이 있다.

제 3 절 | 도매업의 마케팅전략

최근 도매업의 생존전략은 치열하게 전개되고 있다. 대형소매점의 등장으로 도매업의 기능이 축소되면서 경쟁이 더욱 치열해지고 있다. 이러한 상황에서 도매상은 시장, 기술, 재무, 조직에서 변화의 압박을 받고 있다. 유통경로 내에서 도매상이 살아남으려면 급격하게 변화하는 환경에서 적응하여야만 한다. 도매상이 낙후된다면 제조업자는 대규모화되고 현대화된 소매업체와 직접거래를 시도하려고 할 것이기 때문이다. 특히, 지리적으로나 경제적으로 도매상의 발전이 어려운 국내 유통산업의 경우에 이는 더욱 절실한 문제가 되고 있다.

그러므로 효과적으로 도매기능을 관리하고 유통시장에서 생존하기 위해서는 도매상 역시 제조업자나 소매상과 동일하게 자신이 처한 환경을 분석한 후 표적시장을 선별하고 표적시장에 적절히 소구할 도매상의 마케팅전략을 전개해야 한다.

1. 표적시장의 선정

도매업이 생존경쟁에서 살아남기 위해서 도매상들은 전체 소매상이나 산업분배 도매상 모두를 대상으로 영업활동을 수행할 수는 없기 때문에 자신들의 표적시장을 선정해야 할 필요성이 있다. 세분화의 기준으로는 산업유형, 규모기준, 고객의 유형, 서비스에 대한 수준 등을 들 수 있다. 표적시장을 선정함으로써 도매상들은 수익성이 있는 고객을 선별할 수 있고, 이들에게 강력한 소구를 함으로써 보다 나은 수익을 기대할 수 있다.

2. 도매상의 마케팅믹스의 전개

시장을 세분화한 후 표적세분시장을 선정하면 이에 적합한 도매상 마케팅믹스인 제품(Product), 가격(Price), 촉진(Promotion), 입지(Place) 등 4P를 결정하여 복합적으로 전개해야 한다.

(1) 상품구색과 서비스결정 전략

도매상은 항시 소매상의 주문에 대응하여 상품구색과 서비스 수준을 결정하여야 한다. 재고수준에 대해서는 대개 ABC분류방법에 따라 수익성 있는 상품을 구분하여 수익성을 유지하는데 주안점을 두게 되며, 동시에 주로 소매상인 표적고객에게 최대한 서비스 수준을 유지할 수 있는 의사결정도 수행하게 된다.

도매상들이 취급하는 제품의 모든 계열들을 상품구색으로 갖추어야 하며 갑작스런 주문에 대비하야 충분한 재고물량을 유지하여야 한다면 수익성에 상당한 악영향을 미칠 수 있다. 따라서 도매상들은 얼마나 많은 제품계열을 취급해야 하는지를 재검토하여야 하며 수익성 높은 제품계열에 한정해 상품구색을 갖추어야 한다. 가장 일반적으로 도매상들은 제품을 ABC분류법에 의해서 분류해서 재고수준을 달리하며 수익성을 제고하고 있다.

도매상들은 고객과의 관계를 강화시키는 데 가장 중요한 서비스는 무엇이고, 어떤 서비스를 어떤 수준으로 제공할 것인가에 대해서 의사결정을 하여야 한다. 즉, 도매상은 표적고객들이 가장 가치 있게 여기는 서비스믹스를 찾아내어 이를 제공하는 것이 중요하다.

(2) 가격결정 전략

도매상은 제조업체와는 달리 원가산정방식에서 소요비용과 일정 마진율을 가산하여 가격을 결정하게 된다. 또한 제조업체나 소매상과 같이 거래규모나 시기에 따라 매출증대와 재고처분을 위해 가격할인이나 가격인하를 단행하는 경우도 있다.

특히, 제조업자나 소매상들의 가격결정은 매우 다양한 방법을 통해 이루어지나, 도매상들은 일반적으로 그들의 소요비용을 충당하기 위하여 일률적으로 원가에 이정비율의 마진을 가산하여 가격을 결정하는 단순한 가격결정 방법을 사용하게 되는 경우가 일반적이다. 물론, 거래규모나 시기에 따라서 가격정책을 탄력적으로 운용하는 경우도 있다.

(3) 판매촉진 전략

도매상의 판매촉진전략은 최종 소비자를 대상으로 하는 것이 아니기 때문에 제조업체나 소매상에 비해 판매를 위한 판촉활동이 뒤떨어진다. 따라서 주로 인적 판촉수단이나 소매상 판촉에 주력하게 되고 도매상가나 도매센터에서는 공동판촉이 수행되는 경우가 많다.

이상과 같이 도매상의 판매촉진은 제조업체나 소매상들의 판매촉진에 비해 상대적으로 그 중요성이 떨어지는 편이다. 이는 도매상은 최종소비자에 비해 상대적으로 소수인 소매상을 대상으로 영업을 하고 있기 때문이다. 도매상의 촉진수단은 주로 인적판매나 소매상판촉이 주로 이용되고, 상대적으로 중요성이 떨어지는 광고는 주로 전문잡지나 업계잡지에 게재된다. 그러나 시장에서의 경쟁이 치열해짐에 따라서 촉진의 중요성이 증가되고 있는 실정이다. 따라서 도매상들은 제조업자가 제공하는 촉진물고 촉진프로그램을 적극적으로 활용하여야 할 뿐 아니라 자체적인 촉진프로그램의 개발을 통해 고객인 소매상을 유인하여야 한다.

(4) 입지 및 상권결정 전략

도매상은 최종 소비자를 대상으로 하는 영업이 아니기 때문에 입지 및 상권전략은 도심이나 철도역 등의 상가 중심지역이 아니라도 무방하다. 일반적으로 임대료가 저렴한 교외단지나 도매단지가 조성된 변두리에 입지를 선정하는 경우가 많다. 또한 사무실이나 물리적인 시설에 비용투자를 거의 하지 않는 경향이 강하다. 그러나 최근에 도매상의 경쟁이 치열해지면서 소매상의 납품서비스의 시간적 · 질적인 향상을 꾀할 수밖에 없는 현상이 전개되면서 도심의 상권지역에 입지하는 경향도 배제하지 않고 있다.

토의 및 연습문제

1. 도매업(상)의 기능을 제조업자, 소매업자의 관점에서 고찰해 보고, 문제점과 개선방향에 대해서 토의해 보자.
2. 완전도매상과 한정도매상을 비교 설명하시오.
3. 대리인과 브로커를 사례를 들어 그 차이점을 설명하시오.
4. 의류도매상을 가정하여, 도매상의 마케팅 믹스(Marketing Mix)전략을 수립해 보자.
5. 도매상의 혁신전략 11가지를 설명하고, 그 사례를 조사해보자.

제 6 장

소매 마케팅전략과 머천다이징의 이해

학습목표 소매상이 취해야 할 마케팅 전략이 유통시장의 경쟁이 심화되면서 매우 중요시되고 있다. 따라서 소매마케팅계획과 전략, 마케팅믹스, 머천다이징, 소매 마케팅 정책에 관한 이해

제 1 절 | 소매 마케팅전략의 개념과 계획수립

1. 소매 마케팅전략의 개념과 요소

(1) 소매 마케팅전략의 개념

소매 마케팅의 전략은 고객이 요구하는 서비스의 정도와 소매상의 재무구조에 의해 결정된다고 할 수 있다. 여기서 재무구조는 수익률과 회전율에 의해서 결정되며, 서비스 정도는 상품구색, 입지, 서비스의 질적인 수준에 따라 결정된다.

이와 같은 것을 바탕으로 소매상이 취해야 할 마케팅 전략은 크게 고 수익률·저회전율, 다양한 서비스의 제공 및 최소한 서비스 제공전략으로 분류될 수 있다. 일반적으로 전자는 전통적인 소매 업태에서 이용하는 전략이고, 후자는 최근의 신업태에서 이용하는 소매 마케팅전략이다.

(2) 소매 마케팅 전략수립의 요소

소매 마케팅 전략수립의 요소는 크게 소비자 기대인 외부적인 요소와 소매 마케팅믹스에 필요한 내부적인 요소로 분류되는데, 이를 조화롭게 반영해서 마케팅전략이 수립되어야 할 것이다.

① 외부적인 요소

첫째, 장소와 시간적 편의성이다. 인근 또는 접근이 용이한 장소에 위치하여 편리한 시간 대에 일괄구매 할 수 있는 편의성이 요구된다.

둘째, 점포분위기와 환경이다. 점포 분위기와 고객의 라이프스타일과의 일치성이 중요하다.

셋째, 상품이다. 상품 선호도에 따른 편의품, 선매품, 전문품 또는 구매기간에 따른 정기납입품, 일배품, 전문품에 대한 구매계획정도, 브랜드 선호정도 및 쇼핑 노력 정도에 대한 적절한 대응성이다.

넷째, 가격이다. 고객의 기대가치에 따른 가격범위의 책정이 중요시 된다.

다섯째, 정보와 상호작용이다. 구매 가능한 상품정보와 판매원을 통한 상세한 정보전달이다.

여섯째, 서비스이다. 상품, 사용내역, 구매상황 등에 따른 다양한 서비스 제공요소이다.

② 내부적인 요소

첫째, 물적인 시설이다. 상권의 측정, 입지선정, 점포개발 등의 요소반영이 필요하다.

둘째, 상품계획이다. 고객의 요구에 부합하도록 상품을 개발, 확보, 관리해야 한다.

셋째, 가격촉진이다. 제품가격과 서비스의 가격을 고려해야 한다.

넷째, 판매촉진이다. 장기적인 성과개선을 위해 점포의 이미지 포지셔닝을 개선하고 공공 서비스를 확대하며 촉진방법으로서 홍보와 광고를 수행한다.

(3) 소매 마케팅의 우위성 확보

소매 마케팅 전략상 소매상이 시장에 제공하는 상품과 서비스에 부가가치를 추가할 수 있고 경쟁에 우위를 확보할 수 있는 내용을 열거하면 다음과 같다.

첫째, 고객행동과 동일한 태도와 생각을 가지고 조사·개발한 표적고객의 수준 탐사를 해야 한다.

둘째, 표적고객의 구매수준을 대상으로 조정된 상품구매와 구색 갖추기가 필요하다.

셋째, 효과적인 물류시스템의 운용과 지점, 체인점의 업무에서 효과적인 비용관리가 선결되어야 한다.

넷째, 제품의 신뢰성 향상과 능률적으로 훈련된 스태프와 판매원 관리이다.

다섯째, 공급자와의 강력한 동반관계 구축과 공급자의 생산력, 풀질, 스타일에 대한 공급자의 충분한 이해성 제고이다.

여섯째, 최적의 점포규모, 전략적 상권에의 입지선택과 효과적인 고객 커뮤니케이션 시스템의 구축이다.

(4) 소매마케팅의 기본구조 구축

소매마케팅의 기본구조를 구축하는 요소로는 소비자의 기대와 STP (Segmentation Targeting Positioning)전략, 마케팅 포지셔닝의 구축이며, 이를 토대로 소매마케팅의 공격적, 방어적 마케팅 전략을 전개하게 된다(그림 6-1).

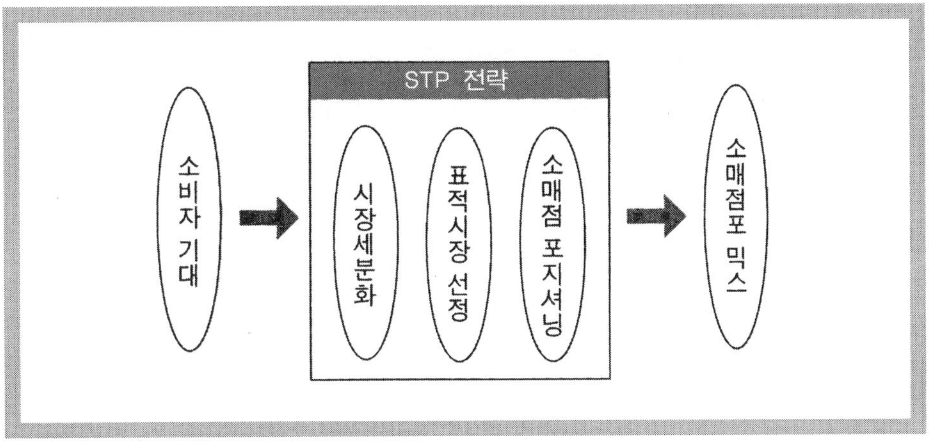

그림 6-1 소매점의 STP 전략 전개

① **소비자 기대**

- 입지와 시간의 편리성에 대한 기대: 소비자는 물리적 거리, 이용의 용이성, 여행시간, 주차 편리성 등 입지와 시간의 편리성에 대한 기대를 가지게 된다.
- 점포분위기에 대한 기대: 고객의 라이프 · 스타일에 맞는 분위기 연출, 상품 구색, 조명, 장식, 점포구조 등에 관심을 갖게 된다.
- 상품에 대한 기대: 편의품, 선매품, 전문품 등을 기준으로 하여 구매계획의 정도, 브랜드 선호도, 쇼핑노력의 정도를 비교할 수 있다.
- 가격에 대한 기대: 소매점이 제시한 가격범위에 대한 관심은 마진폭, 할인폭에 대한 상관관계를 두고 기대감을 표출한다.
- 정보에 대한 기대: 현장구매와 차후구매를 위한 정보수집의 원천이 되길 원한다.
- 서비스에 대한 기대: 신용, 배달, 로열티, 보증, 제공되는 구매시설과 휴식

시설 등 서비스의 양보다 질적인 기대가 증가하고 있다.

② **STP전략과 소매점 Positioning**

- 시장세분화(Segmentation): 소비자 만족과 비용부담, 적정선에서의 고객 만족과 비용효율의 극대화를 꾀할 수 있는 시장의 분류 및 조정이 소비자의 요구수준을 고려하여 결정하게 된다.
- 표적시장의 결정(Targeting): 표적시장의 접근전략은 비차별적, 차별적, 집중적, 주문형 접근전략을 구사하며, 특성상 차별화, 이질성과 시장규모, 자사보유정보, 경쟁상황 등의 전략적인 선택기준을 사용하여 결정한다.
- 소매점 포지셔닝(Positioning): 소비자에게 점포, 상품, 서비스의 이미지를 심어 소비행동에 영향을 주는 전략상 차별화로 경쟁적인 독점을 실현한다. 차별화의 원천은 상품구색, 서비스, 인력, 이미지 등이며, 이는 중요도, 구별성, 우월성, 전달성, 독창성, 이익성, 소비자가 느끼는 가격이나 서비스의 인지도 등이 전제되어야 한다.

2. 소매 마케팅의 계획수립과 전략보고서

(1) 소매 마케팅의 계획수립

소매기업의 경영방침과 전략 간에는 명확한 개념상의 차이가 있다. 일반적으로 경영전략이란 이익과 위험을 수용할 수 있는 수준 하에서 기업 내 자원과 외부환경을 일치시키는 경영계획의 수립을 의미하며, 경영방침이란 경영환경에 대응기업과 관련된 방향으로 경영특질을 결정하도록 계획을 수립하는 것을 말한다. 회사 전체도 이 같은 기능적 제 활동에 관하여 전사적이고 종합적인 정책방안을 수립하여야 한다.

소매상이 경영방침을 결정해야 할 마케팅 영역은 시장포지셔닝, 업무관리, 지리적 대상지역, 점포규모와 입지, 재무, 성장, 상품, 가격결정, 광고와 판촉 등이다. 특히, 기능적 경영방침에서는 제품범위의 특징, 고객 서비스의 적용범위, 가격결정, 고객과 커뮤니케이션 등이 중요한 비중을 차지한다.

여기서 소매 마케팅 정책수립을 위한 기본요건을 살펴보면 다음과 같다.

첫째, 독자적인 상품정책을 수립하는 것이다. 그 구체적인 요건은 적절한 입지, 매장면적, 상품구색을 갖추어 표적고객층을 명확히 확보할 수 있어야 한다. 또한 내점동기, 구매패턴, 구매층 별로 구매하고자 하는 욕구를 창출할 수 있도록 독자적인 상품정책이 수립되어야 하며, 가격, 품질, 디자인, 상품소재를 정기적으로 점검하여 상품의 소구력과 점포의 전체적인 통일성을 갖추어야 한다.

둘째, 독자적인 서비스정책의 수립이다. 이는 상품정책과 같이 점포운영의 성패를 좌우하는 중요한 요소가 되고 있다. 특히, 유통기업의 경쟁양상이 동종 업체와의 경쟁뿐만 아니라 성격이 서로 다른 업태와의 경쟁이 일반화 되고 있는 상황 하에서는 서비스정책은 마케팅정책의 중요한 부분을 차지한다. 그 구체적인 서비스정책의 방향은 고객이 유쾌하게 구매할 수 있는 쇼핑분위기의 제공, 지적 · 정보적 서비스의 제공, 상품대금 지불의 편의를 위한 서비스 제공, 쇼핑시간의 편의를 위한 서비스 제공, 배달서비스 확대 등이 있다.

(2) 소매 마케팅의 전략적 책정을 위한 보고서 활용

제품 및 시장전략 보고서는 기업경영 방안에 대한 보고서 작성 작업을 위해, 기업 내 전사적 수준에서 회사의 의사결정을 전달하기 위해, 기업자원에 관한 업적평가의 기초자료를 제공하기 위해 필요한 것이다. 구체적인 대체(안) 보고서 작성이 기업경영에 미치는 영향은 다음과 같다.

기존의 자원기반의 업적을 향상시켜 이익, 매출액, 수량을 개선하는 영향으로서, 구체적으로 가격조정, 제품범위 조정, 지점의 최적이익 등의 달성을 위한 점포 합리화 방안을 개선할 수 있다.

제품과 시장 포지셔닝의 조정에서는 시장에서 기업의 포지셔닝을 향상시키기 위해 제품믹스 및 시장대응을 조정하여 당해 기업이 보다 효과적으로 시장 세분화에 대한 특정요구에 대응함으로써 세분화된 내부에서 시장지위를 강화시킬 수 있다.

소매상의 생산성 향상은 제품 패키지 주도형 또는 시장 주도형 변경을 중심으로 달성하게 된다. 즉, 기존 제품구성에서 제품라인을 추가하거나 혹은 오래된 소형점을 폐쇄하고 대규모 신규점을 개점하는 방안이다. 이에 대한 대체안의 사례를 들면 지리적으로 영업지역을 확대한다든지 고령자들을 위한 캠페인을 강화하는 방안 등을 들 수 있다.

제품이나 시장개발에 관한 영역으로서는 제품확대 또는 시장확장에 따라 시장 포지셔닝에 대한 중요한 수정을 수행하는 것을 의미한다. 여기서는 제품주도형과 시장주도형이 있는데, 현재 당해 기업의 강점을 최대한 활용하여 리스크를 감소하고 전문성을 유지함으로써 제품이나 시장의 다각화를 작동시켜 성장전략을 성취시키는 방안이다. 제품, 시장개발은 계절적 거래나 시황변화에 대응하는 데 대단히 유효하다. 또한 차별적 이미지, 고객에 대한 높은 충성도, 강력한 명성, 수많은 내점 고객, 비용에 비해 효과적 운영방안 등도 성장을 위해 필요하다.

소매상품 패키지 및 고객수준이 다 같이 전체적으로 변화하는 경우 당해 기업은 다제품 패키지 소매업으로 변하는 경우가 있다. 원래 소매상의 다각화 목적은 종래의 사업과 합치는 것이 아니고 시장에 새로이 진입하는 것이다. 따라서 매출액 증대방안으로 다각화 전략을 구사하는 소매상은 신제품을 취급하면서 신 시장에 참여하여 새로운 형의 점포이미지를 통해 매출액을 증대시키게 된다. 여기서는 관련없는 관리기술의 필요성이나 전혀 다른 고객 서비스, 고정자본과 운전자본에 대한 재무관리상의 차이점을 어떻게 적절하게 해결하느냐가 성공의 관건이 된다.

제 2 절 | 소매 마케팅믹스

1. 소매 마케팅믹스 요소

소매 마케팅 믹스 개발과정은 전체 고객 가운데 표적고객 그룹을 확인하는 작업부터 시작한다. 표적고객의 특성은 고객의 구매특성, 인구 통계적 특성, 사회경제적 행태, 거부지역과 거주형태, 디자인 및 스타일에 대한 태도, 신체적 특성, 여가활동, 가치관, 경쟁업자의 점포형태에 대한 지각과 태도 등을 대상으로 한다. 이 같은 상세한 자료를 토대로 고객 수준을 확인하고 경쟁업자를 이길 수 있는 경쟁 우위성을 개발할 기회를 갖게 된다.

일반적으로 의류, 주거, 여가를 추구하는 점에서 개성적임을 바라는 식별력 있는 고객에게 어필할 수 있는 점포만이 독창성과 선택요구를 향한 고객욕망을 만족시키고 보장할 수 있다는 것을 잘 나타내고 있다. 고객만족의 요소와 소매 마케팅믹스 요소가 확인되기 위해서는 적어도 양자가 고객만족과 기대를 향해 연결되어야 하며, 특히 소매 마케팅 믹스요소가 고객만족과 기대 쪽으로 이동함으로써 고객의 기대와 지혜 속으로 융화되어야 한다.

따라서 이하에서는 주요 소매 마케팅 믹스의 요소를 예로 들어 설명하고자 한다.

(1) 제품특성과 발주

상품관리 역할은 점포가 제공하는 상품과 표적고객 그룹이 요청하는 상품을 합치시키는 일이다. 소매상은 탁월한 능력을 발휘하여 경쟁 우위성을 개발함으로써 상품의 품질, 스타일, 독특성에 따라서 고객 기대를 이해하고 고객이 요구하는 상품을 개발하는 것이 필요하다. 또한 소매상은 제품을 생산하는 것이 아니고 적정한 상품을 적정한 시기에 적정한 가격으로 자동으로 발주할 수 있는 체제를 갖추는 것이 중요하다.

(2) 가격결정요소

고객이 점포를 선택하는 데 있어서 가격의 중요성은 점차로 커지고 있으며,

소매상은 실제로 현금 구매하려는 고객의 구매력에 따라 고객을 평가하여 가격을 경정하는 경향이 있다. 하지만, 고객은 실제로 상품품질, 스타일, 디자인 그리고 독자성에 대한 요인을 더 중요시한다는 점을 명심해야 한다. 오늘날 소매상들은 상품범위를 결정하는 요인으로서 가격이 가장 명확한 시장 포지션과 평가를 나타내는 중심요인이라는 점에 동의하고 있으며, 업태와 상품범위에 따라서는 가격과 품질을 동시에 고려하는 의사결정이 꼭 필요하다는 것도 알고 있다.

(3) 고객 서비스 요소

고객 서비스의 범위는 고객의 기대에 크게 의존하고 있다. 사실 고객 서비스의 감도는 가격감도보다 고객의 구매유인에 더 많은 영향을 미친다고 본다. 하지만, 서비스란 고가격 및 고마진형 소매업의 특성으로서 서비스 비용이 상승되면 판매비용도 동시에 상승하여 고가격 판매를 지속할 수밖에 없다. 최근에 가격파괴형 업태인 할인점이나, 홈 센터에서는 DIY(do it yourself)점이 확산되면서 서비스 범위를 결정하는데 신중할 필요가 있다.

(4) 점포입지 요소

점포입지는 많은 관점에서 고객이 개대하는 편의 요소로서 상품구매상 편리한 장소인가, 그렇지 않은가, 주차장은 있는가, 점포로 진입하는 시간은 얼마나 소요되나, 신규 진입 시 교통은 혼잡하지 않은가, 야간에도 제품을 구입할 수 있는가 등을 중심으로 점포입지를 상세하게 분석, 평가하여 점포설립을 계획하는 것이 매우 중요하다.

(5) 점포설비 요소

고객에게 제공하는 점포의 외장과 내장설비는 소매 제공물의 필수 조건이며, 소매상들은 고객이 요구하는 기본적인 부대 시설물인 주차장, 휴대품보관소, 카트, 아동휴게소, 구매서비스센터 등을 최소한 갖추어야 한다. 그러나 업태의 종류와 셀프서비스 유무에 따라 인테리어의 차이는 인정한다고 하더라도 대형점의 경우 고객에게 기본 시설물과 부대적인 서비스 시설물을 제공하는 것은 단골고객에 대한 지속적인 성의를 표시하는 것으로 대단히 중요하다. 따라서 점포는 오픈시점에서의 내외장 디자인과 시설 이외에도 일정기간이 지나면 리노베이션과 리뉴얼을 지속적으로 할 필요가 있다.

(6) 고객과의 커뮤니케이션 요소

고객에 대한 커뮤니케이션 역할은 소매상이 고객에게 제공하는 상품진열, 점내표식, 광고 및 점원 등 중요 활동을 통합화하여 이를 고객에게 전달하며 점포의 동태나 행사, DM발송, 각종 우대조치, 고객에 대한 데이터베이스 구축 등을 위해 커뮤니케이션은 영업의 사활을 좌우하고 있다.

(7) 조직과 점포이미지 요소

일반적으로 소매상은 자사의 자산상태를 점검하여 조직을 구성하며, 이미지를 개선한다. 그러나 조직의 프로필과 시장 포지션간에 내재하는 어떤 연관성을 고객들에게 제시할 수 있어야 한다. 그 이유는 시내 중심가에서 그 소매상에 대한 평판이나 정평이 오랜 시간 동안 당해 기업이 쌓아온 이미지 향상의 결과로 창출되기 때문이다.

(8) 점포 내 분위기 요소

점포 내 분위기는 마케팅 믹스 요소 가운데 소매상이 고객에게 표현할 수 있는 중요한 경험과 얼굴표정이라고 할 수 있다. 예를 들면, 미국의 메이시백화점은 향수를 유발할 수 있는 고전적이고도 전통적인 분위기를 연출하고 있으며, 블루밍데일백화점은 전국적인 판촉기간 중에 환상적이고도 자극적인 분위기를 화려하게 치장하고 있으며, 아거즈사는 품위를 나타내기 위해 정숙하고 차분한 분위기를 연출하는 것으로 유명하다. 국내 백화점의 경우에도 롯데백화점은 자극적이고 화려한 이미지가 강한 반면, 신세계백화점은 전통적이고 중후한 맛이 느껴지는 점포분위기를 느끼게 한다.

2. 소매마케팅과 표적고객

(1) 표적고객 분석

성공적인 소매상은 잠재적인 표적 집단을 확정하여 이들 표적고객 그룹으로 하여금 당해 점포에 대한 충성도를 창조해 내고 있다. 시장 환경은 중핵시장과 주변시장으로 구분할 수 있으며, 이 가운데 중핵시장의 표적 고객은 점포를 처음 선택하게 되면 그 점포를 중점적으로 방문하여 가처분소득의 대부분을 투입하기 때문에 이들은 소매상의 표적시장 세분화 점유율에서 가장 높은 비중을 차지하게 된다.

따라서 표적고객은 가격에 대해 가장 민감한 반응을 보이기 때문에 치열한 경쟁 속에서 표적고객을 유인하기 위해 집중적인 전략을 구사할 것인가 혹은 차별화 전략을 구사할 것인가를 결정해야 하며, 그 들을 명확히 분석해야 한다.

(2) 표적시장 세분화

표적시장의 세분화는 소매상으로 하여금 높은 투자수익률을 달성할 수 있도록 수단과 저비용전략을 구사할 수 있는 기틀을 마련해 준다. 표적시장세분화는 다음과 같은 네 가지 기준에 따라서 결정된다.

첫째, 경제적 입장에서 가장 큰 잠재적 매출량을 달성하게 하는 표적고객 그룹을 기준으로 점포형태나 상품범위를 결정한다.

둘째, 표적 구매자의 활동 또는 거주 지역을 기준으로 결정한다.

셋째, 구매자 수나 지출 패턴에서 측정이 가능한 수치를 기준으로 결정한다.

넷째, 세분화되는 표적 구매자에 대한 접근 가능성을 기준으로 결정한다.

표적시장 세분화를 위한 기초적인 정보의 수집과 분석이 요구된다. 인구통계학적인 특성(연령, 가족규모, 승용차), 거주지역과 거주형태(지역, 소유규모, 임대차), 라이프 · 스타일에 대한 태도(삶의 질적인 태도), 구매과정(계획적인가, 충동적인가), 여가(시간, 능동적인가, 수동적인가), 가치관(가격이나 수량, 품질, 개성 등), 사회경제적인 특징(직업, 소득수준, 가처분소득) 등의 표적고객에 대한 구매특성을 면밀하게 분석한다.

(3) 소매마케팅 믹스와 표적고객

시장의 세분화목적은 현대적이고 잠재적 고객에 대하여 명확한 이해를 개발하는 것이기 때문에 특정행동 및 태도에서 유사성을 공유한 표적고객 그룹을 전체적으로 명확히 하는 서이라고 말할 수 있다. 표적시장 적응형 소매업이란 개념은 상품 및 영업환경에 대한 반응이 엄격히 한정되어 세분된 범위 내에서 적용된다는 의미이다. 이와 같이 세분화된 시장 내에서 고객 프로필을 확정하게 되면 전체적인 마케팅 활동을 계획하는 데 아무런 장애요인도 없게 된다.

라이프 · 스타일과 마케팅은 소비자의 기대, 인지도, 태도, 의견 혹은 소비자가 시간 · 노력 · 가처분소득을 배분하는 데 큰 영향을 미치기 때문에 이를 기준하여 시장을 세분화한다. 일반적으로 조사대상이 되는 사항을 열거해 보면 가족과 거주, 노동, 여가, 인구 통계적 특성, 사회경제적 그룹화, 구매활동, 경쟁 소매점포, 디자인과 스타일에 대한 태도, 가격에 합당한 가치, 행동, 선택대안으로서 구매에 대한 기대와 지각도 등을 들 수 있다.

시장 세분화 문제에서 중요한 과제는 표적고객 그룹과 주변고객 그룹과의 관계이다. 표적고객그룹은 상권 내에서 그 비중이 적지만 고객성향이 대단히 독특한 특성을 가지고 있어 대단히 동질적이므로 이를 토대로 마케팅 활동을 수행하는 데 일관성을 유지할 수 있다. 그러나 주변고객 그룹도 전체 매출액에서 차지하는 비중은 적지만 고객범위는 상당히 광범위하기 때문에 공통적 특성에 따라 이들을 위해 적절한 마케팅 믹스를 수행할 수 있는 적절한 정책 대안도 필요하게 된다. 따라서 표적고객 그룹을 중심한 시장 세분화와 더불어 주변고객 그룹까지 포함하는 다차원적 세분화 문제를 고려하지 않으면 안 된다. 특히 백화점과 같이 도심에 위하거나 쇼핑센터의 중핵점포로 자리 잡고 있는 경우 이 같은 다차원적 세분화 문제는 마케팅 믹스의 중요한 현안이 될 것이다.

(4) 표적시장 세분화 전략의 선택과 전략적 대안

표적시장 세분화 전략의 선택은 수익성 문제를 고려하여 투자수익률(ROI) 이론이 도입되며, 세분화 전략의 방법론적인 연구를 수행할 때 많은 정보가 투입되지 않으면 안 된다. 즉, 닥쳐오는 위험수준을 최소화하기 위해서는 수익성을 최적화할 필요가 있다. 세분화 전략에서 소매상 스태프가 개발해야 할 공통과제는 다음과 같다.

첫째, 전체 상품시장의 규모와 지역적 매출분포의 결정이다.

둘째, 경쟁자의 명확화와 전체 제품시장을 세분화하는 방법의 확정이다. 전자는 전체 시장점유율 및 시장 포지셔닝, 지역적 시장점유율을 파악해서 경쟁자의 명확한 분석이 필요하다. 후자는 인구 통계적 특성, 사회경제적 지위, 거주 지역 및 거주형태, 여가활동, 가치관 신체적인 특성, 디자인과 스타일에 대한 태도, 경합관계에 있는 소매상의 형태에 대한 인지도와 태도를 분석하여 확정하는 것이다.

셋째, 주요 경쟁자에 대한 고객인지도, 고객기대를 파악하고, 자사의 강점과 약점을 분석하여 대응한다.

넷째, 고객만족 측면에서 당해 점포와 소비자 간의 의견차이, 경쟁자에 대한 진입비용과 최소수준의 시장점유율을 추정하여 위험수준을 결정한다.

다섯째, 위험수준은 비관적인 위험수준과 낙관적인 위험수준으로 파악하여 위험 대 수입관계를 고려한다.

표적시장의 전략적인 대안으로는 비 차별화 전략, 집중화 전략, 차별화 전략 등으로 대별할 수 있다.

첫째, 비 차별화 전략은 구매상황, 구매패턴 및 구매자 특성에 따라 전체시장이 동질적이거나 크게 차이가 없는 경우에 실행하면 적절하다.

둘째, 집중화 전략은 현재의 세분시장과 새로운 세분시장 상이에 시너지 효과가 없거나 기업의 잠재적 시장규모가 큰 경우에 적절한 전략이다.

셋째, 차별화 전략은 차별화된 소매서비스가 요구되는 각 세분시장 가운데서 시너지 효과의 잠재성을 지닌 몇 개의 표적시장을 찾아낸 경우에 적절한 전략이다.

제 3 절 | 소매마케팅 정책

1. 판매정책

(1) 판매정책의 필요성과 요건

점포의 판매정책 수립을 위해서는 독자적인 상품정책을 수립해야 한다. 소매 마케팅에서 상품결정을 위해서는 고객 분석과 시장 세분화를 통해 표적 고객 그룹, 제품과 서비스·업태의 필요요건을 구비한 다음 당해 소매상의 시장 포지셔닝 명세표를 기준하여 상품정책을 수립하여야 한다.

따라서 판매정책은 특색 있는 판매정책이 수립되어야 하며, 최고 경영층의 주체적 의사결정과 점포의 기본방향 확립, 차별화에 의한 개성표출 등이 요구된다.

판매정책의 구체적인 필요 요건은 다음과 같다.

첫째, 표적고객층의 확보이다. 점포특징에 따라서 적절하고 타당한 입지, 매장면적, 상품구색을 갖출 필요성이 있다.

둘째, 표적고객 내점 시 상품라인의 구비와 진열이다. 내점동기, 구매패턴, 구매층, 구매성별로 구매동기를 창출할 수 있도록 상품정책을 수립할 필요가 있다.

셋째, 상품정책의 4대 요소를 정기적으로 체크할 필요가 있다. 상품의 가격, 품질, 디자인, 감각, 상품소재 등 4대 요소를 갖추어 표적고객의 구매소구를 야기해야 한다.

넷째, 점포 전체로서 통일성과 개성을 구축해야 한다. 상품범위를 확정하여 취급상품의 통일적인 개성을 통해 타 점포와 다른 분명한 점포 차별성을 구비해야 한다.

(2) 판매정책의 전개와 독창적 서비스 정책

상품정책은 서비스정책과 병행되어야 한다. 구체적인 서비스 기본정책방향은 다음과 같다.

첫째, 고객이 유쾌하게 구매할 수 있는 쇼핑 분위기의 제공하는 것이다.

둘째, 지적이고 정보적인 서비스제공이 이루어져야 한다. 종업원에게 고객의 비교구매 정보를 충분히 제공해야 한다.

셋째, 대금지불의 편의성을 제공해야 한다. 크레디트 카드, 현금 카드결제 등이 가능해야 한다.

넷째, 영업시간의 충분한 제공이다. 24시간 영업, 야간영업시행, 영업시간 연장 등으로 쇼핑시간을 충분히 제공한다.

다섯째, 배달서비스와 기타 물류서비스의 확대이다. 신속한 배송, 배달확인 서비스, 얼음 무료배달 서비스, 고객생일 및 경조사 선물 보내기, 우산무료 빌려주기, 무료주차권제공, 바겐세일 및 이벤트 정보의 제공, 카탈로그 등 상품 정보 무료배송, DM발송 등이다.

(3) 판매정보의 수집과 종류

① 판매정보의 수집 이유

판매정보를 수집하는 이유는 소매상의 적절한 의사결정에 의한 재무상 매출액 증대와 이윤확대, 경영정보 활용을 통한 매출액 증대, 정보의 불확실성으로 인한 표적고객과 경쟁자에 대한 정확한 정보동향을 분석할 때 오류방지 등을 지적할 수 있다. 따라서 판매정보는 정확하고 객관적이며, 계속적이고 표준화된 정보이며, 상호 보완성이 있는 정량적, 정성적인 정보라야 한다. 또한 시간이 지난 정보는 버리고 계속 새로운 정보를 수집하여 판매정책에 적극적으로 응용해야 한다.

② 판매정보의 종류

판매정보의 종류는 고객에 관한 정보, 경쟁에 관한 정보, 취급상품에 관한 정보, 활동결과에 관한 정보, 일반적인 환경조건에 관한 정보, 자사점포에 관한 정보로 분류된다.

첫째, 고객에 관한 정보수집이다. 고객의 특성, 구매관습, 구매동기, 소비 및 사용방법, 구매자 · 구매결정자 · 소비자, 시장규모 등에 대한 정보를 수집한다.

둘째, 경쟁에 관한 정보의 수집이다. 경쟁업자 분포, 경쟁업자의 시장 포지셔닝, 경쟁업자의 경영전략, 경쟁업자의 구매유인정책 등에 관한 정보수집이다.

셋째, 취급상품에 관한 정보수집이다. 상품특성, 상품경력, 상품의 취급·설치방법 등에 관한 정보의 수집이다.

넷째, 기타 정보수집이다. 일반적인 활동결과에 관한 정보, 환경조건에 관한 정보, 자사점포에 관한 정보를 수집하는 것이다.

③ 판매정보수집의 방법

판매정보수집의 방법은 기업의 내부 자료와 외부 자료를 수집하여 판매정보자료로 활용할 수 있다.

첫째, 관찰수집법이다. 이는 점포 내에서 고객의 구매관습 및 구매행위에 대한 정보와 점포외부에 통행인의 쇼윈도나 점두에서의 반응과 관심을 관찰하여 정보수집을 하는 방법이다.

둘째, 직접 수집방법이다. 이는 우편, 전화, 개인면접, 대면판매, 고객의 구매명세서 등을 통해서 고객의 직접적인 정보를 수집하는 방법이다.

셋째, 쇼핑환경변화 수집방법이다. 점포 내에서 데커레이션, 진열방법, 색채, 분위기 등의 점포 내 레이아웃을 변경시켰을 경우에 나타나는 고객의 대응적인 반응정보를 통해서 정보를 수집하는 방법이다.

2. 구매정책

(1) 구매정책의 개념과 목적

구매정책은 소매상의 조달정책이며, 새로운 구매기술 내지 구매과학의 진보로 구매 담당자 자신의 노력에 따라 확고한 기반을 구축할 수 있다. 소매상의 경우 치열한 경쟁 속에서 구매비용 절감과 고객만족 서비스를 위한 저가판매정책을 지속적으로 추구하기 위해 구매정책을 소매점 경영정책의 최고목표로 추구하게 되었다. 따라서 소매업체들은 경쟁에서 성공하기 위해 메이커와 제판동맹 및 업무제휴체결이나 소수 특정 공급자와 장기 공급계약을 체결하는 동시에 공급자들로부터 소비자에 이르기까지 연결하는 공급체인관리(supply chain management)를 실행함으로써 구매비용을 절감하고 실시간대로 상품을 공급받을 수 있는 시스템을 구축하고 있다.

구매정책의 목적은 용도에 따른 최적구매, 납기에 적합한 구매, 일정한 재고를 필요로 하는 상품에 대하여 재고투자의 최소한 범위 내에서 품절위험을 방지, 우수한 메이커 · 도매상 · 물류벤더로부터 선별구매, 물류비절감을 위해 합리적인 수송방법과 보관방법 입수, 사용 중 불필요한 상품의 유리한 처분, 발주 시스템에서 IT기법 도입, 아웃소싱(outsourcing)과 글로벌 소싱(global-sourcing)을 하는데 목적이 있다.

구매정책의 영역은 정책의 목적달성에 필요한 구매방침, 구매계획, 구매관리조직, 구매선 선정과 평가, 구매담당자 관리, 구매가치분석, 구매계약, 외주관리, 납기관리, 수송관리, 재고관리, 상품관리, 구매관리 활동의 업적평가, 구매비용관리 등 세분화된 여러 기능을 포함한다.

(2) 구매정책의 기능과 업무범위

① 구매정책의 기능

구매정책의 기능은 경영활동과정에서 분화된 구매기능인 동시에 판매기능에 대비한 외부적 기능으로서 판매기능에 의해 통제되고 있다. 즉, 구매는 판매에 대해 경쟁적 우위성을 갖도록 판매조건을 제공함으로써 판매증진에 공헌하는 것으로, 적정품질과 적정수량의 상품을 적정시기에 구매함으로써 판매를 합리화 하고 결품과 품절을 방지하여 판매 업무를 능률화하는 것을 의미한다.

구매기능은 상품조사 계획기능, 구매요구기능, 구매조사 계획기능, 구매절충 및 계약체결기능, 독촉기능, 수납기능, 구매검사기능, 구매대금 지불기능 등이다.

② 구매정책의 업무범위

구매정책의 업무범위는 매장에서 상품을 진열하여 소비자에게 흐르는 것과 반대로 소비자의 상품에 대한 욕구가 매장에서 표출되기까지의 관련과정을 포함한다고 할 수 있다. 이를 머천다이징에서 상품의 순환과정과 역순환과정으로 부르며 머천다이징 사이클(merchandising cycle)이라고 칭한다. 특히, 후자인 상품에 대한 욕구흐름은 당해 소매상이 상품을 구매하여 진열함으로써 소비자의 욕구를 충족시키는 매장계획을 중심으로 흐르기 때문에 전자인 상품 흐름과는 상반된다.

구매조달업무는 상품구매, 검품, 가격결정 등이며, 매장 담당자의 업무는 판매, 대금회수, 기록, 결품 보충, 신상품 진열, 광고 등으로 세분화 된다. 구매계획과 기능은 영업계획에 근거를 두고 정확한 상품, 수량, 구매가격, 구매처를 결정하여 판매기능을 뒷받침하는 기능을 가지고 있다. 따라서 구매업무상 구매대상상품의 분류를 다음과 같이 한다.

첫째, 계속상품이다. 이는 계절성 상품과 비 계절성 상품으로 분류된다.

둘째, 도입상품이다. 신제품 도입과 기성제품 도입으로 분류된다.

셋째, 임시상품이다. 특가판매, 캠페인행사 판매, 경품부 판매, 할인판매 등을 목적으로 하는 상품이다.

넷째, 시험상품이다. 시장성 조사를 위한 소량의 시험상품이다.

다섯째, 개발상품이다. 소량 전문품, 기호품 등 기획 상품과 자사브랜드(PB) 개발상품이다.

여섯째, 폐기상품이다. 유행과 계절성이 강한 제품이 그 절기를 경과하여 염가로 세일하거나 상품구성에서 제외는 상품이다.

(3) 구매정보의 수집과 활용

구매상의 기초 정보 수집은 소비자의 예상수요를 기초로 하여 수립되는 구매계획, 판매계획, 재고계획 수립에 이용할 수 있는 정보를 확보하기 위한 것으로써, 구매담당부서 자체나, 매장, 기획부서, 판촉부서 등에서 정보를 수집된 자료가 정보원이 된다. 그리고 구매정보의 기본계획정보가 되는 기업 내의 영업계획정보 등을 정량적, 정성적으로 분석하여 구매계획을 수립해야 하며 구매를 통한 재고 안정성과 매장의 생산성을 제고시키게 된다.

구매계획수립을 위한 과정을 간단히 살펴보면 다음과 같다. 구매계획을 수립하기 위해서는 구매기초 정보나 영업계획 정보를 수집하여 분석한 후 구매→재고→판매라는 상호 유기적인 관계성을 가지고 계획되고 시행되어야 한다. 따라서 영업계획→구매계획→재고계획→판매계획의 순으로 순환하게 되며, 상호 관련부서간의 의견, 요구, 의사소통이 자유롭게 교류되어야 하며, 영업계획에서 구매계획, 재고계획, 판매계획의 지시와 통제가 원활하게 이루어져야 한다.

(4) 구매계획의 결정요인

구매계획은 가격변동, 수습상황, 개발 신제품 정보, 구매처 동향, 경쟁업계 동향 등 구매시장조사를 사전에 실시한 후 그 실태조사결과에 의한 구매계획 수립을 수립하고 분석하게 된다. 이에 따른 구매계획에서 특히 중요시되는 결정요인을 몇 가지 요약하여 설명하면 다음과 같다.

첫째, 구매 적정품질의 결정이다. 소매상에서 구매품질을 기술하는 방법은 브랜드 네임을 지정하는 방법, 명세서에 의하는 방법, 견본을 표시하는 방법 등이 있다.

둘째, 구매 적정수량의 결정이다. 그 기간 중에 판매할 수 있는 소요수량으로서 타이밍에 맞추어 판매에 적용시킬 수 있는 최선의 경제적인 발주량을 결정해야 한다.

셋째, 구매 적정시기의 결정이다. 필요한 판매시기에 합치하도록 상품 조달을 결정해야 한다.

넷째, 구매 적정가격의 결정이다. 구매처의 견적 가격에다 물류비용과 적정 마진을 고려하는 동시에 경쟁 입찰을 통해 최저가격으로 구매, 할인가격은 현금할인, 중간할인, 수량할인, 리베이트 등을 고려할 수 있다.

다섯째, 적정 구매처의 결정이다. 상품의 품질, 수량, 시기, 가격 등 네 가지 요인을 영업활동과 관련시켜 적정 구매처를 선정한다.

(5) 구매처의 선택과 관리

구매계획이 수립되면 다음 단계로 구매처를 선택하게 되고 이를 관리해야 한다. 이와 관련하여 간단히 설명하면 다음과 같다. 구매처의 선택은 거래비용을 신중히 고려해야 하는데, 가격조건의 조정과 물류비용의 부담, 배송조건 등 구매처와의 협의할 사항이 많이 있다. 또한 구매처의 범위를 어디까지 할 것인가, 재고유지비와 서비스수준의 평가 등 구매량의 규모, 판매 매장의 분산 정도 등을 고려하여 선택한다.

물류 서비스의 요청에서는 제품시장의 특성에 따라서 결정할 문제이다. 예를 들어 식품과 비식품 간에 이 같은 요구는 명백한 차이가 있을 수 있다. 즉, 판매방법, 재고유지수준, 판매에 따른 재고보충 범위변경 등에서는 현실적인 물류 서비스 특성을 충분히 고려하여 판단해야 한다. 이는 구매처의 평가관리와 구매결정시 트레이드·오프(trade off)관계에 따른 비용과 수익의 상호의존 관계를 깊이 고려할 필요성이 있다.

3. 서비스와 스토어 이미지 정책

(1) 서비스 정책

고객에 대한 서비스 정책은 고객만족, 고객감동을 위한 한 부분이다. 고객에 대한 서비스 정책의 전개 목적은, 첫째 당해 점포만이 유일한 구매 장소임을 강조하여 점포 이미지를 제고하는 것이며, 둘째 특정 상품 라인의 판매액을 직접 증가시키기 위한 고객에 대해서 신뢰도와 호감을 심어주는 데에 목적이 있다.

서비스 정책을 전개할 수 있는 서비스의 유형을 분류하면, 쇼핑 전 서비스, 쇼핑 후 서비스, 부수적 서비스로 나누어 살펴볼 수 있다.

첫째, 쇼핑 전 서비스이다. 이는 전화주문, 우편주문, 광고, 쇼윈도 디스플레이, 인테리어 디스플레이, 대기실, 구매시간, 패션쇼 등이다.

둘째, 쇼핑 후 서비스이다. 배달, 통상적 포장, 선물포장, 조정, 반품, 변경, 자동차배송, 구매상품에 소비자의 이름 새겨 넣기, 대금할인, 할부 판매 등이다.

셋째, 부수적인 서비스이다. 수표의 현금인환, 무료 주차증 제공, 식당가 개방, 수선 서비스 제공, 인테리어 장식, 크레디트 카드, 휴게실, 유아보호실 제공 등이다.

(2) 스토어 이미지 정책

점포 이미지는 소매상의 지속적인 성장을 위해 필수적이며, 점포이미지가 항상 새롭게 창조되고 연출되어야 한다. 예를 들어 고급 신사복점, 숙녀복점, 고급 제과점, 아동복점의 경우 그 점포를 객관적으로 표현할 수 있는 캐치프

레이즈가 고객들에게 구매요구를 할 수 있도록 일관성이 있어야 한다는 점이다. 따라서 당해 점포의 특징을 표현할 수 있는 네이밍, 로고, 심벌마크, 진열과 디스플레이 등을 통해 점포의 이미지를 부각시킬 필요가 있다.

스토어 이미지(Store image)란 그 일부는 물리적 특성, 심리적인 특성에 의해서 점포가 구매자의 심리적 반응을 나타내게 하는 상태 및 현상이라고 말할 수 있으므로 소비자가 특정 점포에서 구매하는 데 필요한 종합적 개념에서 예상할 수 있는 제반 보완적 판촉조치이다. 따라서 비개성적인 점포특성보다 감성적 이미지를 고객에게 제공한다면 그 점포의 특정 이미지에 강한인상과 반응을 보이게 될 것이다.

스토어 이미지 구성요소를 예로 들면, 품질, 가격, 품목으로서 상술하면 상품, 서비스, 단골고객, 물리적 시설, 편의성, 판촉, 점포분위기, 거래 후 만족 등을 총칭한다고 할 수 있다. 그리고 다른 관점에서 보면 유행, 세일즈맨 십, 점포의 매력, 광고 등으로 분류하기도 한다. 이상과 같이 이 분야를 연구하는 연구자들의 견해는 보는 관점에 따라서 조금식의 차이는 있지만 다음과 같이 분류할 수 있다.

첫째, 일반적인 특성이다. 점포의 영업연수, 점포 지명도, 상권 침투도, 대상 표적시장 등이다.

둘째, 점포의 물리적인 특성이다. 점두, 입구의 차양, 윈도우 디스플레이, 스토어 프런트의 시계, 스토어 프런트의 독창성, 주변 점포지구, 주차와 교통 혼잡, 마룻바닥, 색채, 조명, 음향, 청결성, 상품의 레이아웃, 엘리베이터시설 등이다.

셋째, 판매원의 특성이다. 판매원의 지식, 판매원의 우호성, 친절도 등이다.

넷째, 상품특성과 가격특성이다. 품목, 품질, 유익성, 가격수준, 가격범위 등이다.

다섯째, 고객서비스와 커뮤니케이션의 특성이다. 서비스의 다양성, 대금지불방법의 편리성, 고객과의 커뮤니케이션 방법, 양, 내용, 신용성 등이다.

여섯째, 지역사회에 대한 서비스제공 특성이다. 지역사회에 미치는 서비스의 양과 수준, 소비자 인지도 등이다.

제 4 절 | 머천다이징의 이해

1. 머천다이징의 개념

유통기업은 다종다양한 상품의 취급과 상품·업태·유행이 동태적으로 변화하는 와중에서 대상 고객의 필요를 충족시키려는 목적을 달성하기 위하여 경영활동을 전개하고 있다. 유통기업은 효과적인 경영활동을 전개하기 위해 고객의 반응을 분석하고 주력 상품의 특성을 파악해야 하며 경쟁 기업과의 대응을 모색하면서 효율적인 마케팅활동을 실천하기 위한 노력을 경주하지 않으면 안 된다. 「유통기업이 효율적으로 마케팅활동을 실천하기 위한 노력」이란 구체적으로 말하면, 「어떠한 상품을 매입하여 그것을 어떻게 관리하고 어떻게 판매하여 최적의 이윤을 확보할 수 있을까에 관한 과제를 해결하고자 하는 기업의 활동」인데, 이를 유통기업의 머천다이징(merchandising) 활동이라 한다. 머천다이징이란 매카시(E. J. Mc-Carthy)가 주장한 마케팅 활동의 네 가지 요소(product, price, place, promotion) 중 제품에 관련하는 것이긴 하지만 일반적으로 이는 유통기업의 상품화계획을 의미하는 것이며, 제조기업의 경우는 이를 제품계획(product planning)이라 한다. 그러나 머천다이징을 단순히 유통기업의 상품계획이라고만 하기에는 그 용어의 의미가 지나치게 좁다. 이를 보다 넓은 의미로 정의한 것을 보면 「머천다이징이란 고객의 욕구를 만족시키기 위해 적정한 상품을, 적정한 장소에서, 적정한 양, 적정한 가격으로, 적정한 시기에, 적정한 방법으로 제공하기 위한 마케팅활동이다」고 한다. 이 정의에서는 「적정」이란 말이 여섯 번 나오는데 이를 기억하기 쉽도록 하기 위하여 「머천다이징의 6적정의 원칙」이라 하기도 한다. 여기서 이 원칙을 충족시키기 위해서는 우선 상품을 어떤 기준에 따라 결정할까에 관한 것이다. 둘째, 선정된 상품을 매입하여 구색을 갖추는 일이 필요하다. 셋째는 그것들을 효과적으로 관리하는 일이다. 넷째는 이것을 매장에 도입하여 적절히 분류한다든지 진열하는 업무가 필요하다.

구체적으로 말하면 머천다이징이란 팔릴 수 있는 상품을 결정하는 상품계획과 상품을 구매하는 구매관리, 매입된 상품을 관리하는 상품관리 그리고 매장에 상품을 도입하는 진열기술을 주요 내용으로 하고 있는 것이다. 그런데 이러한 활동은 유통기업의 경영자나 점포관리자가 자기 임의대로 할 성질의 것이 아니라, [그림 6-2]가 제시하는 바와 같이 「상품계획」, 「구매관리」, 「상품관리」, 「상품진열」과 같은 네 가지 기능이 균형을 유지하도록 하여야만 머천다이징의 기능이 충분히 발휘될 수 있다. 아울러 중요한 것은 이 균형을 유지하기 위한 활동은 기업을 둘러싸고 있는 외부의 환경과 기업 내부로부터 발생하는 두 가지의 정보를 파악하고 분석하여 장래를 예측함으로써 보다 정확한 활동을 할 수 있기 때문에 그 정보 수집을 소홀히 해서는 안 된다.

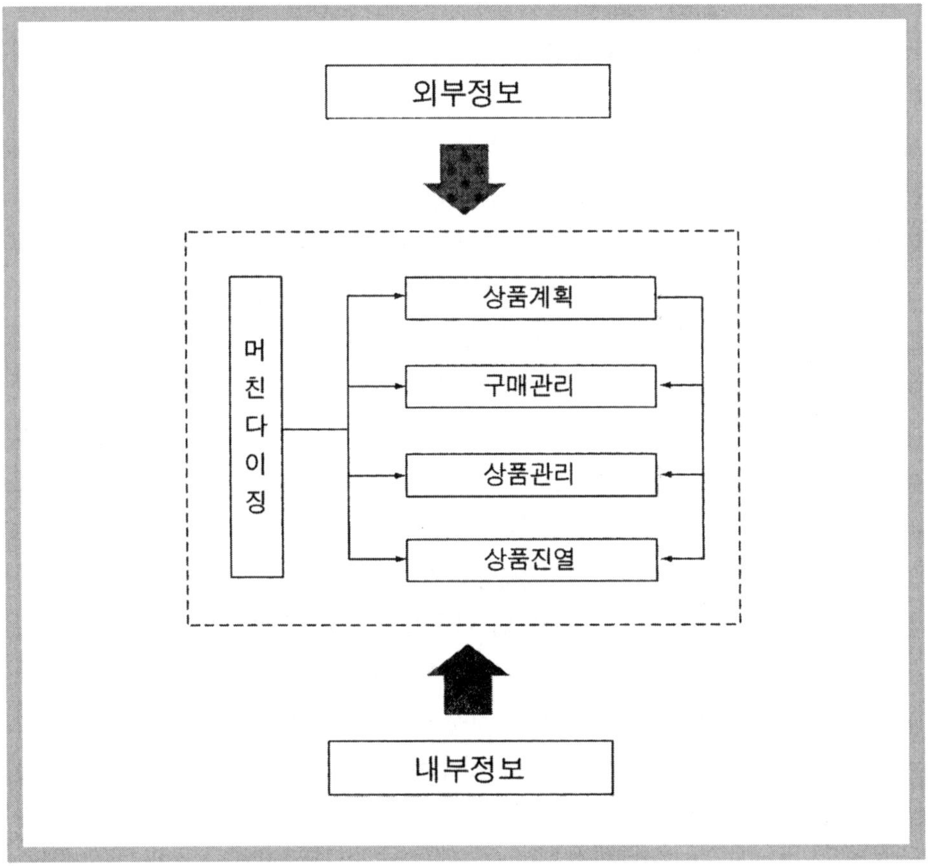

그림 6-2 머천다이징활동의 업무추진 흐름도

2. 머천다이징의 활동배경

(1) 시장 성격의 변화

현대 시장의 특징은 한 마디로 「다양화」와 그 변화속도의 빠름이라 할 수 있다. 이는 종래의 「시장발전」개념이 「동질의 시장 내에 상품을 대량으로 공급함으로써 시장을 확대시키는 것」이었던 데 비해 오늘날과 같이 「상품의 포화상태」라고 하는 시장 상황 속에서는 「시장발전」이 동질적인 시장에서의 양적인 성장만을 의미하는 것이 아니라 이질적인 다양한 시장의 복합화를 의미하는 것이기도 하다.

요즈음 상점가를 거닐어 보면 여러 가지 유형의 특색 있는 점포와 그 곳에서 제공하는 각양각색의 상품이나 서비스가 거침없이 시야 속으로 들어온다. 예를 들면 백화점 의류매장의 부인복, 신사복, 아동복 등이 수많은 상표를 달고 진열되어 있는가 하면 대형 가전제품 매장에서는 과잉이라 할 만큼의 다종다양한 상품이 구비되어 있고, 슈퍼마켓에서 인스턴트식품으로 대표되고 있는 컵면, 세제류, 조미료 등이 수를 헤아릴 수 없을 정도로 다양하게 제공되고 있다. 이러한 현상은 소비자 입장에서 볼 때 선택의 폭이 넓어졌다고 환영할 수 있을지 모르겠다.

그러나 현대의 소비 경향을 근거로 하여 유통기업이 합리적으로 행동하기 위해서는 다음과 같은 과제를 해결하지 않으면 안 되는데 이는 바로 유통 기업이 머천다이징(merchandising) 전략을 전개해야 할 근거가 되는 것이기도 하다.

① 소비자는 종류의 폭이 넓어진 상품 가운데서 정말 자기가 원하는 유일한 상품을 적절하고 쉽게 선택할 수 있을까?

② 기업이 상품의 종류를 다양화 하는 의미는 무엇인가?

③ 기업은 과연 자기 기업에게 꼭 적합하고 유효한 다양화 노선을 확립하고 있는가?

(2) 다양한 요구를 지닌 사회에서의 시장대응활동

생활자의 요구가 다양해지고 양적 성장보다는 질적 성장을 추구하는 「성숙사회」에서의 사회경제 현상에 대해 유통기업의 대응활동은 어떻게 이루어지고 있는 것일까.

우선 상품의 수요자인 소비자 쪽을 살펴보자. 소비생활은 물자 부족 상태로부터 출발하여 보다 풍족한 물자를 (양적으로) 소유하고 싶어 하는 고도 성장기를 거친다. 이어 물자 포화 상황의 저성장기 속에서는 자기 개성에 적합한 소비를 추구함으로써 소비생활의 (질적인) 풍요로움을 체험하게 된다. 여기서는 자기실현을 가능하게 해주는 상품이나 서비스를 강하게 요구하게 됨으로써 개별 주장의 강도가 높아지고 상품선택의 기회(폭과 깊이)도 증가한다. 이것은 결국 소비자의 보다 다양한 요구를 형성하는 데 영향을 미치게 되어 개성화 의식을 증폭하게 되는 것이다.

한편, 상품이나 서비스의 공급자인 생산 · 유통 쪽에서는 물자 부족 시대로부터 「대중소비사회」로 불리우는 고도 성장기를 맞이하면서 이 시기에 가장 효율적인 경영원칙으로 간주한 「대량생산 · 대량판매」방식을 채용하였다. 그러나 시장이 포화상태가 되자 이질적이고 다양한 시장에 대하여 효과적으로 대응하지 않을 수 없게 된 것이다. 결국 제조기업, 도매 · 소매 · 서비스업을 불문하고 모든 기업은 다양해진 소비자의 요구를 보다 명확히 인식하여 이에 대응한 시장활동을 전개하기 위하여 머천다이징전략을 전개해 나갈 필요를 인식하게 된 것이다.

3. 머천다이징의 영역과 종류

머천다이징(merchandising)을 개념상의 영역과 종류로 분류하면 다음과 같다.

(1) 머천다이징의 개념상 영역

머천다이징을 개념상으로 그 영역을 분류하면, 광의의 머천다이징과 협의의 머천다이징으로 분류되며, 전자는 고객수요의 연구, 상품정책수립, 계열구성의 결정, 품목구성의 결정, 계열 상품의 조정 등이다. 후자는 상품계획, 상품구매, 가격결정, 상품관리, 판매활동 등을 하는 것을 의미한다.

업무영역상의 의미로 살펴보면, 자료와 정보의 수집 · 분석 · 판단, 상품정책 수립과 예산 설정(매출, 매입, 경비, 이익), 상품 분류별 예산 설정, 상품 구성 계획(구색 갖추기, 상품 폭과 깊이의 조정), 품목별 판매수량계획, 구매, 검품, 재고관리, 판매, AS · BS, 포장, 배달, 광고, 홍보, 기타 판촉활동을 의미한다.

(2) 머천다이징 수행 사이클 상의 종류

소매상의 머천다이징 사이클은 이익상품과 성장상품의 사이클로 대별할 수 있는데, 일반적으로 머천다이징의 업무수행 사이클은 재고관리 → 분석 · 검증 → 상품구색계획 → 구매계획 → 거래선 정책 · 교섭 → 판매예측 · 적시적량발주 → 판매 → 재고관리의 과정으로 전개된다. 이와 같이 머천다이징의 업무흐름에 따라서 그 종류를 분류하면 다음과 같다.

① 매스 머천다이징: 대량구매와 대량판매
② 자주적 머천다이징: 점포자체의 상품구색 계획에 따른 상품구성과 조합
③ 라이프스타일 머천다이징: 소비자 라이프스타일에 따라 상품별, 매장별로 구분하연 머천다이징을 전개한다.
④ 비주얼 머천다이징: 고객의 시각적인 요구에 부합하는 머천다이징의 전개이다.
⑤ 용도별 머천다이징: 상품의 용도에 따라 상품구색 갖추기 전개
⑥ 크로스 머천다이징: 상품품종과 등급에 관계없이 상품구색 갖추기 전개
⑦ 목적별 머천다이징: 연령별, 사이즈별, 가격별 등 특정한 목적에 따라서 전개
⑧ 요일별/시간대별 머천다이징: 요일과 시간대에 따라서 상품구색을 변경
⑨ 기온별 머천다이징: 그 날의 기온에 따라서 상품구색을 전개
⑩ 테마별 머천다이징: 특정의 테마를 주제로 상품구색을 전개

4. 머천다이징의 전개

머천다이징의 전개는 일반적으로 머천다이저(merchandiser)에 의해 다음과 같은 과정에 따라 그 활동이 전개된다. 첫째, 머천다이징을 할 대상고객의 분석이다. 이 과정을 통해서 고객과 직접 면담하여 대상상품의 구매의사를 확실히 밝히는 고객, 특정상품을 구매하려는 고객, 윈도우 쇼핑만을 하는 고객을 구분하며, 그 고객들과 대화를 통해서 고객의 구매동기를 파악한다.

둘째, 상품구성이다. 고객의 Needs와 욕구에 따라서 상품을 구성하고 구색을 갖추어야 하며, 상품구성단계는 고객과 점포업태에 맞는 취급상품을 결정한다.

셋째, 판매계획과 관리이다. 판매계획은 어떤 상품을 어느 정도 어떤 고객에게 판매할 것인가를 계획하는 것으로, 여기서는 구체적인 매출목표, 연간 매출액을 중심으로 월 단위와 일단위로 상품과 고객별 판매계획을 수립한다.

(1) 도매기업의 머천다이징

도매기업의 머천다이징이란 재고효율을 향상시키는 데 중점을 두고 있는 활동이다. 도매기업이 재고효율을 향상시키기 위해서는 취급상품별로 시장수요에 대한 적응성 점검, 유행정보에 대한 대응, 영업체제의 적응성, 거래고객에 대한 적응성 등을 배려하여 머천다이징활동을 전개할 필요가 있다.

이와 더불어 도매 기업은 시대의 변화에 부합되는 상품개발이나 독자적인 판매체제, 그리고 서비스 시스템 등에 도전하여 새로운 수요를 주도해 나가는 데 머천다이징 활동의 목표를 두어야 한다.

(2) 소매기업의 머천다이징

소매업은 그 업종이나 업태가 매우 다양하다. 따라서 제각기의 특성에 맞는 머천다이징이 필요하다. 그러나 업종이나 업태 구분 없이 공통적으로 적용될 수 있는 사항은 자기 점포가 표적고객에 대해 얼마나 잘 부합하고 있는가 하는 고객에 대한 적합성이 전제조건이 된다(표 6-1). 물론 입지조건이나 자기 점포가 위치하고 있는 상업집적시설의 성격, 그리고 교통조건이나 주변 지역의 수요상황 등을 면밀히 조사한 후, 이들 조건에 적응할 수 있는 머천다이징 활동을 전개해야 한다는 것은 당연한 일이다.

표 6-1 소매업태별 머천다이징 활동의 중점 내용

업태 유형	업태경영의 지향점	머천다이징 전개의 중심내용
백 화 점	총합적 머천다이징, 부문관리의 네트워크	부문관리의 효율성, 다품종구성의 효율성, 고이윤 · 고비용 대응, 총이윤 효율
슈퍼마켓	합리적인 상품회전율을 유지하는 머천다이징, 상품품목별 효율 중시	수요변화 대응, 저이윤 · 저비용 · 대량판매에 대한 대응, 셀프서비스 시스템 효율화에 대한 대응
할 인 점	저비용, 저이윤, 대량판매의 효율성	수요자극대응상품, 회전효율 중시, 저비용 · 저이윤 · 대량판매 대책, 셀프서비스의 효율
전 문 점	전문성의 표현과 개성 전개, 표적의 명확화	표적고객 적응, 매력성, 패션성, 인기성, 고비용 · 고이윤, 대면서비스 대응
선매품점	계절 욕구, 패션 지향에 대한 특성과 개성 표현	유행성, 고객적합, 매력성, 패션성
편 의 점	고객정보를 기본으로 한 머천다이징, 계절성, 편리성, 친절성을 바탕으로 한 효율적 판매	지역 고객의 필요에 대응, 독자적 상품에 의한 매력성, 업태 특성 표현, 매출이익 향상 대책
통신판매	매력성, 인기성, 정보성, 유행성, 생활제안형의 전개, 배송효율	정보제공 비용, 표적고객과 판촉방법간의 매체 선택, 총비용과 총이윤의 균형, 품목효율

동시에 환경의 변화에 맞도록 독자적으로 상품을 개발하거나 새로운 판매기법이나 서비스 등에 대한 연구도 필요하며, 이러한 것들을 바탕으로 하여 지역의 수요를 주도해 나가는 활동을 전개해야 하되, 그 결과를 종합적으로 평가한 후에 머천다이징 활동을 추진하는 것이 바람직하다(그림 6-3).

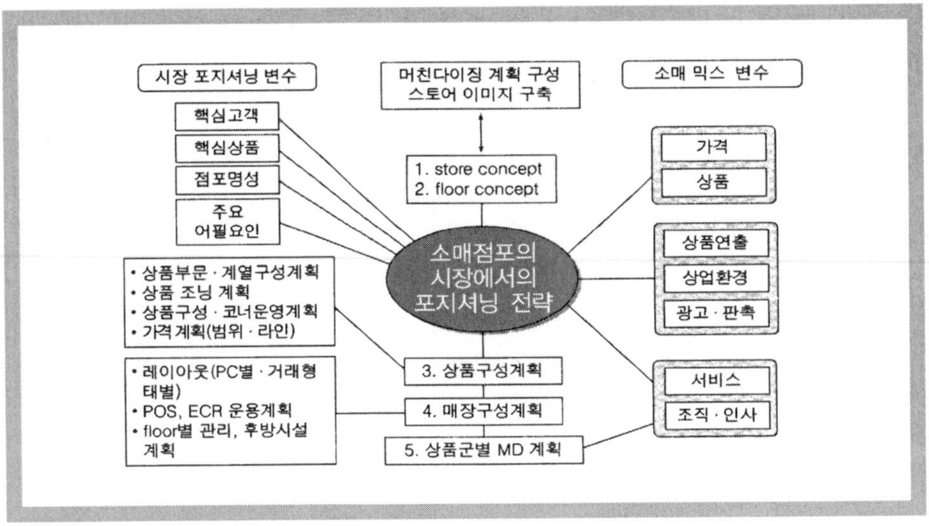

그림 6-3 소매기업의 머천다이징 개념도

토의 및 연습문제

1. 소매마케팅의 전략적 기본구조를 이해하고, 레스토랑을 사례로 STP전략을 수립해 보자.
2. 소매 마케팅 계획의 필요성과 제품 및 시장전략 보고서의 활용도를 설명하시오.
3. 소매 마케팅 믹스 요소를 예를 들어 설명하고, 상호 관계성에 관해서 토의해 보자.
4. 표적시장 세분화 전략의 선택에 있어서 소매상 스탭이 개발해야 할 공통적인 과제를 설명하시오.
5. 판매정책의 전개는 상품과 서비스정책이 병행 되어야 하는데, 그 기본적인 정책 방향 설명하시오.
6. 구매정책 수립의 필요성과 그 기능, 구매계획의 결정요인을 설명하시오.
7. 판매, 구매, 서비스정책상의 상호 관계성을 전문점을 예로 들어 조사해 보고, 토의해보자.
8. 스토어 이미지(Store-image)란 무엇이며, 그 구성요소를 예를 들어 설명하시오.
9. Merchandising이란 무엇이며, 왜 그 활동이 오늘날 소매상들에게 절실하게 요구되는지 그 배경을 설명하고, 그 전개방향에 관해서 토의해 보자.

제 7 장

점포와 상품관리의 이해

학습목표 소매유통기업의 목표를 달성하기 위해서는 개인의 능력으로는 한계가 있다. 이를 극복하기 위한 점포조직과 상품관리를 위한 일반적인 이론과 실무기초의 이해

제 1 절 | 점포관리의 이해

1. 점포조직

일반적으로 조직이란 어떤 기능을 수행하도록 협조해 나아가는 체계이며, 개개의 요소가 일정한 질서를 유지하면서 결합하여 일체적인 것을 이루고 있는 형태를 의미한다. 이러한 의미에서 모든 사회현상이 조직을 가지고 있다고 할 수 있다. 그러나 마치 생물계의 아메바처럼 간단한 것에서부터 인체와 같이 복잡한 조직체에 이르기까지 많은 종류의 계열 속에서 사회조직의 발달에 영향을 미치고 있다. 즉, 점포의 조직은 사회 내부의 여러 부분이 미분화된 형태로써 소매상의 경영목표를 달성하기 위해 수립된 계획을 수행하도록 개개인이나 부문의 역할을 설계하고 유지하기 위한 것이다. 따라서 점포조직의 조직화가 요구되며, 이는 그 점포의 목표를 달성하기 위한 활동을 확인하고, 과업의 할당 및 분류, 집단행동을 통제하는 데 필요한 권한, 조직단위 간의 수직적 내지는 수평적으로 조정하여 조직을 설계하는 것이다.

(1) 조직화의 기본요소

점포의 조직화를 위해서는 반드시 그 조직이 달성해야 하는 공동의 목표가 있어야 하며, 이러한 공동의 목표는 계획수립과정에 명확히 규정되고, 조직에서는 항상 집단 활동이 원활하게 이루어질 수 있는 공동의 목적에 기초를 둔다(공동의 목표).

또한 조직의 목표를 달성하기 위해서는 개인의 능력으로는 한계가 있다. 이를 극복하기 위해서는 직무의 특성에 따라서 분업의 원리가 적용되어야 한다. 업무의 분할과 적절한 양으로 업무가 분배되어야 한다(업무의 분할).

조직은 목표달성을 위해, 개인이나 부문이 그들의 역할수행을 위해 권한이 부여되어 의사결정과정에서 재량권이 행사될 수 있어야 한다(권한의 부여).

이상과 같은 기본적인 조직화 요소를 다음과 같은 조직화의 기본원칙으로 대별할 수 있다.

① 조직화의 목적과 근거에 대한 기본원칙

- 목표단일성의 원칙: 목표는 조직의 활동을 집중시킬 수 있는 단일성이 요구된다.
- 능률성의 원칙: 조직은 조직이 바라든 바라지 않던 결과적으로 비용을 최소한으로 하여 조직의 목표달성에 공헌할 때에만 조직의 유효성이 높고 능률적이라고 할 수 있다.
- 관리범위의 원칙: 관리범위는 한 사람이 효과적으로 관리할 수 있는 부하의 수로 나타낼 수 있는데, 조직의 하위 층은 8~11명, 상위층은 3~7명 정도가 적당하다(그림 7-1).

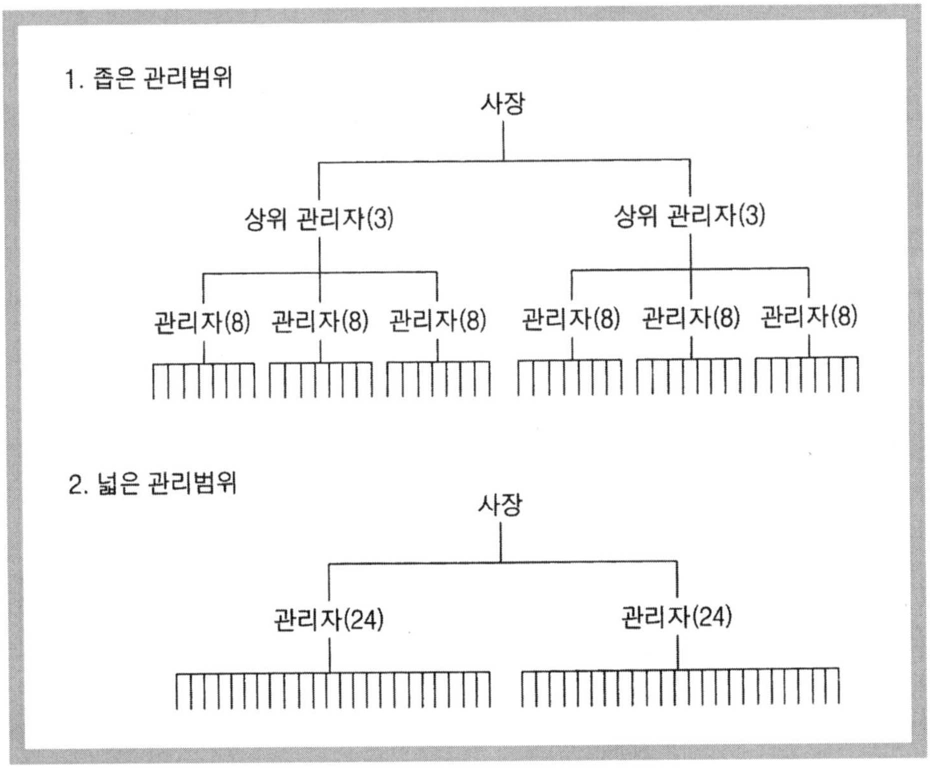

그림 7-1 관리범위의 원칙

② 조직구조와 권한에 대한 원칙

기업은 통상적으로 최고경영자로부터 최하위의 감독자, 작업원에 이르기까지 상호의존 관계의 직위계층을 이루고 있다. 이는 가급적으로 단축시켜야 효율적일 수 있다. 따라서 이를 '계층단축화의 원칙'이라고 한다. 또한 '권한 위양의 원칙'이 적용된다. 조직계층간의 상위자가 하위자에게 직무와 권한을 위양해야 효과적이다. 그러나 모든 지위에 있어서 직무수행을 위한 권한과 책임을 위양할 수 없다(권한과 책임의 균형원칙). 권한과 책임은 균형을 유지해야하며, 또한 한 사람의 부하는 어떤 직무수행에 있어서 한 사람의 상사로부터 명령과 지시를 받아야한다(명령일원화의 원칙).

③ 직무수행의 부문화에 대한 원칙

업무를 수행하기 위해서는 분업의 원칙과 전문화의 원칙, 통합과 조정의 원칙 등이 적용된다. 과업을 보다 작은 단위로 분할하고, 개개의 조직구성원이 효율적으로 수행할 수 있도록 전문적으로 담당하게 하며, 조직의 목적을 원활하게 달성하기 위해 분업화된 직무와 전문화된 부문의 활동이 조정되고, 통합되는 역할이 필요하게 된다.

(2) 조직의 유형

① 라인조직

경영자의 의사명령이 상부에서 하부로 직선적으로 전달되는 조직형태의 형태이다. 상부의 명령이 수직적으로 전달되도록 편성되어 있으므로 군대식 조직 또는 직계조직이라고도 한다. 조직의 구성원은 직속상관의 지휘와 명령에 따라서 행동하며, 그 하위자에 대해서만 책임을 지는 수직적인 계층구주를 갖는다. 이와 같은 라인조직은 책임과 권한의 명백성, 지휘와 통솔의 용이성, 의사결정의 신속성 등의 장점이 있을 수 있으나, 지휘감독자의 독단에 빠질 우려가 있으며, 각 부분간의 유기적인 협조관계 유지가 어렵다는 단점이 있다(그림 7-2).

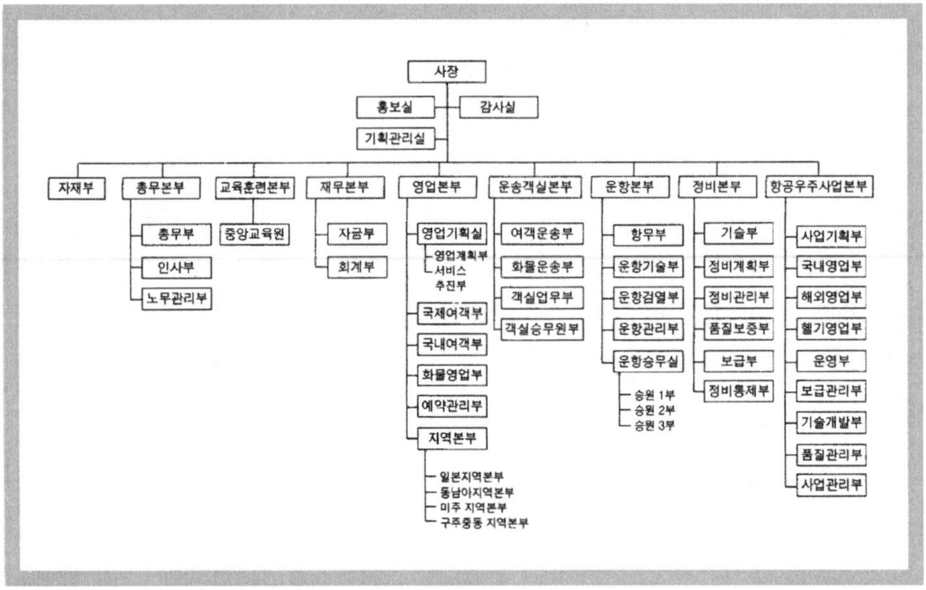

그림 7-2 라인조직의 형태

② **기능조직**

F. W. 테일러가 라인조직의 결함을 수정하고 보완하기 위해서 제창된 조직으로써 관리자가 담당하는 일을 전문화하고, 전문분야에 따라서 크로스 관리자를 두어 작업자를 전문적으로 지휘·감독하는 형태의 조직이다. 특히 이 조직은 라인조직과 반대로 수평적인 관계에 중점을 둔 조직으로써 라인조직에서 갖는 1인 만능적인 관리자의 권한을 기능별로 감독과 지휘를 할 수 있도록 제안한 것이다. 이러한 기능조직은 전문화된 감독의 효율성을 제고하고, 직무수행을 전문화함으로써 그 과업의 성과에 따라 급여를 책정할 수 있는 능률적인 조직의 장점을 가진다. 한편, 각 관리자가 담당하는 전문적 기능이 어느 특정의 작업자에게 이중으로 권한이 작용됨에 따라서 관리자 상호간의 권한싸움이 야기 될 수 있으며, 기업 전체적인 조직의 지휘와 명령에 있어서 통일성이 결여될 수 있으므로 감독과 조정 상에 어려움이 있고, 책임전가의 발단이 될 수 있다는 단점이 있다(그림 7-3).

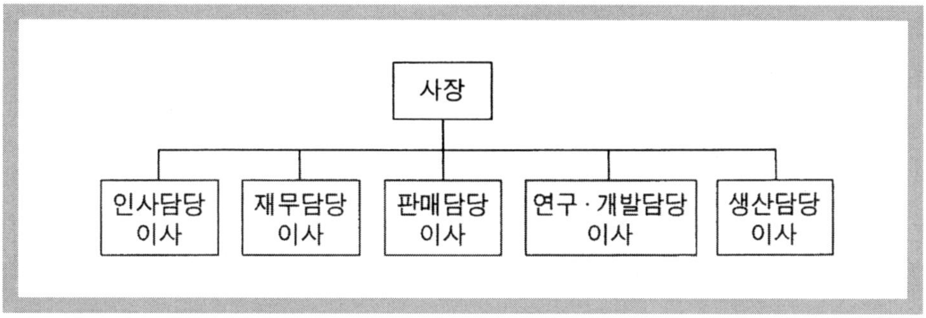

그림 7-3 기능조직의 형태

③ 라인과 스태프 조직

권한은 조직 전체의 입장에서 어떻게 배분되었는가에 따라 조직의 형태가 다르게 나타는 데, 조직에 있어서의 기본적인 권한의 배분구조로서 라인과 스태프가 있다. 이 조직은 상기의 라인조직의 장점과 기능조직의 장점을 살려서 권한위양과 전문화의 원칙을 적절하게 활용하여 조직의 목표와 관리를 효율적으로 수행하기 위한 조직이다. 이는 라인조직의 지휘와 통제의 용이성, 기능조직의 전문성을 제고할 수 있는 조직의 효율성을 기대하는 조직의 형태로써 매트릭스조직이라고도 한다(그림 7-4).

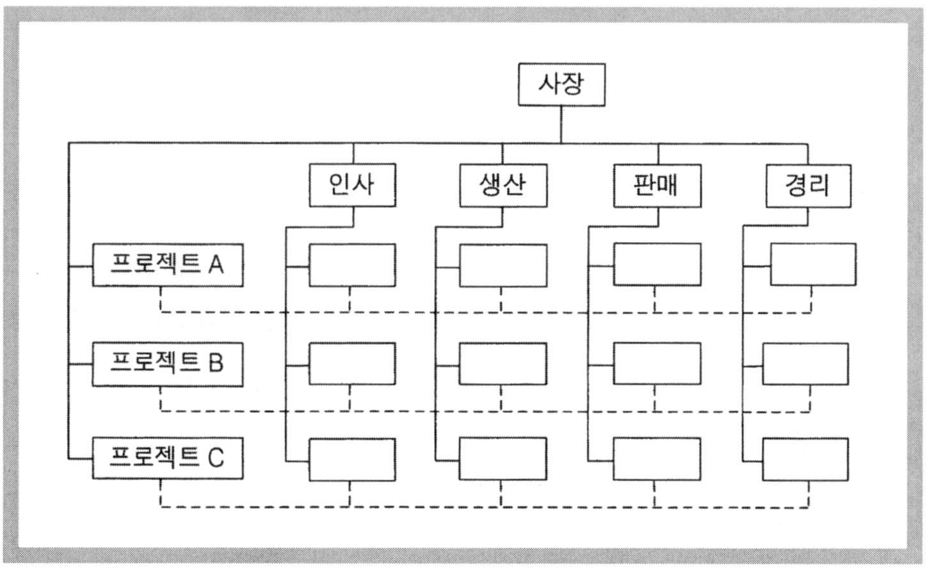

그림 7-4 라인&스태프 조직의 형태

2. 인사관리

(1) 인사관리의 개념과 특성

인사관리란, 조직에서 일하는 사람을 다루는 제도적 체계이며, 사람이 사람을 다루는 제도로서 관리의 대상과 주체가 모두 인간이다. 또한 조직체가 보유한 인적 자원의 효율적 이용을 위하여 수행하는 일련의 계획적이고, 체계적인 시책이다. 유사한 말로는 노무관리가 있는데, 양자를 포괄하여 넓은 뜻의 인적자원관리로 보는 설도 있다.

인사관리를 인적 자원관리 또는 노동력관리로 보고, 이것과 병립하는 좁은 뜻의 노무관리에서는 인적 자원이외의 인간적인 여러 가지 측면을 문제로 삼는 복지후생, 인간관계 및 각종 행사 참여 등의 다양한 시책을 다룬다.

인사관리의 구체적인 내용은 채용, 배치, 교육훈련, 승진, 퇴직, 임금, 안전, 위생, 근로시간 등 여러 분야에 미친다. 특히, 인사고과는 각 조직구성원의 업적을 객관적으로 평가하여 공정한 인사고과에 따라서 평가되어야 하기 때문에 인사관리에서 매우 중요한 기능을 수행한다. 왜냐하면, 이를 기초하여 승진, 승급, 상여가 이루어지고 있기 때문이며, 조직구성원의 장래희망, 조직의 목표달성에 충성도를 자극할 수 있는 중요한 사항이다.

따라서 인사관리의 특성을 다음과 같이 3가지로 대별할 수 있다.

첫째, 관리의 대상이 인간이며, 아울러 관리의 주체도 인간이다.

둘째, 인사관리는 주체와 대상이 모두 인간이라는 점에서 볼 때 인간 상호작용의 관계로 볼 수 있으며, 이때 이들이 공통적으로 영향을 받고 있는 사회와 문화적 환경, 전통의 영향을 배경으로 하고 있음을 벗어날 수 없다.

셋째, 인사관리는 사람이 가지고 있는 능력이나 성향을 활용하는 데 그치지 않고, 그 능력이나 성향을 바꾸는 것이 더 중요시될 때도 있다.

(2) 직무분석과 평가, 설계

① 직무분석

직무분석이란, 특정 직무의 성질을 결정하는 과정으로 합리적 채용기준 마련 및 직무평가를 위한 자료를 얻기 위하여 실시한다. 이를 실시하기 위해서는 직무분석방법, 직무분석 담당자 및 직무에 관한 사실 또는 자료 정리 등에 관하여 충분한 사전연구와 조사가 선행되어야 한다.

직무분석의 방법에는 모든 직무를 개별적으로 분석하는 직무개별조사법, 모든 직무 중 기준적인 직무만을 상세히 분석하고 그것을 기준으로 유사한 직무의 차이 부분만을 분석하는 직무분석비교법이 있다. 직무분석을 위한 자료수집방법으로는 직무의 모든 국면과 수행과정에 대한 질문 표를 작성하여 활용하는 질의서 방식과 직접 접촉과 관찰을 통해 얻는 면접방식 등이 있으며, 후자가 널리 사용되고 있는 편이다. 조사결과 얻어진 분석결과는 다음 사항을 기재하여 직무명세서에 정리한다.

② 직무평가

직무평가란, 기업 내의 각 직무가 차지하는 상대적인 가치를 결정하는 일로서 합리적인 임금구조를 유지하기 위하여 실시하며, 종업원의 선택, 배치, 훈련 등에도 그 결과를 이용한다. 평가요인으로는 직무의 복잡도, 난이도, 책임 등을 명확히 설정하여야 하며 직무평가방법은 다음과 같은 것이 있다.

첫째, 서열법(Ranking method)이다. 이는 직무의 난이도 및 책임성 등을 평가하여 서열을 매기는 방법이다.

둘째, 분류법(Grading method)이다. 직무의 가치를 단계적으로 구분하는 등급표를 만들고 직무평가를 그에 맞는 등급으로 분류하는 방법이다.

셋째, 점수법(Point method)이다. 직무를 각 구성요소로 분해한 뒤 평가한 점수의 합계로써 직무의 가치를 평가하는 방법이다.

넷째, 요소비교법(Factor comparison method)이다. 이는 객관적으로 가장 타당하다고 인정되는 기준직무를 설정하고, 이를 기준으로 평가직무를 그것에 비교함으로써 평가하는 방법이다.

③ 직무설계

직무설계란, 조직의 목표를 달성하기 위해 조직구성원에게 직무를 맡기기 위한 직무분담설계를 의미하며, 각 개인의 직무내용, 요건, 기능, 인간관계, 성과 등의 직무설계 핵심요소를 가지고, 보다 효율적인 업무능률향상을 위해 종업원의 요구도 동시에 만족시킬 수 있도록 설계하는 것이다.

주요 직무설계의 방법은 다음의 3가지로 대별할 수 있다.

첫째, 전통적인 접근법이다. 이는 테일러와 그의 친구들에 의해서 주도된 과학적 관리법에 의한 직무설계기법으로써 기술적, 기능적, 경제적인 합리성을 원칙으로 설계되는 기법이다.

둘째, 과도기적인 접근법이다. 과학적 관리법에 의한 직무설계는 인간을 기계적인 기능위주로 설계되어 많은 부작용을 초래하였기 때문에 그 대안으로 직무순환제과 직무확대 등을 도입하여 작업자가 맡은 과업의 수를 증가시켜 인간성을 다소 회복시키는데 기여하였다.

셋째, 현대적인 접근법이다. 이는 직무의 전문화, 직무순환, 직무확대 등의 접근법이 조직구성원의 욕구를 충족시키지 못하는 것으로 평가되자 직구충실이론과 직무특성이론에 근거를 두고 직무의 내용을 풍부하게 만들어 작업상의 책임을 늘리고, 자신의 능력을 발휘할 수 있는 여지를 마련해 주고, 도전적이고 보람 있는 직무를 구성할 수 있도록 하는 것이다.

(3) 인사고과방법

인사고과란, 종업원의 능력과 업적을 평가하여 그가 보유하고 있는 현재적 또는 잠재적인 유용성을 조직적으로 파악하는 방법이다. 인사고과의 목적은 인력배치 및 이동, 인력개발, 인력계획 및 기타 인사기능의 타당성측정, 성과측정 및 보상 조직개발 및 근로의욕의 증진 등을 목적으로 한다.

인사고과의 방법은 전통적인 방법과 근대적인 고과방법으로 대별할 수 있으며, 먼저 전통적인 고과방법을 다음과 같은 방법이 있다.

첫째, 서열법이다. 종업원의 능력과 업적에 대하여 순위를 매기는 방법이다.

둘째, 근무성적 기록법이다. 종업원의 근무성적의 기준을 객관적으로 정해 놓고, 이를 기록하는 방법이다.

셋째, 평가척도법이다. 전형적인 전통적인 인사고과의 방법으로 종업원의 자질을 직무수행 상 달성한 정도에 따라서 사전에 마련된 척도를 근거로 하여 평정자로 하여금 체크할 수 있도록 하는 방법이다.

넷째, 대조법이다. 설정된 평가 세부일람표에 따라서 체크하는 방법이다.

다섯째, 강제할당법이다. 미리 정해 놓은 비율에 맞추어 피고과자를 강제로 할당하는 방법이다.

여섯째, 업무보고법이다. 피고과자가 작어의 업적을 구체적으로 적어서 평가를 받는 방법이다.

근대적인 고과방법은 다음과 같이 분류할 수 있다.

첫째, 중요사실 서술법이다. 이는 기업목표 달성의 성패에 영향을 미치는 요소를 큰 중요사실을 중점적으로 기록하고 검토하여 피고과자의 직부태도와 업무수행능력을 개선하도록 유도하는 방법이다.

둘째, 자기신고법이다. 이는 피고과자가 자기 능력과 희망을 기술하여 정기적으로 보고하여 그것을 고과하고 그 결과를 인력자원조사의 자료로 활용하는 방법이다.

셋째, 면접법이다. 피고과자의 업무수행능력과 잠재력을 면접을 통해서 찾아내서 작업의 개선이나 책임의 명확화, 직무요소의 우선순위 등을 결정하는 방법이다.

넷째, 목표관리법이다. 해당 종업원이 직속상사와 협의하여 작업 목표량을 결정하고, 이에 대한 성과를 부하와 상사가 같이 특정하고 고과하는 방법이다.

다섯째, 평가센터법이다. 평가를 전문으로 하는 평가센터를 만들고, 여기에서 다양한 자료를 활용하여 고과하는 방법이다.

(4) 모집 및 채용관리

① 모집관리

모집이란 선발을 전제로 하여 양질의 인력을 조직으로 유인하는 과정이라고 할 수 있다. 모집원은 사내모집과 사외모집 원으로 분류될 수 있으며, 사내모집의 경우에 기능의 목록이나 인력배치표, 종업원의 추천을 통한 것이고, 사외모집은 공개모집제도, 광고, 직업소개소 등을 통해서 모집할 경우를 의미한다.

사내 모집방법은 현 종업원에 대한 인사기록 카드를 보유하고 있어서 해당 직위에 적합한 종업원을 선발하기가 쉽고, 사기진작과, 종업원의 능력을 최대한 활용할 수 있고, 비용절약을 할 수 있다는 장점이 있으나, 모집범위가 제한됨으로 유능한 인재를 발굴 할 수 없고, 파벌조성이 이루어질 수 있다는 단점이 있다. 사외 모집방법은 모집범위가 넓기 때문에 유능한 인재의 발굴이 용이하며, 인력개발비용이 절감되고, 새로운 지식정보와 활력을 불어넣을 수 있고, 기업홍보가 될 수 있다는 장점이 있다.

② 채용관리

채용이란, 최적상태의 인적 요소를 특정의 직무에 일치되도록 결정하는 과정이라고 할 수 있는데, 공개상태에서 쌍방이 합의해서 결정하는 경우를 공개채용이라 하고, 공개되지 않은 상태에서 일방적으로 결정행위가 이루어지는 경우를 비공개 채용이라고 한다.

채용의 수단으로는 시험과 면접에 의한 방법이 있으며, 일반적으로 이를 병행하는 경우가 대부분이다. 시험은 선발정보를 얻는 수단으로서 중요한 역할을 담당하고 있는데, 이는 응모자에 관한 상황정보를 얻을 수 있는 중요한 선발도구로써 대단위 집단을 동시에 용이하게 채용정보를 얻을 수 있다는 장점이 있으나, 다른 방법에 비해 비용이 비교적 적게 든다.

면접의 방법은 정형적인 면접, 비지시적인 면접, 스트레스 면접 등이 있는데, 정형적인 면접은 지시적 면접이라고도 하며, 직무명세를 기초로 미리 준비된 질문을 통해서 면접자를 차례로 질문하는 방법이다. 비 지시적 면접은 응모자에게 최대한의 자유를 주고, 그 가운데 응모자에 관한 정보를 얻는 방법이다. 스트레스 면접은 면접자가 공격적인 질문을 하고 피 면접자는 방어를 하는 형태를 취하며, 피면접자가 좌절하게 만들어 감정의 안정성과 조절, 인내심 등을 관찰하는 방법이다. 패널면접은 다수의 면접자가 피면접자 1~2명을 면접 평가하는 방법이다. 집단면접(그룹면접)은 각 그룹별로 자유토론의 주제를 주고 토론과정을 통해서 개별적인 적격여부를 심사·판정하는 방법이다.

3. 종업원지도와 육성

종업원의 지도와 교육은 매우 중요하다. 과거의 종업원 교육은 종업원에게 맡길 일에 대한 교육이 중심이 되었으나, 오늘날에는 그 뿐만 아니라 진보와 변화에 적극적으로 대응해 갈 수 있는 능력개발에 대한 관심이 고조되고 있다.

종업원의 지도·육성을 위해서는 계획(Plan) → 실행(Do) → 조정(Check)의 PDC 사이클이 기본과정이다. 계획을 면밀히 세우고, 그에 따라서 실행하며,

그 결과를 체크해서 계획과의 차이점을 알아내어 그것을 계획에 반영시켜 계획을 시정함으로써 일을 효과적으로 추진해 나가는 것이 중요하다.

교육방법으로는 OJT(On Job Training)과 Off JT(Off Job Training)의 두 가지 방법이 있다. 전자는 감독자가 직접 일하는 과정에서 부하 종업원을 개별적으로 실무 또는 기능에 관하여 훈련을 시키는 것이다. 모든 것이 현실적이고, 훈련이 생산에 직결되어 경제적인 장점이 있으며, 그 성과는 지도자의 능력에 따라 크게 좌우된다고 할 수 있다. 지도자는 부하가 신뢰감, 친근감을 갖도록 하여야 하며, 교육담당자라기보다는 상담상대가 되겠다는 마음으로 교육에 임하고, 자기의 수준에서 생각하지 말아야 한다. 또한 가르친 것을 상대방이 가르친 대로 이해하고 있다고 생각지 말아야 하며, 좋은 점은 칭찬하고, 나쁜 점은 주의를 주는 과정을 통해서 훈련한다. 후자는 직장 외 훈련 또는 직무 외 훈련이라고 하며, 교육훈련을 담당하는 외부의 전문스태프의 책임하에 이루어지며, 경영의 각 계층을 대상으로 직장 밖에서 강의 또는 토의를 통해 실시하는 방식이다.

교육종류별 교육방법은 지식교육, 기능교육, 태도교육으로 대별되며, 지식교육은 과거의 지식이나 경험에 결부시켜서 가르치면 효과적이다. 이는 정확히 이해했는지 여부를 확인하면서 교육하고, 잘못된 이해를 바로잡아 이해를 깊게 한다. 필요에 따라서는 응용문제를 제시하여 그 지식의 활용법을 익히게 한다. 기능교육은 주로 실습을 통해서 또는 연습을 통해서 반복교육을 하게 한다. 적당한 과제를 주고 실습목표를 달성하도록 한다. 태도교육은 가르칠 태도에 관련된 경험을 갖게 하고, 그것을 통해서 만족감을 느끼게 하며 솔선수범을 통해서 가르친 대로 태도를 취해 가도록 격려한다.

4. 판매사무의 관리와 경영분석

(1) 판매사무의 관리

판매사무의 기본은 계수(計數)관리는 물론 경영활동에 관한 의사결정에 필요한 여러 정보를 작성하고 전달하며 처리하는 일이다. 기업이 대규모화하고 복잡해지면 사무량이 급속히 늘어나 사무부문과 사무원의 비중이 커지며, 사무활동의 전부가 커더란 영향을 미치게 된다. 이는 구매, 제조, 판매와 같은 직능적인 업무활동에 대해서 뿐만 아니라, 경영자나 관리자가 장 · 단기적으로, 구조적이고 운용적인 문제에 관한 의사결정을 내리는 경우에 그 효율에 결정적인 영향을 미친다. 여러 업무활동은 사무에 의하여 유기적으로 결합되고 전체적으로 계획되고, 조직되고, 통제되기 때문이다.

판매사무의 목적은 좀 더 나은 판매관리를 효율적으로 하기 위한 정보처리, 판매실적관리, 판매활동관리를 원활히 하는데 있다. 판매정보시스템으로는 POS(Point of Sales)시스템이 있으며, 이는 '판매시점정보관리'시스템으로서 판매한 시점에서 상품의 판매관련 데이터를 즉시 컴퓨터로 처리하여 정보로 활용하는 시스템이다. 어떠한 상품이 언제, 어디에서, 얼마나 팔렸는지를 파악할 수 있는 정보를 관리할 수 있다. 또한 POS를 통해서 고객서비스의 질적인 향상과 체화재고를 감소시킬 수 있으며, 이에 따른 매출을 극대화 할 수 있다. 수작업 시 발생할 수 있는 관리 및 운영 부분의 손실을 최소화하는데 목적이 있다.

(2) 경영분석

소매기업의 경영분석과 관련해서는 이익측정의 원칙과 손익분기점, 당기순이익의 계산, 경영분석비율에 관해서 간단히 살펴보고자 한다.

① 이익측정의 원칙

- 손익거래와 자본거래 구분의 원칙: 이익은 출자자로부터 출자된 자본 및 기업에 축적된 자본의 이용으로 얻은 소득과 자본 자체의 증감을 의식적으로 행하는 증자나 감자에 의해 발생하는 이익을 엄밀히 구별되어야 한다는 원칙이다.
- 비용 · 수익 대응의 원칙: 이익은 1회계기간 동안의 총수익에서 그 기간의 총비용을 공제한 차액으로 측정된다는 원칙이다.
- 취득가격주의 원칙: 이익측정의 척도로는 최초의 원시기록의 단계에서는 거래에서 실제로 붙여진 화폐가격을 사용한다는 원칙이다.
- 실현주의 원칙: 기간의 수익측정에서는 원칙적으로 판매 기타의 객관적인

근거에 의해 실현되었다고 판단되는 수익을 가지고 실시한다는 원칙이다.

- 발생주의 원칙: 기간의 비용측정에 있어서 원칙적으로 그 기간에 발생된 것으로만 인정되고, 그 기간에 실현된 수익에 대응하는 부분을 비용으로 파악한다는 원칙이다.
- 손익계산 구분표시의 원칙: 이익의 보고에서는 그 발생 원천에 따라서 분류한 비용과 수익을 대응 표시함으로써 이해관계자에게 경영성적을 명료하게 알린다는 원칙이다.

② 손익분기점

손익분기점이란 한 기간의 매출액이 당해 기간의 총비용과 일치하는 점을 의미한다. 즉, 이익도 손실도 생기지 않는 매출액을 의미한다. 따라서 일정기간의 매출액이 그 분기점을 넘어서 증가하면 이익이 발생하지만, 매출액이 감소하여 그 분기점을 밑돌면 손실이 발생한다(표 7-1).

손익분기점 분석에서는 보통 비용을 고정비와 변동비로 분해하여 매출액과의 관계를 검토한다. 매출액은 매출수량과 매출단가의 관계로 대치되므로 판매계획의 입안에 있어서 분석방법은 중요한 실마리가 된다. 또한 그들 상호의 인과관계를 추구하는 것에 의하여 생산계획, 조업도 정책, 제품결정 등 각 분야에 걸쳐 다각적으로 이용된다.

표 7-1 손익분기점 관련공식

- **손익분기점 산출 공식**
  손익분기점 매출액=고정비/[1－(변동비/매출액)]
- **어느 특정 매출액에 대해 발생한 손익을 산출하는 공식**
  손익액=매출액×[1－(변동비/매출액)－고정비]
- **특정의 목표이익을 얻기 위해 필요한 매출액을 산출하는 공식**
  필요 매출액=(고정비+목표이익)/[1－(변동비/매출액)]

③ 당기순이익의 계산

매출 총이익=순매출액－매출원가

영업이익=매출총이익－판매비 및 일반관리비

경상이익=영업이익+영업외수익－영업외 비용

법인세 차감 전 당기순이익=경상이익+특별이익－특별손실
당기순이익=법인세 차감 전 당기순이익－법인세

④ 경영분석비율

- 경영자본 대 영업이익률: 경영자본의 이익을 올린 정도의 비율이며, 비율이 높을수록 종합적인 수익성과 활동성이 높다고 볼 수 있다.
- 경영자본회전율: 경영자본의 회전속도를 표시한 것을 말한다. 회전율이 높을수록 활동성이 높고, 경영자본에 비해 매출액이 크고 회전율이 양호하며 매출액에 비하여 경영자본이 적을 때에도 회전율은 양호하다.
- 매출액 대 영업이익률: 비율이 높을수록 수익성이 양호하고, 매출액에 비하여 영업비용이 적을 경우나 매출원가와 영업비에 비해 매출이 많을 때 이 비율이 높아진다.
- 유동비율: 유동자산에 대한 유동부채의 비율이다. 이 비율이 높을수록 지불능력이 크다고 볼 수 있으며, 자금운용 면에서 안정성이 있다.
- 상품회전율: 상품의 평균 재고액의 회전속도를 표시한 것을 의미하며, 회전율이 높을수록 활동성과 수익성이 높다.
- 매출액 대 총이익률: 매출액에 대한 매출총이익의 비율을 표시한 것이다. 비율이 높을수록 수익성이 양호하다.
- 판매·관리비율: 매출액에 대한 판매관리비의 비율을 표시한 것이다. 비율이 낮을수록 수익성이 양호하다.
- 매출액 대 인건비율: 매출액에 대한 인건비의 비율이다. 비율이 낮을수록 수익성 높고 활동성이 양호하다.

5. 점포구성과 환경관리

매장이란 유통경로를 통하여 공급된 상품을 고객에게 판매하는 곳을 말한다. 매장은 상품을 전시하는 전시장이 아니라 상품을 판매하는 곳이며, 고객에게 가치를 제공하고, 고객으로 하여금 그 가치에 대하여 만족을 느끼게 하는 곳이다. 가치가 있다는 것은 가격이 비싼 것을 의미하는 것이 아니라, 고객이 지불한 대가에 만족을 느끼는 것을 뜻한다.

매장은 수익을 실현하는 곳이며, 고객들로부터 정보 수집을 가장 빠르게 할 수 있는 곳이다. 따라서 매장의 기본조건은 쇼핑에 편리하도록 조성해야 하며, 고객이 즐길 수 있는 환경과 이미지에 적합하도록 설계하여야 한다.

매장의 조성은 상품진열, 고객의 동선, 쇼핑동작, 작업동작 등의 일련의 배치작업을 하는 레이아웃(Lay-out)의 설정이 매우 중요하다. 레이아웃에는 격자형, 자유형, 변형형으로 대별되며, 레이아웃은 사전에 상권 조사를 통한 점포 콘셉트를 설정한 후에 작성해야 한다. 고객의 심리를 파악하고 무의식적으로 점포 안을 자유롭게 많이 걷게 함으로써 많은 상품을 구매할 수 있는 기회를 부여해야 한다.

상품진열은 점포의 환경관리와 매우 밀접한 관계가 있으며, 고객이 쉽게 상품을 인지하고 그 상품을 사게 만드는데 목적이 있다. 또한 매장의 시설공사, 외부 및 내부 인테리어, 조명이 고객의 흡인을 크게 좌우할 수 있기 때문에 점포의 환경관리에 고객의 구매심리를 자극할 수 있는 방향으로 관리해야 한다.

제 2 절 | 상품관리의 이해

1. 상품관리의 의미

유통기업의 주된 목적은 상품을 판매하는 것이다. 이 목적을 달성하기 위해서 어떤 상품을 얼마나 구매할 것인가를 결정해야 하는 것은 유통기업의 핵심적인 업무가 되고 있다. 그러나 매입한 상품을 점포 내에서 어떻게 관리하느냐에 따라 상품을 구매한 고객의 만족도가 결정되며, 또한 기업의 재무적 목표도 달성할 수 있기 때문에 합리적 상품관리의 중요성에 대한 인식을 소홀히 할 수 없다.

우선 고객의 만족을 실현할 수 있는 상품관리란 적절한 상품을 적절한 가격으로 적절한 수량만큼 유지하면서 고객이 원하는 때에 제공할 수 있도록 상품의 상태를 통제해 나가는 활동이다. 또한 기업의 재무적 목표를 달성하기 위한 상품관리란 상품의 결손을 예방하고, 적정재고수준을 유지하면서 일정 시점에서의 실물재고 상황을 정확히 파악하여 이에 대처함으로써 상품관리상의 비용을 최소화하고 매출수익을 극대화하는 활동이다.

이상과 같은 관점에서 볼 때 합리적인 상품관리란 머천다이저가 각 상품의 상태와 동향을 수시 또는 정기적으로 점검하고 통제함으로써 점포 내의 전체 상품이 양적·질적으로 언제나 조화롭게 구성되어 판매효율을 높일 수 있게 하는 것이며, 상품의 가치를 일정 수준 이상으로 유지할 뿐만 아니라, 자체 손실을 사전에 예방하는 일련의 과정이라고 할 수 있다.

2. 일반적인 상품의 유형별 지식

(1) 의류 및 신변품

의류 및 신변품은 기능성과 장식성, 개성과 사회성, 모방과 독창성을 갖는 상품의 특성을 지닌다. 이들 상품의 생산은 매우 영세한 실정이며, 그렇기 때문에 유통기구의 역할이 매우 중요하다. 특히, 유행의 변화, 기후의 변화, 동일상권 내 경쟁점포의 취급상품의 변화, 생활환경의 변화, 입지조건의 변화 등에 주의하여 기동성 있고 유동적인 상품구성이 필요하다. 주로 의복 또는 복식품의 유행을 가리켜서 말할 때 '패션'이란 용어를 사용한다. 어느 특정한 감각이나 스타일의 의복 또는 복식품이 집단적으로 일정한 기간에 받아들여졌을 때 이를 일컫는 것이 패션이다.

(2) 신선식료품

신선식료품의 대표적인 것은 '청과물'을 예로 들 수 있다. 이와 같이 신선식료품은 유통에 있어서 기후조건에 가장 큰 영향을 받으며, 부피가 크고, 무겁고, 신선도를 유지해야 한다는 특징 때문에 유통관리상의 비용이 많이 든다. 또한 생산규모가 영세하고 적은 양이 소비되기 때문에 수집과 분산과정에서 복잡하고 품질의 표준화가 매우 어렵다. 수요와 공급의 증가와 감소에 따라서 가격변동의 영향이 크며, 수요 · 공급 상의 계절적 · 연차적 불안정성이 크다.

(3) 가공식품

가공식품이란, 식품의 원료인 농산물 · 축산물 · 수산물 등의 특성을 살려 보다 맛있고 먹기 편한 것으로 변형시키는 동시에 저장성을 좋게 한 식품을 말한다.

가공식품의 종류는 원료에 따라서 농산가공식품, 축산가공식품, 수산가공식품 등으로 분류될 수 있다. 여기에는 1차 가공식품과 2차 가공식품이 있다. 예를 들면, 쌀 · 밀가루 · 녹말 등은 1차 가공식품이며, 이것으로 만든 미숫가루 · 빵 · 포도당 등은 2차 가공식품이다.

(4) 냉동식품

냉동식품은 식품을 장기간 보존하는 것보다는 단기간 보존하면서 싱싱한 식품을 이용하는데 목적이 있으며, 적게는 가정에서 조리용으로 구입한 육류나 생선류를 며칠 동안 두고 사용할 때, 크게는 원양에서 잡은 생선을 며칠 걸려 목적지에 수송할 때 이용하는 방법이다.

냉동식품의 종류는 크게 나누어 과실류, 채소류, 축산물, 수산물, 조리식품의 5가지로 분류할 수 있다. 이들은 각각 특성이 있고 냉동할 때의 처리공정이 다르므로 해동할 때에도 조심해야 한다. 육류나 생선은 원형 그대로 또는 부분으로 나누어 냉동하며, 해동하기 위해서는 5~10℃의 상온에서 자연해동이 바람직하다. 기타 채소류 과일류 등 보관과 사용목적에 따라서 냉동과 해동을 주의 깊게 시켜야 품질을 잘 유지 보관할 수 있다.

냉동식품은 저온에서 보존되므로 비타민 등의 감소와 영양적인 손실은 적다. 하지만, 냉동실은 건조하기 때문에 냉동식품 중의 얼음결정은 승화되므로 식품은 건조되기 쉽다. 따라서 플라스틱 필름으로 포장하든지, 생선은 글레이즈라고 하여 얼음층을 생선 표면에 덮는 방법을 택한다.

(5) 내구소비재

내구소비재에는 대표적으로 가정용 전기제품과 가구, 인테리어 상품, 자동차 등이 있다. 이들 상품은 유행성과 계절성을 가지며, 제조업자는 상품의 광고 선전에 큰 비중을 두고 판매촉진을 한다. 또한 원자재의 질과 소재, 가공기술 등이 중요시 되는 제품이다.

(6) 가정용품

가정용품은 도자기, 유리제품, 플라스틱, 양식기, 칠기, 일용잡화 등을 포함하는데 소재의 명칭, 구성, 산지, 디자인, 무늬 등에 영향을 많이 받는다.

3. 수치에 의한 상품관리

유통기업에서 상품관리를 담당하는 부서는 여러 부문에 걸쳐 있다. 그 관리방법도 많은 정보를 기초로 한 통일적인 관리이어야 하며 그것도 감각적인 관리형태가 아니라 수치에 의해 구체적으로 파악할 필요가 있다. 오늘날 일반적으로 행해지고 있는 수치에 의한 관리방법은 「금액을 기준으로 한 상품관리」와 「수량을 기준으로 한 상품관리」가 있다.

(1) 금액을 기준으로 한 상품관리

이것은 취급상품의 내용을 금액으로 파악하여 상품의 재고액, 구매액, 매출액을 합리적으로 통제하려고 하는 방법이다. 특히 이 중에서 중심이 되는 것은 구매액에 대한 관리인데 이것은 매출액, 재고액의 추이에 적응해 나가는 것이 중점이 된다. 관리 주기는 일반적으로 월(月) 단위이나 순(旬)이나 주(週) 단위로도 행한다.

일반적으로 기업 활동에 있어서 총판매액 목표를 계획하고 부문별 예정 판매액을 설정하여 예정 구매액 산출이나 평균 재고액 결정, 판매활동에 대한 실적 평가 등을 산정하는 방법도 모두 금액을 기준으로 한 상품관리 방법에 따르고 있다. 이 방법으로 기업이 취급하고 있는 상품 전반에 걸쳐 총체적으로 상품을 관리할 수 있는데 이 경우 관리 단위가 중요하게 되지만 얼마나 세부적으로 관리할 것인가는 기업의 관리수준, 업태특성 등에 따라 달라진다.

(2) 수량을 기준으로 한 상품관리

금액을 기준으로 한 상품관리 방법은 예산의 실적 평가, 판매실적 평가와 같이 총괄적인 운용 판단을 하는 데는 좋으나 실질적인 상품관리라고 하는 측면에서 보면 부적당한 경우도 있다. 예를 들면 상품에는 동일한 품종의 상품이라 할지라도 색, 무늬, 규격, 디자인 등 천차만별의 상품이 있어 이것을 가격만으로 관리하기란 어렵다. 현재 몇 개를 보관하고 있고 몇 개를 팔고 있는가에 관한 판단은 보통 이 상품의 명칭과 수량으로 판단하는 경우가 많기 때문이다. 구매 발주, 재고관리, 판매 거래에 있어서도 구체적으로는 무엇을 몇 개라고 하는 식의 관리를 하고 있어 금액을 기준으로 하여 운용하고 있는 경우보다도 수량을 기준으로 한 관리방법이 많이 사용되고 있다.

따라서 상품의 구체적인 세부 운용과 전개를 위해서는 수량적인 상품관리 방법이 활용되고, 총괄적 또는 부문 총괄적인 운용과 전개를 위해서는 금액 기준의 상품관리를 활용하는 것이 좋다.

4. 부문별 상품관리

(1) 부문별 관리의 기본적 사고

기업에서 상품관리를 실시한다 하더라도 그 기업이 취급하는 상품들은 제각기 다른 성격을 가지고 있다. 그러므로 상품의 성격에 따라 그 관리방법은 당연히 달라질 것이다. 또한 상품 성격과 그 상품에 대한 소비동향은 고정적인 것이 아니라, 계절 변동, 유행의 변화, 가격지향의 변화, 고객층의 변화 따위에 의해 변화한다.

상품 중에는 판매경향 면에서 비교적 변화가 적은 통상적인 상품도 있고 변화가 매우 심한 성격을 지닌 유행상품도 있다. 유행상품은 일반적으로 상품 개성이 강하고 다른 상품과 비교해 가면서 구매하는 경향이 있으며, 구매행위 자체를 즐긴다고 하는 소비자의 요구가 강한 상품이 많으므로 선매품으로서의 성격을 가지는 것이 주체가 된다. 이에 비해 통상적인 상품은 수요 정도가 높고 구매빈도도 높은 성격이기 때문에 일용품류의 것이 많아 편의품적 성격의 상품이 주체가 된다.

따라서 부문별 상품관리의 기본은 이와 같은 상품 성격을 전제로 하여 ① 부문별 상품의 소비 동향 ② 부문별 상품의 계절 동향 ③ 부문별 상품의 유행 따위의 변화를 근거로 하여 취급 상품의 구성, 품목 수, 진열 방법, 가격 대책, 광고 대책 등을 전개하지 않으면 안 된다. 이와 더불어 매출액, 상품회전율, 재고량, 이익률, 구매 · 판매경비 등의 요인도 고려하지 않으면 안 된다.

(2) 연간 판매동향에 대응한 부문별 상품관리

이 방법은 각 상품의 연간 변동률로부터 상품의 유동성을 파악하고 이것에 대응하여 상품을 관리하는 방법이다. 예를 들면 특정 상품 부문의 판매 변동률이 높은 달은 적극적으로 활동하여 그 부문에서 더욱 높은 판매성과를 올릴 수 있는 계획을 세우고 판매변동률이 낮은 달은 그것을 보완할 수 있는 계획을 검토하는 것이다. 이와 동일한 방법으로 상품회전율, 매출총이익률, 예상 구매계획 등을 요소로 하여 그 변동률을 파악하고 그것을 근거로 하여 구매계획이나 재고계획, 판매계획과 같은 머천다이징 활동에 대한 판단을 유효하게 할 수 있다.

(3) 사내 정보에 의한 부문별 상품관리

일반적인 상품관리 방법 중의 하나는 사내 정보 특히 판매활동정보를 활용하는 경우가 많다. 즉 [전년도 매출액, 전년도 구매액, 전년도 판매촉진 실시상황] ⇒ [금년도 매출액 목표 설정, 금년도 구매목표 계획의 작정, 금년도 판매촉진계획] ⇒ [금년도 매출실적, 금년도 구매실적, 금년도 판매촉진 실시상황 분석] ⇒ [목표와 실적의 대비] ⇒ [달성율의 평가] ⇒ [내년 계획에 반영] ……과 같은 과정을 참작하여 일람표를 만들고 이것에 의해 계획적으로 관리하는 것이다. 물론 이 방법은 일반적으로 실시하고 있는 방법으로서 특별한 결점은 없지만 문제가 될 수 있는 것은 목표를 수립할 때 머천다이징 담당자가 각 부서와의 커뮤니케이션을 잘 이루어서 구매계획 목표를 판매부서와 공유한다는 의식을 가지는 것이 중요하다.

또한 실적 분석을 함에 있어서도 상호 의사를 잘 반영하여 다각적인 시야에서 그것을 판단하는 것이 좋다. 특히 판매촉진과의 관련이나 판매 공간의 할당 등 계획은 충실하게 되었으나 막상 실행 단계가 되어 판매촉진 예산이 부족하다든지 판매할 공간이 제대로 확보되지 않을 경우가 있기 때문에 주의할 필요가 있다.

또한 부문별 상품관리의 실시방법으로서 ① 지점별 ② 배치별 ③ 유형상품별 ④ 품종별 ⑤ 용도별 ⑥ 가격별 ⑦ 구매처별 등 여러 가지 각도에서 검토하는 방법이 있겠으나 기업활동의 실태에 상응하도록 최소한 필요한 것을 선정하여 운용하는 것이 좋다.

5. 판매효율정도에 따른 상품관리

상품회전율이 높은 상품은 유통기업의 활동에 활력을 불어 넣어주는 역할을 한다. 물론 상품회전율이 높은 상품 중 수익성이 낮은 상품은 판매활동의 성과를 제대로 거두지 못하여 경영상의 문제를 야기하는 경우도 적지 않다.

예를 들면, 고객흡인력을 강화하기 위해 수익성을 희생하더라도 「잘 팔리는 상품」을 기획하여 매장에 진열함으로써 판매활동의 활력을 높이고자 하였으나 예상만큼 성과가 오르지 못하는 경우가 있다. 그러나 정상적인 경영상황을 전제로 할 때 가격경쟁 수단을 쓰지 않고서도 평소의 상품 동향을 잘 관찰하여 활기 있는 상품을 찾아내고 이 상품에 대하여 더 큰 활력을 발휘할 수 있도록 관리하는 일이 중요하다.

다음에 소개하는 몇 가지 상품관리방법은 점포 내에 재고되어 있는 상품 중 판매효율을 올리는 정도에 따라 상품을 관리하는 방법으로서 학술적 용어는 아니라 할지라도 업계의 실무에서 통용하고 있는 방법이므로 참고할 가치가 있다고 생각한다.[2]

(1) 활동성 상품에 대한 관리

점포에서 취급하는 상품 중에는 계절이나 유행에 따라 상품마다 판매 성과가 달리 나타나는 것은 당연하며, 기후, 습도, 온도의 차이에 따라서도 상품에 대한 소비자의 선호도는 달라진다. 또한 어떤 상품은 점포에 내놓자마자 금방 다 판매되어 재고 부족 상태가 되는 경우도 있다. 예를 들면, 복날의 삼계탕이라든지 유행성 부인복이나 액세서리 등과 같은 상품군이다. 상품관리자는 이러한 복잡한 현상을 주의 깊게 관찰하면서 판매가 활발하게 이루어져 상품회전율이 높은 「활동성 상품」을 빨리 발견하여 이것을 더욱 다양하게 육성해감으로써 판매력을 지속적으로 향상시킬 수 있는 대책을 강구할 필요가 있다.

점포관리자가 자기 점포를 번성점포로 만들기 위해서는 무엇보다도 먼저 활동성이 강한 상품을 적극적으로 발견하여 이것을 고객에게 효과적으로 제안할 수 있어야만 하는 것이다. 회전 속도가 빠르고 신선도가 높은 상품은 활기 넘치는 점포 분위기를 조성하게 되어 고객흡인력을 높이게 되며 결국 지역 제일점포로서의 위상을 차지하게 되는 것이다. 그러나 활동성 상품이란 계절, 기후, 기상, 또는 소비자의 기호 변화 등으로 바뀌는 것이 일반적이기 때문에 장기간 지속하는 경우는 드물다. 따라서 점포관리자는 언제나 새로운 활동성 상품을 창조해 나가기 위한 전략적 사고를 지니고 있어야 한다.

(2) 판매주력상품에 대한 관리

「판매주력상품」이란 「활동성 상품」에 비해 상품회전이 빠르지도 않고 두드러진 활동성도 보이지는 않지만, 꾸준히 매출 실적을 올리고 있는 상품군이다. 슈퍼마켓의 경우 유명브랜드 소시지나 유제품 등이 여기에 속하며, 신사복점의 경우 그 계절에 보편적으로 입을 수 있는 정장 상품이 여기에 속한다.

활동성 상품이 판매촉진 수단을 통해 고객을 유인하는 성격을 지닌 상품이라면, 판매주력상품은 평상시에 고객의 애호심에 호소하는 방법을 통해 매출실적을 쌓아 가는 상품이라 할 수 있다. 판매주력상품은 점포의 중심상품이기 때문에 이를 점포 내에 배치할 경우 활동성상품과 관련성을 가질 수 있도록 배치함으로써 양쪽이 함께 고객에게 매력을 느낄 수 있게 배치할 수 있는 방법을 강구하는 것이 좋다.

(3) 변동성 상품에 대한 관리

변동성 상품이란 활동성 상품이나 판매주력상품에 비해 상품회전이 빠르지는 않지만, 진열장의 진열상황에 주의를 기울이지 않으면 품절상태를 가져오기도 하는 상품군이다. 식료품점의 경우 조미료, 계절식품, 김치류 등이 여기에 속하며, 의류점의 경우 장갑이나 머플러와 같은 계절상품이 여기에 해당한다.

이 상품은 수요동향이 변화함에 따라 판매가 급증하거나 급감하는 성격이 강할 뿐만 아니라, 때에 따라서는 판매주력상품의 위치로 자리를 옮기거나 판매정체상품으로 전락할 수도 있기 때문에 항상 상품 동향에 유의하면서 재고를 조절해 나갈 필요가 있다.

(4) 휴면상품에 대한 관리

유통기업 특히 소매기업이 소비자의 구매대리기관으로서의 역할을 제대로 수행하며 소비자의 만족을 충족시키기 위해서는 판매주력상품이나 활동성상품과 같이 판매효율이 좋은 상품만으로써는 한계가 있다. 그래서 드물게 팔려나가는 상품이라 할지라도 전체 상품구성의 조화와 점포의 신용을 유지하기 위해서 재고하지 않으면 안 될 상품 군이 있는데 이러한 상품 군을 편의상 휴면상품이라 부른다. 문구전문점의 경우 제도에 쓰이는 부속품이라든지 특수

연필심과 같은 상품으로서 고객이 꼭 필요로 하여 찾을 때 상품이 진열되어 있으면 문구전문점으로서의 신용을 높일 수 있다. 문제는 이러한 부류의 상품 구색을 어느 정도 수준에서 유지해야 하는지 또는 어느 때에 일제히 처분하고 신상품으로 교체해야 하는지에 관한 계획을 철저히 세워 실행하는 일이다.

토의 및 연습문제

1. 점포조직을 구성하는데 있어서 조직화의 기본요소와 그 원칙을 설명하시오.
2. 조직의 유형 중 2가지를 선택하여 비교 설명하시오.
3. 자신이 유통기업의 인사관리담당자라는 가정하에 모집 및 채용관리를 한다면, 어떻게 좋은 인재를 확보할 수 있을지 토의해 보자.
4. OJT와 Off JT에 의한 교육방법을 비교 설명하시오.
5. 판매사무 관리의 경영분석 방법 중 손익분기점을 설명하고, 다음의 문제를 풀어보자.
   ex) 동서분식점에서 만두1상자에 2,000원이며, 단위당 소요 비용은 700원이다. 단, 매달 100만원의 집세를 지불하고 있다. 손익분기점은 얼마인가? 손익분기점 판매수량은?
6. 상품관리방법 중 판매효율 정도에 따른 상품관리를 4가지로 분류하고, 각각 어떻게 관리해야 되는지 사례를 들어 설명하시오.

제 8 장

판매촉진활동의 이해

학습목표 유통기업의 마케팅전략 핵심은 자사 상품을 알려서 사고 싶은 욕구가 생기도옥 만들어 판매로 연결되게 하는 촉진활동이 중요하다. 따라서 판매촉진활동과 고객과의 커뮤니케이션 전략에 관한 내용을 이해

- **제 1 절** 판매촉진의 의미와 기능 · 수단
- **제 2 절** 판매촉진활동과 커뮤니케이션전략
- **제 3 절** 고객관계마케팅

제 1 절 | 판매촉진의 의미와 기능 · 수단

판매촉진의 기능과 특징은 판매 그 자체를 말하는 것이 아니고 판매활동을 조성하고 돕기 위한 소비자에 대한 자극적 수단을 총칭한다. 따라서 판매촉진의 본질을 다음과 같이 설명할 수 있다. 예를 들면, 소비자를 자극하는 수단으로서의 기능인데 그 내용은 광고에 의해서 환기된 예상판매량을 추구함으로써 소비자를 자극하는 작용을 말한다. 견본배포, 소비자 콘테스트, 점포실황, 쿠폰배포 등의 수단으로 동원되고 있다.

판매촉진은 프로모션 · 믹스(Promotion Mix)를 통해서 소비자와 판매점, 기업 내 구성원을 상대로 판매촉진활동을 하게 된다. 프로모션 · 믹스의 형태는 두 가지가 있는데 그 하나는 Push Strategy이며, 다른 하나는 Pull Strategy로 분류되며, 전자는 인적판매가 중심이 되며, 후자는 광고와 선전이 그 중심적인 역할을 하게 된다. 그런데 오늘날의 판매 전략으로는 일반적으로 당기는 전략 즉, 광고와 선전에 의해서 판매하는 전략이 크게 활용되고 있으므로 이에 대한 검토와 연구개발이 무엇보다 중요시 되고 있다. 특히 촉진의 효과를 실현하기 위한 본질은 정보의 전달과 소득 그리고 차별화의 강화이다.

판매정보의 전달에는 소비자와 사용자의 요망에 합치될 수 있는 제품과 서비스를 어떻게 전개 하느냐에 있다. 정보의 전달을 위한 수단이 광고이든 혹은 판매원의 활동이든 간에 일방적인 전달만으로 끝나서는 촉진의 효과는 기대할 수 없다. 즉, 소지자 정보의 탐지와 효과적인 반영을 제품과 서비스 면에 구현 시켜야만 한다. 그리고 소비자의 의사결정이 바람직한 소구의 방향으로 나가도록 유도하는 설득이 필요하다. 설득은 다시 납득으로 전개시켜 소비자 스스로 자연스럽게 제품의 선택에 응하도록 작용을 해야 한다. 끝으로 타사의 추종을 허용하지 않는 독특한 수단과 독창성을 발휘하는 근본적인 차별화가 다시 여기에 추가되지 않고서는 안 된다는 점이다.

1. 판매촉진의 개념과 기능

마케팅전략의 핵심은 상품, 가격, 유통과 촉진이다. 촉진이란 고객에게 자사 상품을 알려서 사고 싶은 욕구가 생기도록 만들어 판매로 연결되게 하는 활동이다. 상품을 판매하기 위해서는 여러 가지 방법으로 소비자의 구매의욕을 높이는 활동을 하여야 하는데, 이를 광의의 판매촉진이라 하며 그 방법으로는 광고, 홍보, 촉진, 인적판매 등이 있다. 더 나아가서 상품, 가격 및 유통전략을 세우는 것도 판매촉진활동의 범위에 포함된다고 할 수 있다. 협의의 판매촉진이란, 촉진 대상자에게 실질적인 혜택을 줌으로써 조기의 시장반응 또는 보다 강한 시장반응을 고양시키기 위한 촉진활동이다. 즉, 최종고객의 구매의욕을 환기시키거나, 중간유통업자의 판매동기를 자극시킬 목적으로 하는 활동을 의미한다.

이러한 판매촉진은 미국에서 1929년 대공황 이후 마케팅전략의 일환으로 전개되면서 마케팅과 밀접한 관계를 가지며 발전해 오고 있다. 종래 기업의 제반활동은 생산 활동을 중심으로 하여 연구되어왔으나, 대공황 이후 기업이 판매와 시장개척의 문제 관심을 갖기 시작하였다. 그 기본 이념은 그들이 소비자 입장에서 관심을 가지고 사고 싶은 마음이 들도록 하는 데 있다. 이것을 고객지향 또는 소비자 지향이라고 한다.

판매촉진의 형태로는 판매점원조, 소비자에 대한 판매촉진, 사내 판매촉진 등이 있다. 그 구체적 방법으로는 매스컴에 의한 광고 및 선전활동, 판매점 광고지원, 판매점에 대한 정보와 자료제공, 판매점회의, 점포설계지원, 상품진열지도, 판매원에 대한 판매기술 훈련, 판매 콘테스트 실시, 서비스정책, 판매가격정책, 점포위치의 연구, 실연판매, 소비자 상담서비스, 전시회 · 설명회 · 강연회 개최, 견본카탈로그 제공, 소비자 교육 등이 있다.

2. 판매촉진의 기능과 수단

(1) 판매촉진의 기능

판매촉진의 기능은 정보의 전달기능, 설득의 기능, 상기 기능 등이 있다.

첫째, 정보의 전달기능이다. 기업이 수행하는 촉진활동의 주요 목적은 정보를 널리 유포하는 것으로 이러한 촉진활동은 커뮤니케이션의 기본적인 원리에 따라서 이루어진다.

둘째, 설득의 기능이다. 촉진활동은 소비자가 그들의 행동이나 생각을 바꾸도록 하거나 현재의 행동을 더욱 강화하도록 설득하는 기능도 하는데, 대부분의 촉진은 설득을 목적으로 한다.

셋째, 상기 기능이다. 이는 상기 목적의 촉진이며, 자사의 상표에 대한 소비자의 기억을 되살려 소비자의 마음속에 유지시키기 위한 것이다.

따라서 촉진활동은 기업이 표적시장에 자신의 존재를 알리고, 자신의 상품을 적절히 차별화하며, 자신의 상표에 대한 소비자의 충성도를 높이는 데 목적이 있다.

(2) 판매촉진의 수단

판매촉진의 수단은 상품, 가격, 경로와 함께 4대 마케팅 믹스요소 중에 하나이다. 마케팅 믹스는 상호 밀접한 관계를 가지고 고객의 만족에 초점을 두고 있다. 판매촉진활동을 위해서 마케팅 담당자가 사용할 수 있는 촉진활동의 하위요소는 대체로 광고, 홍보, 촉진, 인적판매 등으로 구성되며, 이러한 요소들이 구체적인 판매촉진활동을 이행하는데 필요한 수단이다.

판매촉진을 위한 경로는 인적인 경와 비 인적인 경로로 대별할 수 있으며, 전자는 서로 얼굴을 보면서 이루어지는 양 방향으로 커뮤니케이션 하는 직접적인 인적인 접촉을 통해서 이루어지는 촉진과 판매경로이다. 후자는 대중매체나 경품 등과 같은 것을 통하여 이루어지는 일방적인 커뮤니케이션으로 광고, 홍보, 기타 간접적인 판촉활동에 통한 경로이다.

상기에서 언급한 광고, 홍보, 인적판매, 기타 판촉활동에 관해서 중요한 요점을 살펴보고자 한다.

① 광고

광고란 기업이나 개인, 단체가 상품·서비스·이념·신조 정책 등을 세상에 알려 소기의 목적을 거두기 위해 투자하는 정보촉진 활동이다. 광고에는 글이나 그림, 음성 등의 시청각적인 매체가 동원되므로 소비자의 인지도가 매우 높게 나타날 수 있다.

이러한 광고의 정의는 매우 다양하나, 미국의 마케팅협회는 "광고란 누구

인지를 확인할 수 있는 광고주가 하는 일체의 유료형태에 의한 아이디어, 상품 또는는 서비스의 비인적인 정보제공 또는 판촉활동이다."라고 정의하고 있다. 즉, 광고란 특정한 광고주에 의하여 비용이 지불되는 모든 형태의 비인적인 판매제시를 뜻한다. 물론 판매제시의 객체는 상품, 서비스, 아이디어에 관한 것 등 다양하다.

광고의 특징으로서는 첫째, 광고주가 사용한 매체에 광고료를 지불한다는 것이며(유료성), 하지만 공익광고와 같은 경우에는 방송국이나 신문사 등에서 무료로 광고 시간이나 지면을 제고해 주는 경우가 나타나고 있다. 둘째, 판매원이나 그 밖의 제품과 관련된 사람이 제품을 제시하는 것이 아니라 대중매체를 통해 정보를 제시한다는 특징을 가진다(비 인적인 촉진성). 셋째, 광고를 통해서 단지 상품이나 서비스에 대한 정보만을 제공하는 것이 아니라 어떤 집단의 이념이나 정책, 기업제도 등의 아이디어도 제공할 수 있다(전달대상의 다양성).

광고의 유형으로는 특정 상품이나 서비스에 대한 정보를 전달하기 위한 상품광고가 있으며, 특정 산업이나 회사, 조직, 개인, 지역, 정부기관 등이 전달하고자 하는 개념, 특성, 아이디어, 정책 등을 촉진하기 위한 기관광고가 있다.

광고 전략에는 고객의 흥미나 관심을 끌 수 있는 광고 메시지를 만들어내기 위한 내용, 메시지 작성에 관한 표현전략이 있다. 또한 메시지를 전달하는 수단을 확보하기 위한 매체전략이 있다. 그러므로 윤곽, 규모, 지역에 맞추어 제한된 촉진 예산 범위 내에서 가장 효과적인 매체를 찾아내야 한다.

② 홍보

홍보란 기업이나 단체 또는 관공서 등의 조직체가 커뮤니케이션 활동을 통하여 스스로의 생각이나 계획 · 활동 · 업적 등을 널리 알리는 활동을 말한다.

홍보의 목적은 각 조직체에 관한 소비자나 지역주민 또는 일반인의 인식이나 이해 또는 신뢰감을 높이고, 합리적이고 민주적인 기초 위에 양자의 관계를 원활히 하려는 데 있다. 그것은 사실에 관한 정보의 정확한 전달과 불만 · 요망 등을 수집하는 것에서부터 시작된다.

홍보가 선전과 유사하다고 하지만, 선전이 주로 위에서 아래로의 편향적인 정보 전달 활동이라 할 수 있으며, 그 정보가 때때로 과장되거나 왜곡되기도

하고, 일방적으로 어느 특정의 이미지를 형성한다는 점에서 홍보과 커더란 차이점이 있다. 따라서 홍보란 영어로 PR(Public Relations)로 표되기도 한다.

보도자료와 홍보자료의 차이점은 전자는 자신에 관한 뉴스와 정보를 매체에 제공하기 위한 수단으로써, 보도, 기자회견, 녹음, 기고 등과 같은 유형이 있다. 후자는 가장 널리 이용되는 홍보자료의 유형으로써, 기업의 신상품, 새로운 공정 또는 기업인사의 동정에 관한 이야기를 적은 것이다.

홍보의 종류는 기자회견, 제품홍보, 기업홍보, 로비활동, 카운슬링 등이 있다. 첫째, 기자회견은 그 목적이 뉴스적인 가치가 있는 정보를 뉴스매체에서 배포하여 사람이나 제품 또는 서비스에 대한 관심을 유발시키는 데 목적이 있다. 둘째, 제품홍보는 특정의 제품을 고지시키기 위한 제반노력이 포함된다. 셋째, 기업홍보는 기업이미지 자체에 대한 이해도를 촉진시키기 위한 내부적이고 외부적인 의사소통을 말한다. 넷째, 로비활동은 국회의원 및 정부관리 등과 관계를 맺음으로써 자사에 유리한 법률제정과 규제조치를 촉진시키고, 불리한 것을 회피하기 위한 활동을 의미한다. 다섯째, 카운슬링은 경영자들에게 공공적 문제와 기업의 위치 및 이미지 등에 대하여 조언하는 것을 말한다.

③ 인적판매

인적인 판매란 사람이 하는 판매활동으로 판매원에 의해 이루어지는 양 방향 커뮤니케이션 수단이라고 할 수 있다. 인적인 판매는 판매원이 고객과 직접 대면하여 대화를 통하여 자사의 제품이나 서비스의 구매를 설득하는 촉진활동이다.

인적인 판매는 판매원이 고객의 표정과 같은 반응에 맞추어서 즉석에서 대응할 수 있는 촉진수단이라는 장점이 있고, 소비자와의 인간적인 유대관계를 형성해 장기적인 고객과의 관계를 구축하는 데 효과적이다. 고객과의 개별접촉을 하여야 하므로 촉진의 속도가 느리고 비용도 상대적으로 많이 소요되는 단점이 있다.

따라서 인적 판매는 판매원의 태도가 매우 중요하며, 전략적인 사고, 철저한 준비와 습관, 세일즈에 관한 전문적인 지식과 기술을 가질 필요가 있다. 판매원은 준비단계에서 잠재고객의 경제적 능력, 구매의도, 구매결정권의 소유여부 등 고객탐색과, 제품 소개를 위한 충분한 상품정보 등 사전 정보수집이 요구된다. 설득단계에서는 접근, 제품소개, 의견조정, 구매권유 등의 단계적인 이행이 필요하며, 제품의 전달, 대금 지불방법, 제품사용 중 주의사항에 관한 지식을 습득하여 고객관리를 철저히 해야 한다.

④ 기타 판매촉진

중간상이나, 소비자에 대한 판매촉진 활동은 다양하게 전개될 수 있다. 중간상에게는 상품을 마케팅 하는 데 필요한 수용과 적극적인 촉진지원을 중심으로 촉진활동을 전개하고, 소비자를 대상으로는 상품의 구매설득력을 제고하는 방향으로 활동한다. 그 촉진 방법으로는 중간상에게는 구매공제, 무료제품, 상품공제, 협동광고, 후원금 지원, 상인판매 경영대회 개최 지원 등이며, 소비자들에게는 견본, 쿠폰, 환불조건의 다양화, 소액할인, 경품제공, 경영대회, 거래 포인트 카드 등 다양한 방법으로 구매설득력을 제고하는 판매촉진활동을 전개한다.

제 2 절 | 판매촉진활동과 커뮤니케이션전략

판매촉진활동과 커뮤니케이션(communication)전략은 점포차별화를 중심축으로 한 여러 가지 커뮤니케이션 도구를 가장 적절하게 활용함으로써 경쟁에서의 우위를 확보하는 것을 목표로 하는 활동이다. 이 전략은 고객에게 메시지를 발신한 기업이 바람직한 고객의 반응을 얻을 수 있도록 효과적으로 계획되어야 한다.

1. 판매촉진활동과 커뮤니케이션의 의의

마케팅 연구의 선구자로 알려져 있는 쇼(Show, A. W.)는 마케팅에서의 촉진활동(promotion)을 「수요 환기를 위한 정보 전달」이라는 관점에서 파악하고 있다. 그것은 기업과 고객과의 사이에 의사소통 과정이 형성되어야 함을 의미하고 있으며, 기업의 프로모션 전략은 커뮤니케이션 전략이라고 하는 보다 광범위한 범위로 재인식할 수밖에 없음을 의미하는 것이다.

유통기업이 점포 수준에서 매력적으로 상품을 구성하여 적정 가격을 설정하고, 참신한 점포 디자인을 전개할지라도 표적고객 집단에게 그 정보가 도달되지 않는다면 고객은 모이지 않는다. 또한 내점 고객에 대한 생활 관련 정보의 제안, 판매원의 성실한 접객, POP 광고 등 다양한 판매촉진 활동을 전개하지 않으면 매출액은 향상될 수 없다. 따라서 마케팅 커뮤니케이션(marketing communication)이란 정보 전달, 연상, 설득이라고 하는 세 가지 목적을 가진 촉진활동으로 규정하고 있는 바와 같이 커뮤니케이션 활동의 본질은 표적고객에게 보다 유익한 정보를 제공하여 구매 의욕을 일으켜 구매를 결정하도록 자극하고 설득하는 모든 활동을 포함하는 것이라 할 수 있다.

커뮤니케이션을 성립시키기 위한 조건은 송신자와 수신자가 동일한 커뮤니케이션 시스템을 공유하는 것이 전제되어야 한다. 커뮤니케이션 시스템에 대한 개념도는 그림 8-1과 같다. 정보 송신자는 전달해야 할 목적 · 관념 · 의도 · 욕구를 문자 · 음성 · 영상 등의 기호로 변환하여 채널을 통해서 수신자에게 전달한다. 수신자는 메시지를 해독하여 그 의미를 깨닫게 되는데, 이 때 메시지의 내용은 송신자의 의도를 충분히 표현할 수 없는 기호로 만들어져 있기 때문에 수신자가 원래의 의미를 해독하는 데는 한계가 있다. 따라서 기업의 마케팅 커뮤니케이션은 표적시장의 반응을 효과적으로 유도하는 한편, 불필요한 자금과 활동을 최소화하기 위해 피드 백(feed back) 정보를 항상 반영시킬 수 있는 장치를 가지고 있지 않으면 안 된다.

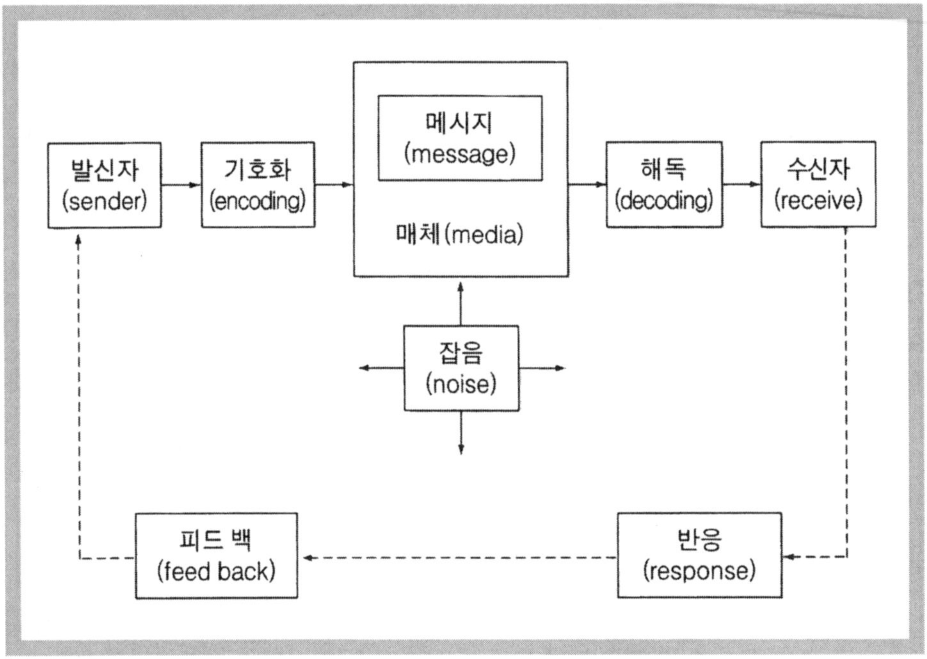

그림 8-1 커뮤니케이션 시스템의 개념도

(1) 고객 커뮤니케이션 전략의 목적

커뮤니케이션 전략의 목적은 표적고객의 의식을 수정하고 태도 변화를 도출하기 위한 유효한 수단을 개발하는 것이다. 유통기업은 고객으로 하여금 바람직한 점포 이미지(store image)를 느끼게 하여 자기 점포를 방문하도록 설득하고, 구매 결정에 영향을 줄 수 있는 유효한 정보를 효과적으로 전달하지 않으면 타 사와의 경쟁에서 우위성을 확보할 수 없다. 이러한 의미에서 커뮤니케이션 활동이 얼마나 원활하게 이루어지는가의 여부는 다른 마케팅 믹스

요소가 얼마나 성공적으로 기능할 수 있는가 하는 것과 인과관계(因果關係)를 가지고 있다는 점을 충분히 인식해 둘 필요가 있다.

대개 경제사회가 성숙기에 접어들면 기업의 촉진 활동은 일방적 형태로부터 쌍방적 형태로 변화하게 된다. 이러한 시기에는 소비자의 생활 문화 양상이 생활 안정형으로부터 생활 쾌락형(life enjoy) 내지는 생활 감성형으로 바뀌게 되며, 기업은 이러한 변화에 호응하기 위하여 균질(均質) 시장을 대상으로 한 양적 확대보다는 이질 시장에 대한 개별 대응에 주력하지 않을 수 없게 된다.

따라서 기업은 소비자에게 일방적으로 정보를 발신하여 소구하는 전략을 수정하여 고객이 정보를 수신 · 해독하여 활용하고 그 결과를 기업에게 전달할 수 있도록 함으로써 소비자의 필요에 보다 적극적으로 대응하는 방향을 모색하게 되는 것이다.

(2) 고객 커뮤니케이션 믹스

코틀러(P. Kotler, 1980)는 전통적인 마케팅론에서 판매촉진 전략을 커뮤니케이션 전략으로 부르고 제품에 관한 모든 정보를 디자인하여 전달하는 커뮤니케이션의 달성 자체가 프로모션 효과라고 생각했다. 그것을 위한 커뮤니케이션 도구에 관해 광의와 협의의 두 가지 견해를 제시하고 있다. 즉, 광의로는 4P(제품, 가격, 판매 경로, 촉진) 모두가 커뮤니케이션 믹스에 속하는 것이라 할 수 있다.

예를 들면 포장의 색이나 디자인, 또는 가격 이 모두가 커뮤니케이션 도구라 할 수 있다. 협의로 보면 커뮤니케이션 수단은 기본적으로 정보 전달의 성격을 가진 도구로 구성된다. 다시 말하면 커뮤니케이션은 통상적으로는 4P의 하나인 촉진으로 분류되고 있으며 이에는 광고, 포장, 판매, POP 전시, 카탈로그, 상품 설명 필름, 현상, 경품권, 프리미엄 등의 유인 수단 등이 포함된다.

(3) 고객 커뮤니케이션의 수단

코틀러는 협의의 도구를 커뮤니케이션 전략의 중요한 수단으로 생각하고 다음과 같은 카테고리로 분류하여 정의하고 있다.

① 대량 광고

이름을 명시한 스폰서(광고주, 기업)가 신문이나 잡지 광고, TV · 라디오 광고, 옥외 광고, 포스터 등 유료 매체를 사용하여 아이디어 · 제품 · 서비스를 비인적 수단으로 제시하거나 촉진하는 활동으로서 고객에게 장기적으로 이미지를 소구해 가는 경우에 유리한 수단이다.

② 판매원 활동

고객과의 직접적인 대화를 통하여 제품이나 서비스를 제안하는 활동으로서 판매원의 방문, 소매점원의 조언, 또는 관리자의 골프 초대와 같은 활동이 포함된다. 그 목적은 제품인지도를 향상시키고 흥미 · 관심의 환기, 제품 선호의 개발, 가격이나 다른 거래 조건의 교섭, 거래의 체결, 거래 후의 접촉 등 다양하다.

③ 판매 촉진

제품이나 서비스의 구매를 환기시키기 위해 단기적인 유인(incentive)을 목표로 한 것으로서 크게 3가지로 구분할 수 있다. ① 견본(sample), 쿠폰(coupon), 가격 할인, 사은품(premium), 경연(contest), 트레이딩 스탬프(trading stamp), 환불 등의 소비자판촉, ② 현금할인(cash discount), 리베이트(rebate), 공동 광고 등의 중간상판촉, ③ 소매점쿠폰, 가격할인, 경품행사, 경연 등의 소매점판촉이 있다.

④ PR 및 홍보

신문이나 잡지 등에 기사 거리로서 취급된다든지 무료로 텔레비전이나 라디오로 호의적인 프레젠테이션을 받는 방법에 의한 제품이나 서비스의 비인적인 수요 환기로서 이것은 광고처럼 기업이나 제품을 적극적으로 표현하는 힘을 가지고 있다.

⑤ 직접 마케팅(directmarketing)

우편이나 전화 등 비인적인 접촉 수단을 사용하여 특정 고객의 주문을 받아 내는 판매 방법이며, 이것은 카탈로그 판매, 직접 우편, 전화 마케팅, 통신 쇼핑 등이 포함된다.

2. 고객 커뮤니케이션 활동의 점포차별화 원칙

그런데 이상의 내용은 제조기업의 마케팅 활동을 기초로 하여 커뮤니케이션 도구를 분류한 것이기 때문에 이것을 그대로 유통기업에 적용하는 데는 문제가 있다. 예를 들면 제조기업의 커뮤니케이션 믹스는 대량 광고를 이용하여 제품 차별화를 강조하는 데 비중을 크게 두고 있음에 비하여, 유통기업의 경우는 상품 프레젠테이션, 상품 구색, 접객 기술 따위로 점포를 차별화 하는 데 중점을 두고 있다. 그러므로 유통기업의 경우는 점포를 중심으로 한 새로운 분류 기준을 마련할 필요가 있다.

점포차별화를 목표로 하여 커뮤니케이션 활동을 전개하려면 다음과 같은 네 가지 원칙을 따라 추진하는 것이 좋다.

(1) 이미지 소구의 원칙

이 원칙은 경쟁기업과의 상대적인 차별화를 강화하기 위해 자사의 시장 포지셔닝을 바탕으로 하여 일정한 수준의 점포 이미지를 표적고객에게 지속적으로 발신해야 한다는 것을 의미한다. 그것은 경쟁 기업에 지지않는 상품 구성이나 고객 서비스 등 자기 기업이 독자적으로 제공하는 모든 것에 대한 부가가치 정보를 가시적으로 표현하여 강력한 충격을 가함으로써 점포의 정체성(identity)을 형성해 나가는 과정이다.

(2) 계절 전개의 원칙

이 원칙은 계절 · 월 · 주 · 기후 · 온도에 따라 수시로 변화하는 인간 생활의 가변성에 유연하게 대처하기 위해서는 상품을 도입 · 확대 · 처분하는 일련의 과정을 바탕으로 하여 각 단계마다 적합한 소구점을 가시적으로 제안함으로써 「살아 있는 매장」을 전개해 나가는 것을 의미한다.

(3) 접객 대응의 원칙

이것은 고객이 원하는 것을 정확하게 파악하여 그 요망 사항을 충족시켜 주는 일을 원조해 주는 수단인 커뮤니케이션 기술을 개발해야 함을 의미한다. 좀 더 구체적으로 표현하면 내점객을 기분 좋게 맞이할 수 있는 청결한 매장 만들기, 점포 깊숙한 곳까지 고객을 유도할 수 있는 점내 배치, 매력적인 진열, 보기에 쉽고 집기에 편리한 상품 진열 등과 더불어 고객에 대한 조언, 제안, 설득이 무리 없이 이루어질 수 있도록 하는 것이다.

(4) 고객 관리의 원칙

이것은 고정 고객을 안정적으로 확보할 것을 목표로 하여 고객 개인에 대한 정보를 수집 · 분석하고, 고객이 자기 점포를 애호하는 주요인을 반영한 고객 프로필을 작성하여 이를 적절히 관리하는 것이다.

고정 고객에 대한 프로필을 작성하는 의의는 그 고객이 특정 제품이나 서비스에 대해 요구하거나 업태를 선호하게 된 동기가 무엇인가를 명확히 하는 것으로서 그 프로필을 기초로 한 커뮤니케이션 믹스의 결정은 점포 이미지를 강화하는 데 매우 효과적이라 할 수 있다.

3. 유통기업의 커뮤니케이션 활동 체계

점포를 중심으로 한 커뮤니케이션 활동 체계를 크게 나누면 점외 커뮤니케이션(outside communication)과 점내 커뮤니케이션(inside communication)으로 구분할 수 있다. 점외 커뮤니케이션은 점포의 고객 흡인력을 높이기 위한 집객 촉진(集客 促進)에 대응하는 것과 내점 고객에 대한 구매 촉진 대응으로 구성되어 있다. 점내 커뮤니케이션은 기업 목표 달성을 위하여 자사의 종업원에게 동기를 부여하는 방안으로서 사내 인센티브(incentive) 촉진을 위해 대응하고 있다.

(1) 집객 촉진 대응

여기에는 직접 접근하는 방법과 간접으로 접근하는 방법이 있다. 직접 촉진을 위한 대응은 고객의 필요 · 욕구와 관련되는 정보를 직접 우편으로 보내거나 프리미엄을 증정함으로써 자기 점포에 대해 호감을 가질 수 있도록 하는 수법이다. 간접 촉진 대응은 기업이나 점포에 대한 고객 이미지를 형성하기 위한 것이며, 신뢰성이나 호감을 주기 위한 이미지 광고나 홍보 효과에 의해 간접적인 집객력을 높여 가는 수법이다.

(2) 구매촉진 대응

① 판매 대응

상품을 테마나 스토리로 엮어 연출하는 기술을 가리킨다. 판매 전개나 계절(season) 전개 등은 대량 광고와의 연동을 고려하여 매장 만들기를 실행할 필요가 있다.

② 상품제안에 대한 대응

앞에서 언급한 바와 같이 연출 주제를 설정하여 매장을 구성하는 것을 말한다. 전자는 단품 수준에서의 상품 제안, 후자는 매장 전체 또는 코너 전체로서의 제안을 기획하는 기법이다.

③ 접객 기술 대응

고객의 구매 원조를 목표로 하여 고객의 희망 사항을 분석하여 풍부한 상품 지식과 고객의 의사를 조정해 주는 분위기를 연출하여 흥미를 욕망으로까지 높여 만족감이 있는 구매 결정으로 유도하는 접객 시나리오 실천을 목표로 한다. 또한 접객할 때의 정보를 기초로 하여 고객 프로필을 작성하고 그 다음의 내점 촉진으로 이어 가기 위한 정보원으로서도 판매원의 활동은 중요한 역할을 담당하고 있다.

④ 서클 대응

직접적으로 상품 구매에 연결될 기회는 적으나 강습회나 서클 활동을 통하여 지역 사회에 라이프 · 스타일을 제안하거나 소비의식을 변화시켜 감으로써 장래의 시장 기회를 준비한다고 하는 의미가 있기 때문에 유효한 수단이라 할 수 있다.

(3) 사내 인센티브 촉진 대응

이것은 기업 목표를 위하여 사원의 자각과 사기를 높이기 위해 내부정보 전달을 철저히 하는 방법이다. 하나는 사보(社報)나 판매 매뉴얼에 의한 지원 대응이고 또 하나는 판매 경진대회나 사내 연수를 통해 동기를 부여하는 것이다.

유통기업이 고객과 양호한 커뮤니케이션을 확보하기 위해서는 전달하고 싶은 메시지를 계속적 · 계획적으로 끊임없이 발신하지 않으면 안 되는데, 그것을 위한 커뮤니케이션 계획의 책정은 전사적인 시장 전략에 기초한 커뮤니케이션 전략의 범위 내에서 전개될 필요가 있다. 바꾸어 말하면, 그 기업이 속해 있는 시장이나 업태, 표적으로 삼고 있는 세분시장, 점포의 시장지위(positioning), 자사의 경영자원, 그리고 기본적인 마케팅 믹스 등에 관하여 커뮤니케이션 계획 부문은 충분히 파악되어야 한다.

대부분의 기업에 있어서 커뮤니케이션 믹스를 구체화할 경우 통상적으로 우선 전체의 커뮤니케이션 예산이 설정되고 그 범위 내에서 각종의 커뮤니케이션 수단에 예산이 배분되는 순서를 밟는다. 거기서 주의해야 할 것은 각 커뮤니케이션 수단 간의 상호관계인데, 이를 테면 주어진 목적 달성을 위해 대량광고의 횟수를 늘인다든가 아니면 이것과 교체하여 판매활동을 강화하는 등의 호환성의 문제이다. 또한 수요 창조라고 하는 목적은 저가격 소구나 품질의 향상이라고 하는 마케팅 믹스의 다른 구성 요소에 의해서도 달성 가능하기 때문에 커뮤니케이션 계획은 이들을 총합적으로 고려한 다음 효과적으로 책정할 필요가 있다.

4. 점포 차별화와 커뮤니케이션 계획

니와 월터즈(Knee, D. and D. Walters)는 「소매기업이 성공하기 위해서는 구매 고객이 원하는 점포의 모습을 갖추어 이에 호응할 수 있는 세분화된 고객을 명확히 파악하지 않으면 안 된다. 구매 고객이 품고 있는 이미지는 실제의 이미지가 아니라 오히려 이상적인 이미지일지 모르지만, 이 이미지에 부응할 수 있는 유리한 면을 가진다면 그 소매업자에게는 하나의 기회가 주어지게 된다」고 하여 유통기업이 고객에게 심어줄 수 있는 이미지의 중요성을 강조하였다.

요즈음 점포 차별화로 경쟁에서의 우위성을 추구할 수 있는 기법으로서는 비주얼 머천다이징(visual merchandising : VMD)을 들 수 있다. 이것은 「매장에서의 총합적인 시각 연출 체계」로 정의되는 폭 넓은 소매기술이며, 표적 고객과 관련한 시장 기회에 부응하여 적정한 상품 구색을 계획하고 효과적인 상품 디스플레이를 조정한다는 개념으로서 다음 3가지의 기본적 과제를 안고 있다.

첫째, 경쟁 환경 내에서 점포의 시장 포지셔닝 기술(statement, 記述)을 강화하는 것

둘째, 고객의 상품에 대한 흥미를 일으켜 구매의욕을 자극하는 것.

셋째, 제시된 전체의 메시지가 고객의 기대와 적합한가를 확실히 하여 전체 머천다이징과 고객의 기대 그리고 커뮤니케이션 활동을 조정하는 것이다.

커뮤니케이션 계획을 책정할 때 VMD가 요구하는 것은 다른 제활동과의 연동이며, 상품 구성 · 가격 설정 · 매장 구성과 커뮤니케이션 믹스와의 사이에서 일관성 있는 연출 주제가 유지되는가의 여부가 문제가 된다. 그것은 점포의 이미지나 분위기를 명확히 설계하고 그 주제에 따라서 대량 광고⇒ 점포의 외관⇒점내 배치⇒상품 디스플레이⇒애프터서비스에 이르기까지 메시지의 처음과 끝이 일관성을 유지하도록 하는 작업이며, 소비자의 브랜드 의식을 높인다고 하는 최근의 경향에 따라 점점 중요시 될 수밖에 없는 요건이 되어 왔다.

점포 차별화를 겨냥하는 커뮤니케이션 계획의 책정은 프로모션 계획의 전개에 따른 비주얼 프레젠테이션(visual presentation : VP)의 연출에 의해 구체화 된다. VP는 VMD개념에 따른 표현 형식이며 다음 5가지 단계를 거쳐 유형화 된다.

여기서는 패션전문점의 경우를 검토해 보기로 한다.

(1) 연출 목표의 명확화

점포의 목표를 기준으로 해서 구체적으로는 어떠한 타입의 고객에게 어떤 상품을 어떤 제안 방법으로 판매할까를 명확히 압축하여 가는 것이며, 표적 고객에게 이전보다 더 매력적인 시장 지위와 경쟁력이 더 강한 포지셔닝으로 좌표의 축을 변경해 가는 절차를 의미하고 있다.

(2) 연출 주제의 결정

연출 주제는 고객의 일상생활에서 발생하는 문제나 구매 동기에 해답을 주는 것이 아니면 안 된다. 이를 위해서는 고객의 수준·감각·경우(occasion)·경향 면에서 접근하면서 연출 테마를 모색하고 명확히 해가는 과정이다.

(3) 전개 줄거리(story)의 설정

점포가 제안하는 연출 주제가 전개되는 내용으로써 가시적으로 표현하는 것이 효과적이다. 테마의 중심이 되는 계절성이나 패션 경향 등은 사회행사를 기준으로 하여 거기서부터 파생하는 이벤트 활동에 관련시켜 구체적으로 표현함으로써 일련의 함축된 의미가 표적 고객에게 쉽게 수용될 수 있도록 가공하는 것이다. 그 때 현재 주목되고 있는 지역의 화제 거리나 지역성 그리고 타 점포의 동향 등도 충분히 반영시키지 않으면 안 된다.

(4) 권장(주력) 상품과 공간의 결정

전개 내용에 합치하는 주력 상품과 그들을 연출하는 공간을 결정할 경우, 주력 상품과 그것들과 조화를 이룰 수 있는 관련 상품으로 나누어 공간 연출을 시도할 필요가 있다.

(5) 전개 줄거리의 결정

이상과 같은 단계를 거치면 전개 스토리는 구체화된다. 캐주얼계통 쁘띠크(boutique)의 전개 줄거리를 예로 들어 보자. 여기서는 각 월의 스타일 주제에 따라 조화로운 옷 입기를 제시하는 주목 받는 브랜드를 선정하고 매력도를 높이는 스타일링 포인트(styling point)를 요약함에 의해 주력 품목을 압축하고 있다. 이것은 전개 줄거리의 핵심이 되는 개념이며, 그 방침에 맞추어 구체적인 판매촉진 활동을 연동시키기 위한 프로모션 주제를 결정한다. 매장에서는 프로모션 주제를 입체적으로 표현하기 위한 VP 포인트를 명확히 하고 효과적인 상품 제안을 활성화 시켜 가고 있다. 그리하여 패션 어드바이서(FA)로서의 판매원은 이들 주제에 기초하여 고객에게 적합한 스타일링을 제안하고 소품이나 액세서리를 조정하고 머리 모양이나 화장에 관해서도 조언을 해주어 균형 잡힌 옷 입기를 즐길 수 있다는 것을 적극적으로 소구해 가는 것이다. 각 월의 연출 테마와 전개 스토리를 설정함에 있어서 중요한 정보원이 되는 것은 점포가 표적으로 하고 있는 고객층에 적합한 잡지류이다. 예를 들면 「멋에 민감하고 활동적인 여학생」이 즐겨 읽는 잡지나 「성인 직업여성으로서 패션 감도가 높은 층」에게 인기가 있는 잡지류를 참조하여 고객의 취향·균형 잡힌 옷 입기·게재 브랜드 등을 분석하는 것이 유효하다.

제 3 절 | 고객관계마케팅

1. 고객관계마케팅의 의의

(1) 고객관계마케팅의 개념

고객관계마케팅(Customer Relationship Management; CRM)이란, 고객과 관련된 기업의 내·외부 자료를 분석, 통합하여 고객 특성에 기초한 마케팅 활동을 계획하고, 지원하며, 평가하는 과정을 말한다.

과거의 대중 마케팅(Mass Marketing), 세분화 마케팅(Segmentation Marketing), 틈새 마케팅(Niche Marketing)과는 확실하게 구분되는 마케팅의 방법론으로 데이터·베이스 마케팅(DB Marketing)의 Individual Marketing, One-to-One Marketing, Relationship Marketing에서 진화한 요소들을 기반으로 등장했다.

이와 같이 CRM이란 고객의 수익성을 우선하여 콜센터, 캠페인 관리도구와의 결합을 통해 고객 정보를 적극적으로 활용하며, 기업 내 사고를 바꾸자는 성격이 내포되어 있다. 기업의 고객과 관련된 내·외부 자료를 이용하자는 측면은 데이터메이스 마케팅과 성격이 같다고 할 수 있다. 그러나 CRM의 경우 고객의 정보를 취할 수 있는 방법, 즉 고객 접점이 데이터메이스 마케팅에 비해 훨씬 더 다양하고, 이 다양한 정보의 취득을 전사적으로 행한다는 것이다.

고객관계마케팅은 고객 데이터의 세분화를 실시하여 신규고객의 획득, 우수고객 유지, 고객가치의 증진, 잠재고객 활성화, 평생 고객화와 같은 사이클을 통하여 고객을 적극적으로 관리하고 유도하며, 고객의 가치를 극대화시킬 수 있는 전략을 통하여 마케팅을 실시한다.

따라서 CRM은 고객과의 관계유지를 중요시하는 전략으로 기업의 입장에서 새로운 고객을 이끌어 유치하는 것은 기존 고객을 보유하는 것보다 수배나 많은 비용을 초래하기 때문에 항상 보다 높은 고객 만족도 및 보다 좋은 서비스를 제공해서 기존 고객을 붙잡아 두는 것이 기업 입장에서는 이익이다. 그렇게 함으로써 고객들은 보다 저렴한 비용으로 기업의 서비스를 이용 할 수 있는 것이다. 이러한 목적을 달성하기 위해 기업은 고객관계를 좀 더 효율적으로 관리, 유지할 필요가 있다. 때문에 기업에는 고객관계마케팅이 필요한 것이다.

결론적으로 기업의 입장에서 고객관계마케팅이란 전술한 바와 같이 고객과의 관계 관리를 의미하며, 선별된 고객으로부터 수익을 창출하고 장기적인 고객관계를 가능케 함으로써 보다 높은 이액을 창출할 수 있는 솔루션을 말한다. 즉, 고객과 관련된 기업의 자료를 분석, 통합하여 고객 특성에 기초한 마케팅 활동을 계획하고, 지원·평가하는 과정을 의미한다.

(2) 온라인 e-CRM의 활용성

고객관계마케팅과 관련한 최근 기업의 최대 관심사는 온라인 'e-CRM'이다. e-CRM은 고객정보의 수집과 활용의 측면에서 인터넷을 기반으로 하여 더욱 신속한 정보수집과 고객에 응대할 수 있다는 장점 때문에 급속하게 발전하고 있다. 인터넷을 통해서 고객이 인식하지 못하는 차원의 데이터까지도 수집하여 고객의 정보와 성향을 실시간으로 분석하고 마케팅활동으로 바로 연결이 가능한 솔루션이 e-CRM이다. 즉, 웹사이트 개발자들은 컴퓨터 인터넷 통신을 이용할 경우, 누가 자기들의 사이트를 방문했는지, 어느 국가의 어떤 지역 고객이 주로 방문했는지, 고객들의 취향이 무엇인지, 얼마나 많은 사람들이 특정의 서비스나 상품에 관심을 보이고 있는지 알 수 있다고 한다. 이러한 인테넷 기술을 사용하여 정보 수집을 함으로써, Off-line의 한계를 극복하게 되면서 e-CRM의 솔루션이 수익증진을 위한 필수조건이 되고 있다.

온라인 e-CRM은 기업이 고객과 관련된 데이터를 수집하여, 이를 분석하고 분석된 결과를 인터넷상의 다양한 채널을 통해 다시 한 번 확인 및 추가, 확장시켜 기업이 고객에 대한 차별화된 전략을 수립할 수 있도록 한다. 또한 이를 보다 효율적으로 관리, 감독함으로써 기업의 수익을 올리는 목적을 달성할 수 있도록 한다.

2. 고객관계마케팅의 역할과 기능

유통기업의 마케팅 부서에서는 자신들의 최고 고객을 식별해내고, 명확한 목표를 가지고 그들을 겨냥한 마케팅 캠페인을 추진할 수 있게 하며, 판매팀을 이끌기 위한 품질을 만들어내는데 도움을 준다.

다수의 직원들이 최적화된 정보를 공유하고, 기존의 처리절차를 간소화함으로써, 통신판매, 회계 및 판매관리 등을 개선하기 위한 조직을 지원한다.

고객만족과 이익의 극대화를 꾀하고, 회사에 가장 도움이 되는 고객들을 식별해내며, 그들에게 최상의 서비스를 제공하는 등 고객들마다 선별적인 관계의 형성을 허용한다.

고객에 관해 알아야 하고, 고객들의 요구가 무엇인지를 이해하고, 회사와 고객기반 그리고 배송 파트너들과의 관계를 효과적으로 구축하기 위해 꼭 필요한 정보와 처리절차를 직원들에게 제공한다.

3. 고객관계의 관리방법

한 고객이 고객으로 존재하는 전체 기간 동안 기업에게 제공하는 이익의 합계를 고객생애가치(Lifetime Value; LTV)이라고 한다. 이는 한 시점에서의 단기적인 가치가 아니라 고객과 기업 간에 존재하는 관계의 전체가 가지는 가치이다. 또한 고객생애가치는 어떤 고객이 기업에게 이로운 고객인가를 판단할 수 있는 기준이 될 수 있으며, 반대로 고객의 입장에서는 고객 자신이 느끼는 가치에서 고객이 지불하는 비용을 뺀 차이가 얼마인가가 선택의 척도로 작용될 수 있다. 여기서 고객이 느끼는 가치는 가치를 좌우하는 것이 단지 제품의 품질이나 수량만이 아니기 때문에 고객이 느끼는 가치를 높이기가 쉽지 않다.

더구나 오늘날 고객들은 각자 서로 다른 욕구를 가지고 있기 때문에 각 고객이 가지고 있는 욕구들을 파악하는 것 자체도 매우 어려운 일이다. 하지만 기업은 목표를 달성하기 위해서 모든 가능한 수단을 동원해서 고객을 만족시키고 그로부터 고객생애가치를 높여야한다.

이와 같이 고객의 생애가치를 지속적으로 어떻게 제고시키고, 유지 관리할 것인가? 이를 위한 몇 가지 주요 고객관계 관리 방법을 살펴보면 다음과 같다.

(1) 정기적인 행사

일반적으로 점포에서는 일정하지 않지만, 대 고객 서비스 차원 및 고객관리 차원에서 한 달에 1, 2회 행사를 실시하는 것이 좋다. 행사내용은 가격행사인 바겐세일, 지역 특산물 시장, 요리 강습회, 신상품 전시회 등 각종 정기적인 기획행사를 마련하다.

(2) 고객카드관리

고객 카드는 고객관리에 많이 활용되고 있는 방법이다. 그러나 단순히 고객 카드관리를 위한 관리가 되어서는 안 된다. 고객의 신상정보를 정확하게 기록 · 관리함으로써 정기적인 고객행사 기획의 정보와 AS(After Service)의 정보 등 적극적으로 활용해야 한다.

(3) 마일리지 · 포인트제의 도입

요즈음 많은 소매점에서 별도의 보너스 카드를 발행하거나, 자사 카드를 발행하여 카드 이용 누적실적에 따라서 사은품, 가격할인 등 다양한 혜택을 줌으로써 단골 고객으로 유인하고 있다. 입수된 데이터는 DB화시켜 고객을 세부적으로 관리하여 매출액증대와 연계될 수 있도록 한다.

(4) 기타 우편발송 및 배달서비스

단골 고객 또는 향후 점포이용이 가능한 잠재고객에게 개별적으로 우편 발송하여 고객을 관리하는 방식을 말한다. 또한 고객의 쇼핑편의를 도모하기 위한 택배 서비스는 고객관리수단으로 매우 중요한 위치를 차지하게 되었다.

토의 및 연습문제

1. 판매촉진의 Promotion Mix의 2가지 형태를 설명하고, 그 장단점을 비교해보자.
2. 판매촉진수단 중 광고, PR, 선전을 비교설명하고, 그 구체적인 사례를 들어보자.
3. 판매촉진활동과 고객 커뮤니케이션활동과 어떠한 유기적 관계를 갖는지 설명하시오.
4. 고객 커뮤니케이션활동을 통해서 어떻게 점포차별화에 대응할 수 있는지 이해하고, 그 사례들을 조사해보자.
5. 점포차별화로 경쟁에서의 우위성을 확보하기 위한 기법으로 VMD를 활용하는 유통기업들이 많이 있다. 의류패션전문점의 사례를 들어 Visual presentation을 연출(기획)해보자.
6. CRM의 특성과 그 역할, 기능을 설명하시오.
7. 고객생애가치를 높이기 위한 CRM관리 방법을 이해하고, 백화점, 양판점, 슈퍼마켓 등의 CRM관리자로서 구체적인 LTV제고 방안을 모색해보자.

제 9 장

유통과 정보서비스

학습목표 유통기업이 정보화를 이룩한다는 것은 고객이 필요로 하는 가치를 창조하기 위한 목적을 달성하는 전제가 되는 시대가 되었다. 따라서 인터넷을 활용한 상거래 시스템(virtual mall), 인터넷 스토어(virtual store) 등 유통정보의 발전, 유통기술의 혁신, 유통정보시스템, 운용체계에 관한 이해

제 1 절 | 유통의 정보화 배경과 필요성

1. 시장주도권의 이동

18세기 산업혁명 이래 경제발전을 주도해 온 경제주체는 대량생산을 효과적으로 수행해 온 제조 기업이었다. 기업은 고도의 기술을 이용하여 대규모 공장을 건설하고 직무를 분업화 하여 가장 효율적으로 상품을 생산하기 위한 노력을 경주함으로써 소비자에게 필요한 모든 종류의 상품을 공급해 온 것이다.

2차 세계대전 직후부터 고도 성장기에 이르는 동안에는 물자가 항상 수요가 공급보다 많은 상태가 계속되었다. 이러한 상황 하에서는 제품이 나오기만 하면 금방 팔려 나갔기 때문에 기업은 상품을 대량으로 생산하는 데만 전념하면 되었다.

그러나 요즘처럼 다종다양한 상품이 시장에 홍수처럼 쏟아져 나오는 상황 하에서는 종전과 같이 신상품을 시장에 투입해도 그것이 소비자의 관심을 끌기가 쉽지 않게 되었다. 팔리지 않은 상품이 생산자의 창고에 쌓이게 되자 기업의 경영은 점점 어려워지기 시작하였으며 시장에서의 주도권도 생산자로부터 소비자에게로 이동하기 시작하였다.

이러한 상태가 지속되자 제조 기업은 지금까지의 생산 방법을 근본적으로 바꾸지 않을 수 없게 되었으며, 그 결과 소비자가 요구하는 다양한 품종의 상품을 소량으로 보다 짧은 기간 내에 생산하여 공급할 필요성을 인식하게 되었다. 즉, 공급 과잉 시대에는 재고가 누적될수록 비용이 증가되어 이것이 상품 판매가격을 상승시키는 요인이 될 뿐만 아니라 시시각각 변화하는 소비자의 수요에 적합하게 대응할 수 없게 되어버리기 때문에 제조 기업은 일방적으로 상품을 팔아치우려는 행동을 수정하지 않으면 결코 존립할 수 없다는 것을 새삼 느끼게 된 것이다.

한편, 소비자들의 생활이 안정되면 소비자들은 구태의연한 상품보다는 다양한 생활양식에 적합한 개성적인 상품을 요구하게 된다. 그런데 이러한 소비자의 변화를 가장 가까이서 느끼고 있는 것은 상품을 통하여 소비자와 매일 접촉하고 있는 유통기업이다.

특히 소매업의 형태는 재래시장이나 개인 독립점포 형태로부터 백화점, 슈퍼마켓, 양판점을 거쳐 최근에는 편의점, 디스카운트 스토어, 통신판매 등 여러 가지 유형의 업태로 다양하게 변화되어 가고 있다. 이는 소매기업이 소비자의 다양한 요망이나 필요성에 대한 정보를 광범위하게 인식하여 적합하게 대응할 수 있는 방법을 모색해 온 결과라고 할 수 있으며, 이러한 경향은 상품 공급시장에서의 주도권이 제조 기업으로부터 유통기업으로 점차 이동되는 원인이 되고 있기도 하다.

2. 고객가치를 기반으로 한 정보혁명의 필요성

시장주도권이 제조 기업으로부터 소비자에게로 이동하게 되면 유통업계는 이에 대응하기 위해 새롭고 다양한 업태를 전개하지 않을 수 없게 된다. 이는 결국 「고객의 입장에서 볼 때 가치 없다고 생각되는 유통기업은 필요 없다」고 하는 상황에 대응하는 최후의 방법인 것이다. 이러한 방법을 강구하지 않을 수 없는 이유는 유통기업이 종전과 같이 제조 기업이 주도하여 생산한 상품을 단지 진열한다든지, 유명 브랜드를 적당히 갖추어 제공하는 것만으로는 더 이상 매출을 올릴 수 없는 상황이 되었기 때문이다.

고객은 기업이 제공하는 「가치」에 대하여 대가를 지불한다. 「가치」란 품질 · 서비스 · 가격 3가지가 균형 있게 갖추어질 때 성립되는 것이다. 그런데 최근 유통산업 선진국인 미국을 위시한 여러 나라의 소비자들은 기업이 제공하는 가치의 요소 중 가격에 가장 큰 관심을 가지게 되었는데 이는 우리나라도 예외가 아니다. 따라서 가격 지향적 고객에 대응하기 위하여 소위 「가격파괴 전략」이 중요한 기업전략의 하나가 되고 있다. 미국의 경우 월 마트(Wal-Mart), 케이 마트(K-Mart)로 대표되는 디스카운트 스토어가 소매업계의 최고 지위를 차지하고 있는 것은 그들이 제공하는 상품가격이 경쟁 기업을 압도하는 「저가격(everyday low price)정책」을 구사하고 있고 고객이 그것을 가치로 인정하여 선택하고 있기 때문이다. 기업이 제공하는 가치를 인정하고 평가하는 측은 소비자이다. 미국에서 오프 프라이스 스토어(off price store), 아웃렛 스토어(outlet store), 카테고리킬러(category killer) 따위로 명명된 신업태가 급속히 성장하고 있는 것도 미국 소비자가 소위 「가치 구매(value shopping)」를 하고 있기 때문이라고 할 수 밖에 없다.

그러나 가치란 저가격정책 만을 의미하는 것이 아님은 당연하다. 그래서 소비자들은 때때로 고품질의 상품이나 수준 높은 서비스를 요구하기도 하여 소위 「가치의 교차구매(cross value shopping)」를 즐기려 하는 것이다. 이러한 상황은 소비자의 구매행동을 보다 다양화 하는 계기가 되고 있으며, 이에 대응하기 위한 유통기업의 전략은 멀티미디어를 중심축으로 한 정보혁명을 기본 방향으로 삼지 않을 수 없게 하고 있다. 최근 각 나라마다 전자상거래(EC : electronic commerce)에 대한 관심이 높아지고 있는 것도 이 때문이라 할 수 있다.

전자 상거래란 인터넷을 활용한 상거래 시스템(virtual mall), 인터넷 스토어(virtual store)와 같은 유형의 상거래를 말한다. 인터넷을 이용한 상거래는 고객의 가치지향성을 출발점으로 하고 있다는 데 의의가 있다. 결국 유통기업이 정보화를 이룩한다는 것은 고객이 필요로 하는 가치를 창조하기 위한 목적을 달성하는 전제가 되는 것이다.

3. 효과적 소비자 대응을 위한 정보기술 활용의 필요성

유통업계는 소비자 주도의 경제에 대응하기 위하여 다양한 업태를 전개한다. 그러나 이는 유통업계만의 노력으로 달성될 수 있는 성질의 것이 아니다. 즉, 이를 위해서는 상품의 제조에서 판매에 이르는 기존의 경제시스템 전체에 관하여 근본적인 구조 변화가 진전되어야 한다는 것을 간과해서는 안된다. 결국 이를 실현하기 위해서는 제조·판매를 일체화하여 소비자 요구에 대응하는 혁신적인 방법을 강구하는 길 밖에 없다.

여기서 말하는 소비자 대응(consumer response : CR)이란 제조, 배송, 도·소매로 연결되는 상품의 흐름을 일관적인 형태로 파악하여 관련 기업 모두가 협동을 바탕으로 한 상호신뢰와 최신의 정보기술을 활용하여 소비자 입장에서서 이를 효율적으로 운용함으로써 그 성과를 공평하게 나누고자 하는 사고와 행동이다. 여기서 CR을 실현하기 위한 중요한 수단은 바로 개별 상품의 판매·재고·제조에 관한 정보를 단품 수준에서 항상 파악하고 상품 흐름에 관여하는 기업이 필요한 정보를 공유하기 위해 최신의 정보기술을 종횡무진으로 활용하는 것이다. 지금까지의 대량생산·대량판매시대에는 부문별 생산·출하·판매 자료를 파악하는 것으로 충분하였다. 그러나 소비자의 기호가 점차 다양화하여 세밀한 마케팅이 요구되면서 이제 부문별 정보로서는 전혀 유익하지 않게 되었다. 그리하여 CR은 상품의 단품별 매출·재고 정보를 수집·분석하여 이것을 상품 유통경로에 관여하는 관계기업에서 이용하도록 하는 것이다.

특히 최근 소매 현장에서의 상품수가 헤아리기 힘들만큼 증가하였기 때문에 그것을 정확히 파악하여 고객의 요구에 대응하기 위해서는 단품 정보 수집의 필요성은 그 어느 때보다 중요하게 인식할 필요가 있게 되었다. 유통기업에서의 단품관리는 구매·재고관리, 판매촉진 등 유통기업의 경영합리화를 위한 출발점이 된다. 또한 제조 기업으로서도 매매일 입수하는 단품 정보는 생산계획에 반영시킬 수 있을 뿐만 아니라, 원재료 조달을 위해서도 활용할 수가 있어 기업경영을 가장 효율적으로 수행할 수 있게 해 주는 역할을 한다. 그리하여 이 양자가 협력하면 무전표화, 검품 과정 생략, 물류 합리화 등이 즉시 가능하게 된다. 또한 기업 간에 정보의 활용을 더욱 촉진시키게 되면 상품의 수·발주가 자동화될 수 있으며, 기획에서 판매에 이르기까지의 소요시간도 단축할 수 있다든지, 유통기업과 제조기업의 공동 견해를 바탕으로 한 상품계획을 입안할 수 있다. 이러한 일련의 과정은 결국 소비자에 대한 새로운 부가가치를 유발시키는 계기가 되는 것이므로 유통기업이 정보기술을 적극적으로 활용한다는 것은 필연적인 귀결이 되지 않을 수 없다.

제 2 절 | 유통기술의 혁신과 뉴 미디어

1. 뉴 미디어의 발전방향

뉴 미디어(new media)란 미디어의 4가지 부문(정보의 수집 · 작성, 정보의 처리 · 가공, 정보의 전달, 정보의 이용) 중 하나 혹은 복수의 부문에 혁신적인 변화가 이루어진 미디어이다. 1900년대 중반까지는 라디오와 텔레비젼이 뉴 미디어의 대표적인 것이었지만, 1980년대 이후는 다양한 뉴 미디어가 등장하였다. 이들 뉴 미디어를 정보의 표현형식으로 분류하면 기록통신계통, 청각통신계통, 시각통신계통으로 분류할 수가 있다. 이미 상용화되고 있는 CATV를 비롯하여 팩시밀리, 음성다중방송, 비디오 · 디스크, 디지털 오디오 디스크 등이 실용화되고 있다.

그런데 뉴 미디어의 실용성을 보다 크게 하는 데는 기술이나 비용 외에도 제공할 서비스의 내용 면에서도 커다란 과제를 안고 있다. 또한 이들 뉴 미디어는 종래의 미디어에 비해 정보 전달양이 많기 때문에 대량의 정보를 보낼 수 있는 고속도로가 필요하다. 이 고속도로에 상당하는 것이 무선계통에서는 통신위성이며 유선계통에서는 광통신 시스템을 이용한 INS(information network system : 고도정보통신시스템)이다. 경제의 고도성장 과정에서는 도로, 철도, 전력, 통신 등의 사회적 기반시설(infra structure)이 수행한 역할은 대단히 큰 것이었다. 향후 효율적인 경제의 발전과 안전한 인간 사회를 목표로 하기 위해서는 정보의 사회적 기반시설을 충실히 수행해 갈 필요가 있는데, INS은 정보 면에서의 주된 기반시설로서 고도정보화사회의 대동맥이 될 것으로 기대하고 있다.

INS의 기본구상을 구체화하기 위한 기술은 디지털 통신시스템이다. 종래의 아날로그 통신으로부터 광화이버 케이블을 사용한 디지털 통신으로 대체하게 되면 다음과 같은 편익을 얻을 수 있다.

첫째, 대량 · 고도의 정보 전달이 가능해진다.

둘째, 정보 전송과정에 품질이 떨어지는 사태를 방지하여 고품질의 정보를 보낼 수 있다.

셋째, 전화, 팩시밀리, 영상 등의 통신망을 통합함으로써 효율적으로 이용할 수 있다.

넷째, 각종의 정보서비스 비용을 대폭적으로 줄인다.

이와 같이 각종의 장점이 있는 디지털 통신망을 사용하여 디지털 전화, 디지털 데이터 통신, VAN(value added network: 부가가치통신망)등의 여러 가지 서비스를 실현시키려고 하는 것이 INS의 구상이다.

INS을 포함한 뉴미디어는 생활 · 사회 시스템 등의 질적 변화를 촉진하는 가능성을 가지고 있다. 그러한 사회의 구조변화에 기업이 어떻게 대응할까 하는 것이 기업의 장래를 결정하게 될 것이다. INS를 비롯한 정보의 기반시설이 정비되고 또한 각종의 정보 네트워크화가 진전되면 소매기업 특히 체인스토어 시스템을 채용하고 있는 유통기업에 커다란 영향을 줄 것으로 생각된다. 집중 매입과 지역 분산의 장점을 바탕으로 운영되고 있는 체인스토어 시스템이 안고 있는 여러 가지 문제점들이 정보의 즉시성 · 정확성 · 저비용화 실현으로 말미암아 해소되어 체인스토어 시스템이 더욱 고도화될 수가 있다.

2. 상품정보 제공수단의 혁신

새로운 기술의 급속한 발전은 유통분야 특히 소매업에도 커다란 영향을 미치고 있다. 뉴 미디어의 특성을 교묘히 살려 상품의 서비스 등 정보 제공수단으로서 유효하게 활용할 것으로 예상된다.

최근의 패션 상품 발표회는 모델을 쓰지 않고 컴퓨터를 이용한 비디오 · 디스크를 활용하여 실시되기도 한다. 그 외 자동차의 선택, 자동차에 관한 상담, 여행안내(호텔, 레스토랑, 스포츠, 쇼핑 등의 정보)에 활용하고 있는 예도 있다. 비디오디스크의 장점으로서는 보고 싶은 화면을 수초 내에 선택하여 볼 수 있는 기능과 화면의 질이 매우 선명하다는 것을 들 수 있다. 그러므로 색깔이나 디자인이 상품을 차별화 하는 중요한 요소가 되는 패션 상품, 주택 · 가구 등의 대형상품, 그리고 전문적인 설명을 필요로 하는 상품을 소개하는데 적합하다. 또한 점두에서 판매촉진을 위해 활용할 수도 있어 카탈로그를 대신할 수도 있다.

근년에 들어서는 컴퓨터와 통신을 이용하여 정보나 서비스 그리고 상품을 거래하는 전자상거래가 점차 주목을 받고 있다. 이는 상품 정보를 제고하기 위해 다양한 멀티미디어 기술을 사용함으로써 점포나 시장은 네트워크 상의 가상공간에 존재하게 되고 고객은 정보에 근거하여 구매의사를 결정할 수가 있게 된다. 향후 인터넷을 기반으로 한 가상마켓(Electronic Market)이 활발히 전개될 것으로 전망되고 있다.

제 3 절 | 유통정보시스템과 기술혁신

1. 표준화와 네트워크 기술

개별 기업의 정보시스템을 넘어 기업 간의 거래 자체를 정보시스템화 하기 위해서는 거래처 코드 · 상품코드 · 데이터 변환형식을 비롯한 여러 가지 규약(business protocol)의 표준화가 필요하게 된다. 그래서 최근에는 전자 자료교환(EDI: electronic data interchange), 전자거래의 기반으로서의 표준화가 주창되고 있다. 표준화를 위해서는 업계별 통일전표(예를 들면 백화점 통일전표, 체인스토어 통일전표 등)가 제정되어야 하고, 어떤 거래에서든지 공통적으로 사용할 수 있도록 코드를 전국 단위로 공통화 한 공통 상품코드(한국의 공통 상품코드는 Korean Article Number : KAN이다)와 공통거래처 코드가 있어야 하며 ISDN(통합서비스 디지털 통신망: Integrated Services Digital Network)에 대응할 수 있는 절차를 채용함과 동시에 업계마다 표준형식을 제정 · 보급해야 한다. 우리나라의 경우는 표준화에 관한 작업은 상당히 진척되고 있으나 업계 간의 EDI, 즉 개방적 EDI 문제가 아직 해결되지 않고 있다. 이를 실제적으로 유효하게 활용하기 위해서는 모든 거래(조회, 견적, 발주, 검품, 납품 등 모든 과정을 포함)의 정보 네트워크화가 추진되어야 한다.

2. 다운사이징

다운사이징(downsizing)이란 정보시스템을 구축하는 컴퓨터가 대형의 범용기로부터 보다 소형의 기종으로 바뀌어 가는 것을 의미한다.

유통업은 적게는 수천 가지 많게는 수십만 가지의 단품(SKU)을 취급하고 있는 경우가 많다. 거기다가 신규등록 상품이나 삭제해야 할 상품이 거의 매일 발생하여 상품 등록 장치만으로는 충분하지 못할 경우가 있다. 체인 오퍼레이션의 경우 매일 쏟아지는 점포별 · 단품별 데이터가 지나치게 많아 그대로 취급하기에는 벅차다. 업무처리뿐만 아니라, 의사결정 지원을 위한 정보계

통까지 생각해 보면 문제는 더욱 어려워진다.

1980년대 말에 보급되기 시작한 워크스테이션 시스템은 대형컴퓨터의 처리능력을 개인용 컴퓨터 비용으로 활용할 수 있게 함으로써 유통업계의 주목을 받게 되었다. 또한 워크스테이션 시스템은 LAN(local area network : 사내 네트워크)을 전제로 한 것이 많기 때문에 사내의 정보회선을 시스템의 핵으로 하여 자유롭게 데이터베이스 서버나 처리 서버를 추가할 수 있고 주변기기나 데이터를 공유할 수 있는 등 많은 이점이 있다. 그래서 유통시스템 상에 산적해 있는 과제를 해결하기 위해서 워크스테이션을 이용한 다운사이징을 시도하려는 움직임이 활발하다.

이미 대형 체인스토어는 ISDN과 워크스테이션을 이용하여 상품을 화상으로 제공하는 등 멀티미디어도 포함한 상품정보 시스템이나 분석시스템을 갖추어 가고 있다. 지금까지 비용이 걸림돌이 되어 제대로 시스템화를 이루지 못했던 유통정보시스템은 향후 다운사이징을 통해 상당히 변모해 가리라 생각된다.

3. 소프트웨어 기술

종래의 유통업계는 거래 자료가 점점 많아지자 이 자료를 유효적절하게 이용하는 데 어려움을 느끼고 있었다. 그러나 데이터베이스 관리시스템의 기술이 진보하면서 사용자에게 더욱 사용하기 쉬운 정보체계를 구축할 수 있게 되었다. 예를 들면 미국의 물류업에서 사용하고 있는 시스템에서는 당일 상품을 배송해야 할 곳과 배송처의 전화번호만 입력하더라도 지정된 장소까지 가장 적절하게 배송할 수 있는 경로와 지도 그리고 적재 지시서가 출력될 수 있도록 되어 있다. 뿐만 아니라 상품의 매입가격 · 경쟁점의 판매가격 · 자사의 실적 자료 등을 기초로 하여 특정 상품군을 구성하고 있는 수십 가지 종류의 단품에 관한 최적 판매가격을 자동으로 설정해 주는 시스템이 사용되고 있다. 앞으로 퍼지(fuzzy)제어 기술 등을 포함하여 인간의 업무처리 능력에 못지않은 기능을 발휘할 수 있는 소프트웨어 기술을 활용한 도구들이 많이 등장하게 되면 유통업과 관련한 정보처리는 더욱 신속 · 정확하게 이루어지게 될 것이다.

제 4 절 | 유통정보의 운용체계

기업에서의 컴퓨터 활용은 회계전표나 급여계산 처리 등 사람의 손으로 처리하던 부분을 정보시스템을 활용하면 보다 신속·정확하게 처리할 수 있다는 인식을 가지게 되면서 시작되었다. 그러다가 기업경영을 위한 의사결정에 필요한 다양하고 복잡한 정보를 수집·정리·가공·응용할 수 있는 정보시스템을 운용하고자 하는 움직임이 빈번해지면서 본격적으로 경영정보시스템이 구축되기 시작한 것이다. 그 후 여러 가지 시행착오를 거치는 과정을 겪었으나 개인용 컴퓨터의 보급이 확산되면서 업무전반의 자동화나 영업지원을 포함한 각종 지원시스템도 구축되었다.

이상과 같은 흐름 속에서도 유통기업에 대한 정보지원 시스템은 독자적인 경로를 통해 발전하기 시작하였다. 타 산업분야와 같이 유통업계에서도 회계정보시스템 분야가 먼저 개발되긴 하였으나 곧 판매시점관리 시스템, 수·발주업무관리 시스템, 부가가치통신망 관리 등 다양한 시스템이 별도로 개발되어 통합 시스템을 이루어 나가기 시작하였다.

1. POS시스템

(1) POS시스템의 개요

① POS시스템의 개념

POS(point of sale)시스템이란 자동판독 방식의 POS터미널에 의해 단품별로 수집한 판매정보 및 구매·배송 등의 활동에서 발생하는 각종 정보를 컴퓨터에 보내어 각 부문이 유효하게 이용할 수 있도록 정보를 가공하고 전달하는 시스템이며, 소매기업의 총합 경영정보시스템의 기간이 되는 시스템이다.

② POS시스템의 특징

• 자료의 자동 판독

상품의 포장용기에 표시되어 있는 심벌을 광학 장치가 되어 있는 판독기가 자동적으로 판독하는 방식을 취한다.

• 판매시점에서의 정보 입력

POS정보는 일괄처리방식(batch processing)에 의해 상품이 판독되어 레지스터를 통과하는 순간 그 자료가 입력된다. 즉 고객이 상품을 하나하나 구매할 때 마다 발생하는 POS데이터는 스토어 컨트롤러(store controller)에 단품별로 집계된다.

• 단품관리

단품이란 점내의 재고관리단위(SKU : stock keeping unit)를 의미하는 것인데, 단품관리란 이들 단품의 움직임을 정확히 파악하여 이 중 잘 팔리지 않고 이윤을 발생시키지 않는 것을 배제하고 성과를 올리는 상품을 증강시켜 과학적인 상품관리가 이루어지도록 하는 것이다. 유통업에서는 단품별로 매입·물류·판매 업무가 이루어지고 있어 이것에 대한 효과적인 관리가 무엇보다 중요하다.

• 고객정보관리

POS시스템은 판매시점에서 고객에 대한 필요한 정보를 즉시에 입력할 수 있어 고객의 특징이나 동향을 파악하는 데 필요한 자료를 제공한다.

• 정보의 집중관리

POS터미널로부터 수집된 단품별 데이터·고객정보·매출 정보 등은 본부의 컴퓨터에 집계되어 집중적으로 분석·가공·처리됨으로써 경영정보관리의 기초자료를 제공하게 된다.

(2) POS시스템의 활용목적

유통기업이 POS시스템을 활용하는 목적은 다음과 같다.

① 사무 관리의 합리화

유통 업무를 효과적으로 관리하기 위한 전제는 사무의 합리화이다. 초기에는 백화점이 사무 합리화를 통해 사무비용을 삭감할 목적으로 POS시스템을 활용하였다. POS를 도입하기 이전에는 매장 판매원이 전표를 직접 기입하고 사무 부문의 출납계가 모든 전표를 점검하여 이것을 펀치 센터(punch center)로 넘기고 있었다. 또한 전표를 틀림없이 기입하기 위해서 사무 절차 매뉴얼을 숙지하지 않으면 안 되었으며 전표 종류도 많아 정확한 전표에 정확히 기입하지 않으면 안 되었다.

이러한 작업은 판매원에게 상당한 정신적 부담이 되었을 뿐만 아니라, 전표 점검이나 키 · 펀치를 위한 요원도 충분히 배치하지 않으면 안 되었던 것이다. 이러한 문제를 POS시스템이 모두 해결해 주었다. 즉 전표를 발행하여 데이터를 작성하기까지 POS가 정확히 자동적으로 처리해 주었던 것이다. 그리하여 「기계로 할 수 있는 것은 기계에게 시키자」고 하는 생각을 바탕으로 하여 철저한 생력화(省力化) · 생뇌화(省腦化)를 도모함으로써 저비용 경영을 실현하는 것이 POS시스템 활용의 첫번째 목표이었다.

② 매장 생산성의 향상

생산성 향상이란 한 마디로 말하면 「재고 수준을 최소화 하는 경영」을 목표로 하는 것이다. 즉 가능한 한 불필요한 재고를 삭감하는 것이 목적이다. 이는 결국 팔리지 않는 상품을 찾아내어 제거함으로써 가능해진다. 가령 팔리지 않는 상품이 15% 가량 된다면 매장의 15%는 아무런 이익을 가져 주지 않는 공간이 되는 셈이다.

그러나 「최소 재고」의 의미는 품절 상태가 되어도 좋다는 뜻은 아니다. 품절로 인하여 매출기회를 잃게 됨으로써 얻는 손실은 당장 눈에 띄지 않는다 할지라도 그로 인한 피해는 막대하다. 예를 들면 아무리 잘 팔리는 상품이라 할지라도 재고가 바닥난 상태에서는 절대로 팔 수 없다. 그러므로 잘 팔리는 상품이 품절되지 않도록 해야 한다.

「소량 다 빈도 물류체계」야말로 최소 재고 경영을 실현하기 위한 최선의 수단이다. 극단적으로 말하면 한 개 팔리면 한 개 매입하는, 즉 정시 납품 체제를 구축하는 것이 가장 이상적이다. 이러한 물류시스템이 이루어지면 재고를 대폭적으로 줄일 수가 있다. 이러한 사고가 바로 효과적인 소비자 대응(efficient consumer response : ECR)사상이다. POS시스템의 도입은 바로 이러한 유익을 추구하기 위함에 있다.

③ 의사결정에 대한 지원

점포에서 지금까지 부문관리를 하다가 POS를 도입하게 되면 관리의 폭이 훨씬 넓어진다. 즉, 100개의 부문을 관리하던 것이 10,000개의 단품으로 분류하여 관리할 수 있게 되는 것이다. 이는 관리를 보다 세부적으로 할 수 있음을 의미하는 것이기도 하다. 그러나 관련 자료를 출력해서 쌓아 놓기만 한다면 아무런 소용이 없다. 이는 오히려 낭비요인이 된다. 이렇게 하지 않기 위해서는 업무추진 시스템을 잘 구축해야 한다. 즉, 문제 발견형 시스템을 구축하는 것이다. 문제 발견형 시스템의 첫 번째 단계는 문제가 되는 부문(department)을 발견하는 일이다. 두 번째 단계는 그 부문 중의 어느 품종(class)이 문제인가를 발견한다. 세 번째 단계는 그 품종 중에서 어느 단품(SKU)에 문제가 있는가를 발견하는 것이다. 이와 같이 「부문」→「품종」→「단품」의 순서를 반복하며 정보를 검색함으로써 문제를 발견할 수 있는 시스템을 만들어 둘 필요가 있다. 물론 이러한 작업은 종이와 연필로 하는 것이 아니라 모니터 화면을 통해서 이루어질 수 있는 기계와 인간의 대화시스템을 갖추는 것이다. 이러한 과정을 통해서 잘 팔리지 않는 부문·품종·단품이 파악되면 그 원인이 어디에 있는가를 파악하기 위해서 매장에 들어가 점검해 보아야 한다. 즉, 그 원인이 절품인지, 진열 상태가 좋지 않은지, 종업원의 근무 상태가 좋지 않은지 등을 발견하는 것이다.

표 9-1 POS 시스템의 활용영역

활용영역		중점적활동
관리적 활용	사무의 합리화	• 생력화 • 생뇌화「기계로 할 수 있는 일은 기계에게 시키자」
	매장생산성 향상	• 팔리지 않는 상품 제거 • 매출기회 손실 방지 • 소량 다 빈도 물류 실현 • 계획적인 작업
	의사결정 지원	• 문제의 발견과 현장 점검 • 커뮤니케이션
전술적 활용	판매촉진	• 고객 고정화에 의한 객 단가 제고 • 직접 마케팅에 의한 구매빈도 증가
전략적 활용	매크로 마케팅	(소매기업) • 객 층 파악 • 상권관리 • 라이프 · 스타일 파악 (제조기업) • 상품정책 • 신상품정책 • 가격정책 • 광고정책

이상과 같이 문제 해결에 관련되는 정보를 손쉽게 찾아내어 이를 의사결정에 반영할 수 있는 지원시스템을 구축하는 것이 POS를 효과적으로 활용하는 하나의 방안이다(표 9-1).

④ 판매촉진

POS시스템을 사무의 합리화나 생산성 향상에 활용하는 것은 비용 절감에 초점을 맞춘 것이지만 매출을 늘이는 목적을 위해 활용하는 방법도 있다. 유통기업이 매출을 높이기 위한 마케팅 전술은 여러 가지가 있는데 그 중 합리적인 고객관리를 통해 고정 고객을 많이 확보함으로써 매출을 증가시키는 방법이 있다. 고정 고객에 대해서는 여러 가지 유리한 제안을 함으로써 고객을 경쟁점에 빼앗기지 않게 될 뿐만 아니라, 내점 빈도를 높이고 1회당 구매수량을 증가시킬 수도 있다. 또한 이러한 활동은 누가 무엇을 얼마나 구매하는가에 대한 자료를 축적할 수 있게 하여 결과적으로는 소비자의 구매에 대한 예측이 가능하게 되어 효과적인 판매촉진을 할 수 있게 된다. 즉 POS시스템을 활용하여 직접 마케팅이나 데이터 · 베이스 마케팅을 실천할 수 있게 되는 것이다.

⑤ 상권이나 상품구색의 조정

POS 자료를 분석함으로써 자사의 상권을 세밀히 파악하여 그 정보를 상품구색 결정에 활용할 수 있다. 이를 위해서는 회원의 구매관련 자료가 가장 유효하다. 성별 · 연령별 고객 층 구성비라든지, 어떤 지역에서 얼마만큼의 고객이 오는지 등을 파악할 수 있게 된다. 예를 들면 내점 고객층의 연령에 따라 생활양식이 다르기 때문에 연령별로 고객층을 파악할 수 있다면 그에 적합한 상품구색을 갖추기가 쉬워진다. 이는 결국 지역 적합형 상품구색을 가능하게 함으로써 고객의 요구를 보다 크게 만족시킬 수 있게 될 것이다.

(3) POS정보의 활용법

POS시스템으로부터는 매일 방대한 양의 정보가 발생한다. POS정보는 상세하고 정확하며, 정보량이 방대하면서도 신속하게 얻어질 수 있다는 장점이 있다. 그러나 아무리 뛰어 난 정보라도 단순히 존재한다는 것만으로는 매출액이나 수익에는 아무 것도 공헌하지 못한다. 그러므로 수집한 정보를 가공 · 분석하여 그것을 근거로 어떤 행동이 이루어졌을 때 비로소 그 정보는 가치를 발휘하게 되는 것이다. POS정보를 활용하는 구체적인 방법은 다음과 같다.

① 판매관리에 활용한다.

POS정보의 가장 보편적인 활용방법은 매일매일의 점포 운영에 관한 것이다. 특히 예산과의 대비나 매출 상황을 검색하는 일이 중심이 된다. 예산과의 대비는 점포별, 부문별, 품목별 판매예산을 미리 점포 통제장치에 입력하여 두고 달성 정도를 계속적으로 점검하는 것이다. 매출 검색은 중요한 품목을 선택하여 매출 수량·금액을 항상 파악할 수 있게 하는 것으로서 각 품목별로 재고 수량이 입력되어 있으면 보충발주의 시간도 간단히 알 수가 있다.

② 소비자의 구매행동을 파악하는 데 활용한다.

고객의 구매행동을 파악하는 도구로 POS정보를 본격적으로 활용하기 위해서는 세대구성, 연령, 남녀 구분, 거주지 등 소비자 속성에 대한 정보를 첨가하는 것이 바람직하다. 아울러 시간대별·요일별·일기별 정보를 첨가하여 소비자의 구매행동을 파악하는 데 활용할 수 있다.

③ 상품구색을 관리하는 데 활용한다.

상품구색을 적절히 갖추는 일은 소매 마케팅의 기본이다. 고객이 사고 싶은 상품이 없어 타 점포로 발길을 돌린다든지, 팔리지 않는 상품 때문에 매장공간의 효율이 떨어지는 일은 막아야 한다. 한정된 매장 공간을 효율적으로 활용할 수 있는지의 여부가 점포의 성패를 좌우하므로 상품구색 관리는 매우 중요하다.

• ABC분석을 위한 기초자료 제공

상품구색을 관리하기 위한 방법으로서 ABC분석기법[1]이 매우 유용하게 활용되고 있다. 그러나 종래의 ABC분석은 수많은 품목에 대하여 손과 눈으로만 관리해야 하므로 자주 실시할 수 없었으며, 그 결과를 알기까지는 1~2개월이 소요되는 것이 보통이었다. 그러나 POS정보를 이용함으로써 개별 상품별 데이터를 정확히 파악하고 필요할 때 이를 즉시 출력할 수 있을 뿐만 아니라, 이익도 파악할 수 있기 때문에 상품구색을 관리하는 데 더욱 위력을 발휘할 수 있다.

• 외부 시장조사 자료와의 비교

POS정보로 자사 점포의 판매동향을 상세하게 파악할 수 있지만 그것만으로 상품구색 관리가 완전하다고는 할 수 없다. 그 지역의 상권 내에 위치한 타 점포와 비교하여 볼 필요가 있다. 예를 들면 자기 점포에서는 브랜드 A의 점유율이 이상하게 높은 반면, 지역 전체적으로 평균 점유율이 높은 브랜드 B는 상대적으로 낮았다면 자기 점포의 매장 내 진열 상황과 판촉활동의 내용을 검토하여 그 원인을 밝히고 대응책을 세우지 않으면 안 된다.

④ 구매 · 재고관리에 활용한다.

재래식 재고관리 방법은 담당자가 시간을 많이 들여 매일 매출대장을 점검한 후 재고가 감소되었다고 생각되는 시점에서 본부 또는 거래처에 발주하였다.

POS시스템을 이용하여 합리적이고 효율적인 구매 · 재고관리를 하기 위하여 고안된 것이 자동발주 방식이다. 매일의 판매량에 큰 변화가 없는 상품은 컴퓨터에 적정 재고수량을 미리 기억시켜 두고 구매자료와 POS시스템으로부터의 판매자료를 가감하여 적정 재고수준에 이른 상품에 대하여 발주지시서를 자동적으로 출력시키는 방법이다. 그러나 특수한 요인(특매 등)으로 판매량이 크게 변동하는 상품이나 매일 발주가 필요한 상품(예를 들면 일배품, 생식품)의 경우는 시간적으로 대응할 수가 없기 때문에 보다 용량이 큰 컴퓨터가 필요하고 POS정보의 정밀도가 높아야 한다는 문제점이 있다. 따라서 이 경우는 특매효과, 전단 효과 등 이전의 판촉활동 자료로부터 판매량을 예측하여 과잉재고를 방지할 필요가 있다. 일배품(日配品)이나 생식품의 경우에는 항상 다음날 분의 매입을 고려해야 하기 때문에 담당자가 즉시 판단할 수 있는 자료가 필요하다. 특히 품절로 인한 판매기회의 손실이나 과잉구매로 인한 폐기 손실을 방지하기 위하여 점내에 개인용 컴퓨터와 같은 판매예측 지원시스템이 있으면 편리하다.

⑤ 진열 관리에 활용한다.

• 진열대 별 판매상황 포착

효율적인 진열이란 고객의 이동방향을 고려한 진열로서 연관구매를 촉진시키는 것인데, 진열 공간(space) · 진열 위치(shelf)를 고객의 선호나 팔아야 할 상품에 초점을 맞추어 연출함으로써 동일한 진열량 · 동일한 진열 면적이라 할지라도 종전보다 더 많은 매출을 올릴 수 있도록 하는 것이다.

이와 같은 진열의 효율성을 높이기 위해서는 POS 정보자료를 이용하여 이를 시각적으로 그려 내는 점두 정보 그래픽 시스템을 개발·활용하면 상품진열 장소에 따른 매출액의 차이를 일목요연하게 알 수 있다. 이는 진열대 위치별·선반 위치별로 매출정보를 알 수 있게 해주며, 점포 통제장치(store controller)의 상품 마스터에 단품별로 진열 위치를 입력해 두면 특정 위치에 진열되어 있는 단품의 매출액까지도 파악할 수가 있다.

• 품목별 연관구매 상황의 파악

어떤 고객이 구매를 할 때 무엇과 무엇을 동시에 구매하는 비율이 높은가에 관한 연관 구매상황도 POS정보를 통하여 알 수 있다. 즉, 일정 품목에 대하여 일정 기간 동안의 연관구매 상황을 분석하고 그 결과를 통해 연관진열이나 세트판매, 동시판매를 실시함으로써 동시구매를 촉진하여 고객 1인당의 구매단가를 향상시킬 수 있다. 연관구매의 원인은 고객 특유의 원인, 상품의 보완 관계, 진열장소의 거리관계 등에 따라 규정된다.

⑥ 판매촉진을 위해 활용한다.

• 특판 효과의 분석

점포마다 특판 방법에 따라 점포별 판매량은 큰 차이가 생길 수 있다. 일반적으로는 상품가격을 인하하면 판매량이 증가한다. 그러나 매출액의 증가와 수익의 향상을 도모할 수 있는 효율적인 특판이 아니면 무의미하다. 이는 일정기간 동안의 POS 자료를 통해 특정 품목의 판매가격과 판매수량 간의 관계를 조사한 자료를 기초로 하여 분기점 가격(price spot : 가격 변동의 어떤 시점에서 판매량이 크게 변화하는 점)을 알아냄으로써 특판 가격을 설정하는 데 참고할 수 있다.

• 판매량의 예측

POS정보는 종전의 정보와 비교해 볼 때 매우 상세한 정보이며 예측 가능성을 가지고 있다. 따라서 전단 살포 여부, 판매가격, 일기, 요일, 진열위치 등의 POS자료를 기반으로 한 통계프로그램을 개발하면 특정 일자의 판매량을 어느 정도 예측할 수 있게 될 것이다.

(4) POS시스템 활용의 효과

POS시스템을 도입하여 얻을 수 있는 효과는 「직접효과(hard merit)」와 「활용효과(softmerit)」로 나누어 설명할 수가 있다. 소스마킹(source marking)이 급속히 보급됨에 따라 POS시스템을 도입한 점포에서는 레이블 첨부작업이 경감되는 등 생력화 효과를 쉽게 얻을 수 있게 되었다. 그러나 이와 같은 직접적인 효과는 빙산의 수면 윗부분에 해당하는 것이라고 한다면 빙산의 수면 밑에 있어 눈에 보이지 않는 부분은 소프트 메리트라 할 수 있다. 정보는 보는 것만으로는 아무런 가치도 만들어 내지 못한다. 수집된 정보 중에서 유익한 것을 선별하고 의사결정에 활용하여 그것이 매출이나 수익의 향상에 기여하였을 때 비로소 제대로 활용되었다고 할 수 있다.

① 하드웨어 면에서의 효과

• 계산 작업(checkout) 생산성의 향상

매장에서 POS시스템으로 고객이 구매한 상품을 계산할 경우 고객 1인 당의 체크아웃 시간은 단순한 계산 기능만을 수행하는 장치에 비해 속도 면에서 10~20% 향상시킬 수 있어 고객이 계산을 위해 기다리는 시간을 단축할 뿐만 아니라, 작업의 능률도 월등히 높일 수 있다.

• 등록 오류의 방지

상품 가격의 합계를 계산하기 위하여 가격을 등록할 때 오류를 범하게 될 경우 판매가격보다 높게 등록하면 고객의 항의를 받게 되며 낮게 등록하게 되면 손실을 가져 오게 된다. POS시스템의 도입은 이러한 오류를 사전에 막아 주게 되므로 고객의 심리적 불안을 제거하여 점포에 대한 신뢰감을 증진시켜 줄 뿐만 아니라, 기업의 손실을 예방해 주는 효과도 있다.

• 상품명이 기입된 영수증 발행

점포가 발행하는 영수증에 상품명이 인쇄되기 때문에 고객이 돌아가서 자기가 구매한 상품을 확인한다든지 가계부를 작성할 경우 참조할 수 있는 자료로 활용할 수가 있어 고객에 대한 서비스를 첨가하는 일이 된다.

• 점포의 사무작업 간소화

매출 성과에 대한 정산 작업이나 기장, 전표의 정리 등 계산 담당자가 수행해야 하는 사무 작업을 대폭적으로 간소화 할 수 있다.

• 계산원에 대한 훈련경비 절감

종래의 금전등록기를 능숙하게 조작하는 데는 상당한 훈련을 필요로 한다. 이를 POS시스템으로 대체하면 상품의 소스 마킹 코드(source marking code)를 판독기(scanner)로 읽기만 하면 되기 때문에 이러한 작업에 대한 훈련은 하루만으로도 족하다. 그러므로 이러한 작업은 시간급 종사원에게 맡길 수도 있어 인건비의 절감에도 도움을 줄 수 있다.

• 단품별 가격표 부착비용의 삭감

POS시스템을 도입하면 가격은 스토어 컨트롤러에 입력되어 있어 소스 마킹 코드에 의해 가격을 불러들일 수 있다. 가격조견기능(PLU : price look up)이라고도 하는데 이 기능에 의해 하나하나의 상품 가격을 보지 않아도 된다. 따라서 상품마다 가격을 붙일 필요가 없다. 이는 단품별 가격표를 부착하는 비용을 삭감하게 된다.

• 종업원의 부정 등록 방지

일반 금전등록기인 경우는 종업원들의 편의에 따라 임의로 가격을 등록하게 될 경우가 있어 자칫 부정행위가 발생할 수도 있다. 이러한 일이 만연하게 될 경우 기업 전체로서는 이익이 대폭 감소될 수도 있는 것이다. POS시스템의 PLU기능은 이러한 부정을 예방해 줄 수 있다.

• 고객의 부정 방지

고객의 부정행위란 낮은 가격표를 벗겨 비싼 상품에 부착하여 금전등록기를 통과하는 행위를 하는 경우이다. 이러한 경우도 POS시스템에 의해 컴퓨터가 관리한다고 하는 심리적 효과를 연출하게 되면 고객의 부정을 미연에 방지할 수 있게 된다.

이상과 같은 하드웨어면에서의 이점은 경상이익률을 높여주는 것과 같은 효과를 가지는 것으로서 체인 오퍼레이션을 하는 경우에 있어서는 그 유효성은 더욱 크다 하겠다.

② 소프트웨어 면에서의 효과

이것은 무엇보다도 POS데이터를 경영에 활용하여 얻을 수 있는 이점으로서 기본적으로는 다음과 같은 6가지가 있다.

• 절품 비율의 감소 효과

인기 상품은 곧잘 절품 사태가 일어난다. 절품이 되면 아무리 팔고 싶어도 팔 수 없다. 결국 매상 기회를 잃어버리고 만다. POS데이터에 의해 잘 팔리는 상품을 발견하여 그 상품이 절품되지 않도록 매장을 관리해 나가지 않으면 안 된다. 인기 상품의 진열면적을 충분히 확보해 두는 것도 중요한 일이다.

• 팔리지 않는 상품의 감소 효과

대개 식료품의 경우 3개월에 1개도 팔리지 않는 상품은 팔리지 않는 상품으로 간주해도 좋다. 패션 상품인 경우는 판매 대상고객에 따라 다르긴 하나 대개 1~2개월 간의 패션 사이클이 있어 이 기간 동안에 판매속도가 빠른 것과 낮은 것을 발견하여 잘 팔리지 않는 상품은 매장에서 제거하지 않으면 안 된다. 이렇게 하지 않으면 생산성이 향상되지 않기 때문이다.

• 이익 발생 상품의 명확화

잘 팔리는 상품(인기상품)에 대한 관리를 제1의 관리, 팔리지 않는 상품(무익상품)에 대한 관리를 제2의 관리라 한다면 이익을 많이 가져다주는 상품(다익상품)에 대한 관리는 제3의 관리라 할 수 있다(표 9-2). 결국 「다익상품(多益商品)」에 대한 관리이다. 다익상품이란 판매수량이 많고 매출이익이 높은 상품이다. 이 다익상품을 발견하여 이익을 충분히 올릴 수 있도록 하지 않으면 안 된다.

표 9-2 상품의 이익공헌도 분석표

고객지지도 \ 이익공헌도		총수익		
		높음	중간	낮음
판매수량	대	다익상품 (중점판매상품)	인기상품 (판매상품)	박리상품 (유인상품)
	중	준 다익상품 (이익상품)	준 인기상품 (판매상품)	유동상품 (구색용상품)
	소	전시용상품 (전시용상품)	유동상품 (구색용상품)	무익상품 (제거상품)

• 신상품의 평가

신상품이 쏟아지는 시대에는 우선 제조기업과 거래를 위한 상담을 한 후 신상품을 위한 매장 공간을 준비하고 판매를 개시한다. 이러한 과정을 신상품 평가 프로그램으로 특별히 준비하고 이를 본격적으로 도입하기 전에 테스트를 거친다. 테스트 결과가 좋으면 전체 점포에 도입한다. 신상품이라 하여 무엇이나 도입해버리면 매출이나 이익을 떨어뜨리는 위험이 있다. POS데이터를 활용하여 이러한 위험을 방지할 수 있다.

• 전단 효과의 평가

가령 평균적으로 전단 1장에 드는 비용이 50원이라 하면 1만장의 전단을 살포하는 데 드는 비용의 합계는 50만 원이 된다. 따라서 이러한 비용을 회수할 수 있는 수익을 올릴 수 있는지에 대하여 우선 생각하지 않으면 안 된다.

그런데 전단 살포의 효과는 광고 상품이라든지 진열장소에 따라 달라질 수 있는 것이기 때문에 사전에 계산해 두지 않으면 안 된다. 따라서 그와 관련한 자료를 POS데이터를 이용하여 분석하는 것이 효과적이다. 즉, 특매 효과를 분석하여 이익을 올릴 수 있는 전단 광고를 시행하는 것이 좋다.

• 적정 판매가격 관리

적정 판매가격이란 보다 잘 판매됨으로써 목표이익을 확보할 수 있는 판매가격을 말한다. 많이 팔기 위해서 목표이익을 확보할 수 없는 가격을 설정해서는 안 된다. 판매가격은 통상가격과 특매가격 2가지가 있다. 일반적으로 가격을 인하하는 만큼 판매량이 증가하지만, 판매가격과 매출 이익률로 부터 목표이익을 달성할 수 있도록 가격을 결정해야만 한다. POS데이터가 있다면 일정 기간 마다 판매가격을 바꾸어 분석함으로써 적정 판매가격을 발견할 수 있게 될 것이다.

이상과 같은 소프트웨어 면에서의 이익은 단지 하드웨어를 도입하는 것만으로서 얻을 수 있는 것은 아니다. 결국 POS자료로부터 문제를 발견하고 개선안을 결정하여 행동한다고 하는 계속적인 노력이 필요하다. 즉, 자료를 독해해 낼 수 있는 능력을 개발하는 것이 중요하다.

2. 부가가치 통신망

(1) 부가가치통신망의 의의

부가가치통신망(value added network : 이하 VAN이라 칭함)이란 회선 제공업자로부터 회선을 빌려 고도의 통신처리기능 등을 부가하여 판매하는 서비스를 말한다. VAN의 부가가치란 컴퓨터 사이에 단순한 데이터를 전달하는 것이 아니라 도중의 변환처리과정에서 ① 프로토콜(protocol)의 변환, ② 포맷(format) 변환, ③ 코드 변환, ④ 매체변환, ⑤ 메일 박스(mailbox) 기능 등의 부가가치를 발생시키면서 통신을 처리한다는 의미이다.

이전의 기업 간 데이터 통신은 여러 가지 규제를 받았으나 최근에는 전면적으로 통신회선이 개방되어 기업 간의 데이터 통신을 누구나 자유롭게 할 수 있게 됨으로써 VAN시대가 열리게 된 것이다. 거래처의 컴퓨터에 직접 온 라인으로 데이터를 보내고자 하는 생각은 일찍부터 있어 왔다. 그래서 하나의 기업이 여러 거래처와 네트워크를 연결할 수 있는 방법을 모색하게 된 것이다. 그러나 개별 기업 간에 제각기의 네트워크를 가지기보다는 개별 기업의 데이터를 원하는 곳에 배분해 줄 수 있는 컴퓨터에 데이터를 보내어 그 곳에서 교환업무를 해줄 수 있도록 네트워크를 구성하면 보다 효율적인 네트워크가 구축될 수 있다. 그러므로 VAN은 공동 이용형 통신망을 구축하게 된 것이다.

VAN은 특정 업무처리를 목적으로 하여 서비스가 이루어지는 것이 보통이지만 제조기업, 도매기업, 소매기업 사이에서 발생하는 상거래 정보를 주 대상으로 하는 VAN서비스를 유통 VAN이라 부른다. 유통 VAN의 대표적인 것은 업계 VAN과 지역유통 VAN으로서 어느 것이든 공동 이용형이며, 기능과 운용면에서 철저한 표준화가 행해지고 있다. 따라서 상기의 부가가치 기능 중 ①~③의 기능은 무의미하게 되어가고 있다.

(2) VAN의 이점

VAN은 데이터를 공동으로 이용하고자 하는 기업 간의 데이터 교환시스템으로서 다음과 같은 이점이 있다.

첫째, 상업통신제어절차나 운용에 관한 표준화가 가능해짐에 따라 불특정 다수 기업 간에 효율적인 데이터 교환시스템을 구축할 수 있게 되어 지금까지 개별 기업 별로 개발했던 단말기 · 소프트웨어 코드 변환 · 운용 훈련 등을 하나로 묶을 수 있게 되었다. 즉, 동일 업무 목적을 달성하기 위해서 개별기업은 한 대의 단말기나 컴퓨터로 데이터 통신이 가능하며 코드 결합(code combination)장치를 간단히 할 수 있다. 이 경우 운용에 참여하는 현장 종사자에 대한 교육을 일원화 할 수 있는 효과도 있다.

둘째, 공동 이용 시스템을 개발함으로써 개별적으로 시스템을 운영해 왔던 경우에 비해 비용이 대폭 절감된다.

셋째, 기업 간 데이터 교환시스템을 스스로 만들 수 없었던 중소기업도 VAN을 이용하면 기업 간 데이터 교환시스템을 쉽게 구축할 수 있다.

넷째, 상품코드, 정보 데이터 서비스, POS데이터 분석을 위한 프로그램 등을 공동으로 이용함으로써 개별기업의 상품관리시스템을 쉽게 운용할 수 있다.

(3) 유통VAN의 개념 및 형태

VAN은 그것을 주재하는 업계에 따라 유통 VAN, 물류 VAN, 금융 VAN 등으로 나눌 수 있는데 여기서는 유통 VAN을 중심으로 설명하기로 한다.

유통 VAN이란 한마디로 말하면 제조기업, 도매기업, 소매기업을 연결하는 업무상에서 발생한 정보를 VAN을 매개로 하여 상호 교환하는 정보시스템을 총칭하는 것이다. 유통 VAN의 특징은 개별 기업 내에서 정보시스템화를 추진하는 것뿐만 아니라, 기업과 기업 사이에서 유통정보를 수집 · 축적 · 가공하여 제공하는 네트워크 시스템이다. 그리고 구매처나 판매처, 금융기관, 운송업자 등 유통업에 관련하고 있는 모든 기업 사이에서 이루어지고 있는 정보의 흐름을 시스템화하여 경영합리화를 실현한다.

유통 VAN은 여러 가지 형태로 구축되어 운용되고 있다. 유통 VAN의 형태를 패턴화 한다는 것은 대단히 어렵지만, 크게 나누어 보면 다음과 같다.

① 제조기업 주도형(단독기업 주재)

대규모 제조기업을 중심으로 하여 단독기업이 계열판매회사나 도매기업 등 거래관계 기업과 정보교환을 하는 유통VAN이다.

② 제조기업 · 도매기업 집단형(업계VAN)

이는 보통 업계 VAN이라 부르는 수직형의 유통 VAN이다. 의료업계라든지 과자업계와 같은 특정 업계 전체의 유익을 추구하여 제조기업과 도매기업 간에 데이터를 교환하는 것이다. VAN의 이용방법으로서 사회적 자원을 공유한다고 하는 이상적인 유통 VAN이긴 하나 기업 상호 간의 이해관계 조정이나 참가 기업의 수준이 상이한 점 등을 극복해야 하는 것이 선결과제이다.

③ 도매기업 주도형(단독기업 주재)

제조기업과 소매기업의 중간에 위치하고 있는 도매기업은 소위 「도매무용론」에 대항하기 위한 수단으로 정보의 네트워크화를 도모함으로써 유통업계에서의 주도권을 장악하기 위해 VAN을 운용하는 형태이다. 특히 도매업이 강력한 힘을 가지는 식품업계나 출판업계에서는 이러한 경향이 현저하다.

④ 도매기업 집단형(지역 유통 VAN)

전국 각 지역의 지방 도매기업을 중심으로 은행이나 공공기관 등이 공동출자하여 지방 중소소매업과의 사이에서 유통 VAN을 이용하는 형태이다. 이를 지역 유통 VAN이라 하기도 한다. 대형 유통기업의 지방 진출에 대항하는 형태로서 지방 상업의 활성화를 도모하기 위한 목적 하에 다른 업종들이 결속한 유통 VAN이다.

⑤ 소매기업 주도형

대규모 양판점, 편의점, 가맹형 체인점 등 소매기업이 중심이 되어 운용되는 유통 VAN이다. 거래처인 도매 기업에 대한 발주와 납품의 효율화를 도모한다든지 POS 자료의 수집이나 매출 분석의 피드 · 백을 네트워크를 통하여 수행하고 있다.

⑥ VAN회사 주도형

본래 유통업자가 아닌 VAN회사가 스스로 유통 VAN을 영업으로 하고 있는 경우이다. 또한 운수업자 등도 물류 기능이라고 하는 본업을 중심으로 하여 유통업의 수발주 업무를 대행해 주는 네트워크도 있다.

(4) 유통VAN의 운영형태

유통 VAN이나 업계 VAN 시스템을 운영하는 데 관한 기능은 크게 4가지로 나누어진다. 즉, 업무기획, 시스템개발 및 유지, 컴퓨터나 네트워크 설비의 제공, 시스템 오퍼레이션이다.

① 업무기획

- 시스템 기획 및 시스템화 추진
- 시스템화 적용 범위나 시스템 처리조건 등의 결정
- 이용할 업무용 프로토콜이나 코드 등의 결정
- 시스템 참가자(이용자)의 촉진, 시스템 도입 및 운용에 대한 지도
- 경비 분담의 결정
- 시스템 개발 자금의 투자와 회수
- 이용자의 고충 접수 및 처리

② 시스템개발과 유지

업무 운용에 따라 결정된 명세서에 기초한 소프트웨어의 개발과 유지

③ 컴퓨터 · 네트워크 설비의 제공

업무 운용에 따라 결정된 명세서에 기초하여 업무처리 기능을 수행할 수 있는 컴퓨터 · 네트워크 설비를 제공하거나 필요에 따라서는 단말기도 제공함.

④ 시스템 오퍼레이션

- 컴퓨터 · 네트워크 설비의 오퍼레이션 및 유지
- 업무처리에 사용할 마스터 파일 류의 데이터 등록 · 변경 · 삭제 등 마스터 파일의 유지 · 관리

VAN의 운영에 있어서 이상과 같은 4가지 기능을 모두 수행하여 이용자의 EOS(electronic ordering system) 등의 서비스를 행하고 있는 경우도 있지만, 업무운용을 중심으로 한 VAN서비스의 운용사업과 소프트웨어의 개발 · 유지, 컴퓨터 · 네트워크 설비의 제공, 시스템 오퍼레이션을 수행하는 VAN사업을 그림과 같이 VAN운영회사와 VAN사업회사가 기능을 분담하여 VAN서비스를 제공하는 경우가 일반적이다.

토의 및 연습문제

1. 유통정보화의 시대적인 배경을 고객가치기반과 효과적 소비자 대응의 관점에서 설명하시오.
2. 뉴 미디어의 발전에 따른 상품정보 제공수단의 혁신은 어디까지 왔는지 그 사례를 조사해보자.
3. 전자상거래의 Virtual Mall, Virtual Store등의 최신 어떠한 업태가 인기가 있는지 조사해보자.
4. POS시스템의 운영사례를 신 업태 중 1개사를 선택하여 표본 조사해 보고, 그 회사의 운영상 문제점과 그 개선방안을 토의해 보자.
5. 유통정보시스템과 관련하여 최신에 개발된 소프트웨어를 조사해 보자.
6. 소비자의 입장에서 일상의 쇼핑활동 상에 불편을 극복할 수 있는 신 유통정보 소프트웨어 개발 아이디어를 생각해보자.

참고문헌

1. 한국백화점협회편저(1997), 한국유통기업의 미래환경 대응전략, pp.15～79.
2. 이상훈(1992), 한국전통경영사연구, 서울: 보경문화사, p.231.
3. 한국소매업협회(1984), 한국의 상인정신에 관한 연구, 서울: 경림사, pp.40～41.
4. 김광규(2003), 유통기업의 경영, 서울: 형설출판사, pp.66～107.
5. 김용대(1987), 현대경영이념연구, 서울: 경문사, p.9.
6. 김원수・황의록(1996), 유통론, 서울: 경문사, pp.77～78.
7. 김원수(1989), 소매기업경영론, 서울: 경문사, p.764.
8. 김원수(1990), 소매기업경영론, 서울: 경문사, pp.411～412.
9. 옥선종・김웅진(1997), 유통학개론, 서울: 형설출판사, pp.247～277, 415～427.
10. 전용수・김위생・정승언(1996), 현대경영학, 서울: 법문사, pp.289～348.
11. 안광호・채서일・조재운(1999), 유통관리, 서울: 학현사, pp.7～83, 157～173.
12. 이미영(2004), 국제물류론, 서울: 도서출판 두남, pp.16～18.
13. 한국물류연수원편(1999), 물류관리론, pp.27～31.
14. 강영문(2002), 유통물류와 e-비즈니스, 서울: 도서출판 두남, pp.39～46.
15. 김기일・윤복만(2001), 인터넷마케팅, 서울: 도서출판 머릿돌, p113.
16. 조선구외 7명(2002), 유통정보시스템, 서울: 도서출판 두남, 54～67.
17. 최재섭・송호달(2000), 유통정보시스템의 구축과 활용, 두남, p.124.
18. 오세조(1997), 유통관리, 서울: 박영사, pp.99～121.
19. 송달호외 10명(1999), 유통경영론, 서울: 도서출판 두남, pp.107～108.
20. 금영철(1997), 프랜차이즈유통관리, 대구: 대구대학교출판부, pp.43～60.
21. 林周二(1994), "商人の學としての商學・序說", 經濟研究, 제100호, 明治學院 大學, pp.55～60.
22. 靑野豊作(1996), 新・商人學敎科書, 京都: 精興社, p.35.
23. 手島佑郎(1994), ユダヤ人のビジネス哲學, 東京: ダイヤモンド社, p.76.
24. 高木桂藏(1995), 華僑の商法, 東京: 總合法令出版株式會社, pp.190～191.
25. 岡昌宏(1986), 商哲學, 東京: 北樹出版, p.218.
26. 宮田喜代藏(1964), 經濟學通論, 東京: 千倉書房, pp.7～8.
27. 北島忠男・大野勝也・江田三喜男(1987), 流通總論, 東京: 白桃書房, pp.4～6.
28. 三浦 信・菅原正博・來住元朗(1996), 流通企業の新展開, 東京: 大學敎育出 版, p.26.
29. 田島義博(1984), 流通のダイナミックス, 東京: 誠文堂新光社, p.6.
30. 田島義博(1977), 流通讀本, 東京: 東洋經濟新報社, p.3.
31. 荒川祐吉(1976), 流通政策への視角, 千倉書房, p.16.

32. 田島義博(1952), "流通機構の概念", 久保村隆祐編, 宇野政雄教授還歷記念: 總合マーケッティング・ハンドブック, ビジネス社, pp.295～296.
33. 增田 大三(1995), 現代小賣業の構圖と戰略, 東京: 中央經濟社, pp.2～4.
34. 桐田尙作(1966), 商業通論, 東京: 有斐閣, p.26.
35. 北島忠男・大野勝也・江田三喜男(1987), 流通總論, 東京: 白桃書房, p.14～21.
36. 田村正紀(1986), 日本型流通システム, 千倉書房, p.418.
37. Ansoff, H. I.(1965), *Corporate Strategy*, New York: McGraw-Hill, p.104.
38. マーケッティング用語辭典, 東京: 同文館, 1988, p.233.
39. 淸水 滋(1981), "小賣商業における競爭構造の特質", 流通政策, 1981. 1, pp.53～54.
40. 三浦 信・菅原正博・來住元朗 編(1996), 流通企業の新展開, 東京: 大學教育出版, p.71.
41. 川岐進一(1972), チェーンストア一の話, 東京: 日經文庫, p.71.
42. 安土 敏(1988), 日本スーパーマーケット原論, 東京: ぱるす出版, pp.233～247.
43. 竹林祐吉(1981), ボランタリー・チーンの硏究, 東京: 千倉書房, p.34.
44. 安熙錫(1996), 多角化戰略の日韓比較, 東京: 稅務經理協會, pp.35～37.
45. 近藤公彦(1992), "小賣企業多角化の分析視角", 岡山商大論叢, 제28권, 제3호, pp.29～33.
46. 三浦 信・菅原正博・來住元朗 編(1996), 전게서, pp.81～82.
47. 石井淳藏(1983), 流通におけるパワ一と對立, 千倉書房.
48. 田村正紀(1971), マ一ケティング行動體系論, 千倉書房, pp.136～138.
49. 田口冬樹(1991), 現代流通論, 東京: 白桃書房, p.118. 참조.
50. 三家英治(1987), "小賣形態と業態", 京都學園大學論集, 제16권, 제1호, p.1.
51. 田島義博(1987), 流通機構の話, 東京: 日本經濟新聞社, p.43.
52. 長銀調査月報, No. 161, "小賣業の構造變化と今後の展望", 1979, pp.10～11.
53. 德永 豊(1990), アメリカの流通業の歷史に學ぶ, 東京: 中央經濟社, p.9.
54. 高丘季昭・小山周三(1987), 現代の百貨店, 東京: 日本經濟新聞社, pp.17～21.
55. 北島忠男・大野勝也・江田三喜男(1987), 流通總論, 東京: 白桃書房, pp.253～254.
56. 柏木重秋(1987), 小賣業のマーケティング, 東京: 白桃書房, p.149.
57. 波形克彦・小浜岱治(1983), マーチャンダイジングの實務, 東京: 日本實業出 版社, p.14.
58. 小濱岱治(2000), マーチャンダイジングの基礎と實務知識, pp.40～60.
59. 波形克彦・小浜岱治(1983), 前掲書, p.61.
60. 木村忠治(1993), 都賣業・小賣業のための在庫管理の實務, 東京: 中央経済社, p.9.
61. 小濱岱治(2000), マーチャンダイジングの基礎と實務知識, pp.81～85.
62. 三浦 信・菅原正博・來住元朗(1996), 流通企業新展開, 東京: 大學教育出版, pp.172～176.

63. 三浦 信・菅原正博・來住元朗(1996), 流通企業の新展開, 東京: 大學教育出 版, p.185.
64. 三浦信・市川貢・三家英治(1992), 現代商業要論, 中央經濟社, p.197 참조.
65. 大槻博(1995), "マス廣告と店頭マーケティングの連動", 宣傳會議 제530호, 宣傳會議新社, p.28.
66. 福田ひろひで 1994, ディスプレイの全てがわかる本, チャネラー 出版, pp.130～131.
67. Knee, D. and D. Walters, *Strategy in Retailing*, 1985, p.25. 小西滋人・武内成 譯(1988), 戰略小賣經營: 理論と應用, 東京: 同文館, p.27.
68. 小島健輔(1992), "見える(ビジュアル)マーチャンダイジング", 商業界, p.10.
69. Walters, D. and D. White(1987), *Retail Marketing Management*, p.239.市川貢・來住元朗・增田大三譯(1992), 小賣: 管理戰略, 中央經濟社.
70. 菅原正博・本山光子(1993), ショップ・マスター, ファション教育社, pp.9 7～121.
71. 岩島つぐよし・山本庸幸(1994), コンシューマーレスポンス革命, ダイヤモンド社, pp.2～4.
72. 小山周三(1996. 2), "顧客價値をベースにした情報革命", *RIRI*, 第28卷 第2 號, 東京: 流通産業硏究所, pp.3～4.
73. 宮下 淳・江原 淳(1994), 販賣・流通情報システムと診斷, 東京: 同友館, p.42.
74. 田島 義博(1996), 電子商流キーワード, 東京: 日本規格協會, p.136.
75. 淺野恭右(1990), 流通VANの實際, 東京: 日本經濟新聞社, pp.13～14.
76. Strand, S.(1962), *Marketing Dictionary*, New York, Philosophical Library, Inc., 1962.
77. p.Kotler(1980), *Principles of Marketing*, New Jersey : Prentice-Hall, Inc., p.20.
78. George W. Robbins(1977), "Nations about the Origins of Trading", *Journal of Marketing*, January 1977, pp.228～236.
79. A. Dressmann(1968), "Patterns of Evolution in Retailing", *Journal of Retailing*, Vol. 44, No. 1, p.67.
80. Kotler, P.(1986), *Principles of Marketing*, 3rd ed., New Jersey: Prentice-Hall, p.448.
81. David Appel(1972), "The Supermarket: Early Development of an Institutional Innovation", *Journal of Retailing*, Vol. 48, No. 1, pp.40～45.
82. David Appel(1972), op.cit., p.39.
83. p. Kotler(1980), *Marketing Management*, 4th ed., Englewood Cliffs, NJ: Prentice-Hall, p.467.

찾아보기

▎저자 약력

■ 이미영(李美永, Mi-Young Lee)

▸ 학력 및 경력

- 인하대학교 경상대학 경영학과 졸업
- 日本流通經濟大學(Ryutsukeizai University) 유통경제학 석사
- 日本流通經濟大學(Ryutsukeizai University) 유통경제학 박사
- 애경그룹 애경화학(주) 기획계장
- 인하대학교 경영학부 및 교통대학원 강사 역임
- 건설교통부 철도청 연구관 역임
- 21세기 국가물류정책 자문위원(KOTI)
- 공인물류관리사 자격시험 출제 및 심의위원
- 종합물류기업인증 심사위원
- 대구광역시 지방건설기술심의위원회 위원
- 한국건설교통기술평가원 평가위원
- 한국로지스틱스학회 상임이사 및 편집위원
- 한국국제상학회 상임이사
- 동서대학교 국제관계학부 국제물류교수
- 동서대학교 국제학부 물류유통학전공 책임교수
- 동서대학교 대학원 교학부장

▸ 주요저서

- 유통기업전략론, 도서출판 두남
- 국제물류론 <원리와 응용>, 도서출판 두남
- 경제사회와 항만(편저), 일본 펄로드 출판사
- 로지스틱스21세기(공저), 한국로지스틱스학회

▸ 주요논문

- 부산지역 경제 활성화를 위한 물류CLUSTER전략화 방안
- 北東アジアの国際物流における北朝鮮の鉄道輸送体系とSLBの地位(The Status of North Korea Railway and SLB in Northeast Asia Container Transportation Network)
- 한일국제복합일관수송루트와 SLB의 잠재경쟁력에 관한 고찰
- 韓日貿易の特徴と輸送ルートに関する一考察－SLBの競争力を中心として－
- 航空貨物サービス産業の航空貨物ターミナル活用方案－仁川と金浦ターミナルを中心として－
- 北朝鮮の豆満江流域における国際輸送ネットワーク現状と展望(A Current Status and Prospects of International Cargo Transportation Networks in the Tuman River Region of North Korea)
- 韓国仁川空港の開港と国際航空物流サービス体系の変化(Korean Case Study on the New Logistics Structure of International Air Cargo Owing to the Opening of the Inchon International Airport)

유통경영의 이해 – 개정판

초 판 1쇄 발행 —— 2011년 2월 28일
초 판 2쇄 발행 —— 2013년 2월 28일
초 판 3쇄 발행 —— 2015년 2월 26일
개정판 1쇄 발행 —— 2016년 2월 28일
개정판 2쇄 발행 —— 2018년 8월 30일
지은이 —— 이 미 영
펴낸이 —— 전 두 표
펴낸데 —— 도서출판 **두남**
서울시 강동구 성내로6길 34-16 두남빌딩
신 고 : 제25100-1988-9호
TEL : 02) 478-2065~7, 2311
FAX : 02) 478-2068
E-mail : dunam1@unitel.co.kr
http://www.dunam.co.kr

정가 18,000원

ISBN 978-89-6414-662-0 93320